赣南师范大学学术著作出版专项经费资助
江西省社会科学规划项目"乡村教师心理资本影响因素及提升策略研究"（19JY27）资助

乡村优秀青年教师专业生活的叙事研究

谭诤 袁琪 ◎ 著

江西高校出版社
JIANGXI UNIVERSITIES AND COLLEGES PRESS

南昌

图书在版编目(CIP)数据

乡村优秀青年教师专业生活的叙事研究 / 谭净，袁琪著． -- 南昌：江西高校出版社，2024．12． -- ISBN 978-7-5762-5501-0

Ⅰ．G451.2

中国国家版本馆 CIP 数据核字第 2024JB6112 号

策 划 编 辑	陈永林	责 任 编 辑	黄 倩
装 帧 设 计	曾 宇	责 任 印 制	李香娇

出 版 发 行	江西高校出版社
社　　　址	江西省南昌市洪都北大道96号
邮 政 编 码	330046
总编室电话	0791-88504319
销 售 电 话	0791-88511423
网　　　址	www.juacp.com
印　　　刷	江西新华印刷发展集团有限公司
经　　　销	全国新华书店
开　　　本	700 mm×1000 mm　1/16
印　　　张	13.25
字　　　数	215 千字
版　　　次	2024 年 12 月第 1 版
印　　　次	2024 年 12 月第 1 次印刷
书　　　号	ISBN 978-7-5762-5501-0
定　　　价	68.00 元

赣版权登字-07-2024-891

版权所有　侵权必究

图书若有印装问题，请随时联系本社印制部(0791-88513257)退换

前言

　　教师专业生活作为教师生活的重要内容,其质量直接影响着教师的生活境况。越来越多研究者从教师的职业境遇转向教师生活场域。"教师专业发展意味着教师在个人专业生活中的成长。"如何构建教师成长的专业生活得到越来越多关注。乡村青年教师专业生活是什么样的状态？他们如何建构自己高质量、有意义的专业生活？对于此类问题的研究目前还较少。本书选取了两位乡村优秀青年教师,在生活世界现象学、生命历程理论及"自我更新"取向等教师专业发展理论的启发与指导之下,采用叙事研究对其专业生活进行探索,描绘两位乡村优秀青年教师专业生活的真实故事,让其参与到研究中讲述自己的故事,为"自己说话",甚至为"群体"说话。研究立足于真实而鲜活的生活故事,叙述探索其专业生活的影响因素,并尝试性提出支持其有意义专业生活发展及持续高质量发展的策略。

　　本书采用叙事研究法,走进两位乡村优秀青年教师的真实生活,深入乡村学校进行实地观察,并邀请两位教师进行多次非结构式访谈和半结构式访谈,通过回溯两位乡村优秀青年教师过去生活的历时发展故事、展现不同空间体验故事以及各交往主体的关系联结故事,从时间、空间、关系三个维度对叙事资料进行解构与重新解读,深描两位老师的专业生活概貌,获得对两位老师专业生活时间维度、空间维度以及关系维度的整全印象,进而基于生动故事归纳影响两位老师专业生活的因素。

在专业生活故事全貌展现的章节中,梳理历时故事线发现与叶澜教授"自我更新"取向的教师专业发展理论契合,包括回忆少时生活经历的"非关注"阶段,在师范学校学习的"虚拟关注"阶段,初入乡村教师行列求生存的"生存关注"阶段,侧重完成教学任务的"任务关注"阶段,以及关注自主发展的"自我更新关注"阶段。两位教师在前三个阶段呈现出差异性,具体体现在从教意愿与从教动机等方面,而在后两个阶段呈现出较大共性。空间维度呈现乡村优秀青年教师活跃在不同空间场景的故事,包括往返于城乡家校、校内校外学习,积极跨学科学习,以及利用网络信息技术进行学习和教育教学,钻研于网络空间等。此外本书还从关系维度呈现了两位教师与学生、同事、同行、学生家长、自身家人以及与自我等不同主体之间的故事,发现与其专业生活息息相关。

乡村优秀青年教师专业生活的影响因素显得多元和复杂,研究者尽其所能从繁杂的调研资料中进行归纳和总结。从原始资料中标记关键词、句、段,提取标签,形成概念,再逐级形成更具概括性的范畴。通过标签化、概念化、范畴化的过程,提炼归纳得出乡村优秀青年教师专业生活影响因素有:工资待遇、食宿条件、交通设施、设备配备等物质生活体验;榜样教师理想信念、闲暇文娱趣味性、社会认知认可度、学生成长带来的成就感等精神生活质量;多重职务与角色、机遇平台、领导支持、工作氛围等职业生活境遇。此外,求学、就业、成家等生命历程关键事件在家庭生活场域中经由家庭资源、家庭成员影响着其专业生活;教师个人的师爱、人格、学识、形象、才能等教育魅力也影响着其专业生活。

再次回顾所收集材料,经过多次研读思考,结合真实专业生活故事及乡村青年教师的期待与展望,我们尝试性提出了可能的专业生活支持策略:保障乡村青年教师待遇、完善基础设施建设、完备学习教学设备配备等以改善物质生活条件;通过发挥榜样引领作用、提供健康文娱活动、重视教师价值尊严以强化对乡村优秀青年教师的关怀与认同,提高精神生活质量;通过减轻非教学工作负担、完善培训发展渠道、营造支持氛围,从而减负增能,缓解职业生活压力;通过协商家庭分工、争取家庭成员鼓励、挖掘家庭教育启示,从中获得来自家庭生活的支持保障;此外通过设定目标、担当责任、专业交往、自我关怀、积累反思等自我管理措施,创造有意义专业生活。

有别于一般教师群体或极具盛名的卓越教师、特级教师,处于一线岗位的乡村优秀青年教师个体尽管稍显平凡却也易于学习,他们的专业生活同样值得并且应当受到关注。两位乡村优秀青年教师在不同的发展阶段、不同的空间、与不同的交往对象有着不同的生活故事,生动揭示了其专业生活是整全的、发展的、个性的,从"被动"到"主动",一步一步得到意义舒展与质量提升。他们的专业生活受到物质生活条件、精神生活层面、职业生活境遇、家庭生活事件、个人教育魅力等方面的影响。对乡村青年教师专业生活的探索可从多方面入手,从时间、空间、关系多个角度呈现乡村青年教师专业生活真实图景,追溯其成长经历,关注其作为生命个体在不同阶段的成长需求,结合实际探索支持其继续成长的优化策略,真正关注乡村优秀青年教师的动态成长与发展。

目录

绪论 /1

  一、研究缘起 /1

  二、研究目的与意义 /2

  三、文献综述 /4

  四、相关概念界定 /15

第一章 理论基础与研究设计 /20

 第一节 理论基础 /20

  一、生活世界理论内涵特征与研究适切性 /20

  二、生命历程理论 /26

  三、"自我更新"取向的教师专业发展理论 /27

 第二节 研究设计 /30

  一、研究思路 /30

  二、研究原则 /30

  三、研究方法 /33

  四、研究对象与场所 /34

  五、资料收集与分析 /36

第二章 乡村优秀青年教师专业生活的故事全貌 /45

 第一节 乡村优秀青年教师专业生活的历时发展 /45

一、"非关注"阶段：忆起少时生活经历 /46
二、"虚拟关注"阶段：迈入师范学校学习 /49
三、"生存关注"阶段：初入乡村教师行列 /52
四、"任务关注"阶段：侧重完成教学任务 /59
五、"自我更新关注"阶段：关注自主专业发展 /62

第二节 乡村优秀青年教师专业生活的空间体验 /74
一、往返于城乡家校 /74
二、渴学于学校内外 /76
三、跨越于学科之间 /80
四、钻研于网络空间 /84

第三节 乡村优秀青年教师专业生活的关系联结 /86
一、学生：相长与共处 /86
二、同伴：互助与成长 /94
三、家长：磨合与共育 /96
四、家人：妥协与平衡 /99
五、自我：调适与激励 /103

第三章 乡村优秀青年教师专业生活的影响因素 /106

第一节 物质生活体验影响 /106
一、工资待遇影响留任意愿 /107
二、食宿条件影响居住体验 /109
三、交通设施影响出行体验 /110
四、设备配备影响教学体验 /112

第二节 精神生活质量影响 /113
一、榜样教师影响专业理想与信念 /113
二、闲暇文娱影响专业生活趣味性 /116
三、社会认知与认可影响职业认同 /118
四、学生慢成长影响教师专业情感 /124

第三节　职业生活境遇影响　/127

　　一、身兼数职与多重角色　/127

　　二、机会难得与平台有限　/129

　　三、领导支持与坚强后盾　/133

　　四、工作氛围与相处情谊　/137

第四节　家庭生活场域影响　/139

　　一、求学:家庭资源的限制与激励　/139

　　二、就业:家庭成员职业经历影响　/140

　　三、成家:角色变化形成角色分工　/141

第五节　个人教育魅力影响　/143

　　一、师爱魅力　/143

　　二、人格魅力　/145

　　三、学识魅力　/146

　　四、形象魅力　/147

　　五、才能魅力　/149

第四章　乡村优秀青年教师专业生活的支持策略　/152

第一节　保证经费投入,改善物质生活条件　/152

　　一、保障乡村青年教师经济待遇支持　/152

　　二、增加乡村地区基础设施建设投入　/153

　　三、完善乡村学校教学办公设备配备　/153

第二节　引领关怀认同,提高精神生活质量　/154

　　一、树立典型,发挥榜样引领作用　/154

　　二、注重关怀,提供健康娱乐休闲　/154

　　三、强化认同,重视教师价值尊严　/155

第三节　致力减负增能,缓解职业生活压力　/156

　　一、减轻工作负担,重拾专业教学时间　/156

　　二、完善培训渠道,拓展专业发展空间　/157

三、营造支持氛围，建立积极情感联结 /159

第四节 增进理解沟通，获取家庭支持保障 /161
　　一、积极协商家庭任务分工 /161
　　二、争取家庭成员的鼓励支持 /162
　　三、挖掘家庭生活教育启示 /162

第五节 坚持自我管理，创造有意义专业生活 /163
　　一、设定适宜目标，统筹规划安排 /163
　　二、强化责任担当，保持专业情怀 /164
　　三、注重专业交往，创建和谐关系 /165
　　四、学会自我关怀，合理舒缓压力 /166
　　五、坚持积累反思，持续学习研究 /167

第五章　研究启示与反思 /170

第一节 研究启示 /170
　　一、乡村优秀青年教师专业生活是整全的生活 /170
　　二、乡村优秀青年教师专业生活是发展的生活 /174
　　三、乡村优秀青年教师专业生活是个性的生活 /177

第二节 研究反思 /180
　　一、个人的成长与收获 /180
　　二、研究的信度与效度 /180
　　三、研究中的伦理道德 /181
　　四、研究中的不足之处 /182

结语 /184

附录 /186

　附录一　访谈提纲（节选）/186
　附录二　观察日志（节选）/190

参考文献 /192

绪　　论

一、研究缘起

(一)国家持续高度重视乡村教师队伍建设

兴国必先强师。教师承担着传播知识、传播思想、传播真理的历史使命,肩负着塑造灵魂、塑造生命、塑造人的时代重任,是教育发展的第一资源,是国家富强、民族振兴、人民幸福的重要基石。教师是乡村教育的灵魂。乡村教师对于乡村教育乃至整个国家的教育事业有着重要意义。党和国家历来高度重视教师工作,重视乡村教师队伍的高质量建设。《新时代基础教育强师计划》要求"实施高素质教师人才培育计划","继续实施农村学校教育硕士师资培养计划"。《关于构建优质均衡的基本公共教育服务体系的意见》强调"以推进城乡教育一体化为重点,加快缩小县域内城乡教育差距","以推进师资配置均衡化为重点,加快缩小校际办学质量差距"。但要真正实现乡村教师"下得去""留得住""教得好""有发展",仍然任重道远。

(二)社会发展呼吁大量优秀乡村教师生成

时代变迁与社会发展要求下,所需人才的质量标准越来越高,而高质量人才的培养离不开高素质的教师。乡村振兴必先振兴乡村教育,乡村教育事业在乡村振兴战略中处于优先发展的地位,而振兴乡村教育,教师是关键,核心在于培养一批又一批的优秀乡村教师。《关于加快推进乡村人才振兴的意见》提出"加大乡村骨干教师培养力度,精准培养本土化优秀教师"。《教育部办公厅关于进一步做好"优师计划"师范生培养工作的通知》要求"建强乡村教育社会实践基地,开展返乡社会实践活动",并且提倡注重优秀乡村教师等的榜样引领,帮助"优师计划"师范生坚定从教初心,到欠发达地区为党育人为国育才,做新时代文明乡风的塑造者、振兴乡村教育的"大先生"。乡村教师素质高低直接影响着乡村孩子的未来发展,关系着乡村教育事业发展的质量,关乎着国家繁荣与富强。

(三) 乡村优秀青年教师是乡村教师队伍的中坚力量

乡村优秀青年教师是能够真正打破乡村教育固有模式,使其融入新思想、走向现代化的重要群体。从2018年起,教育部教师工作司、中国教师发展基金会实施"乡村优秀青年教师培养奖励计划",以期造就一批新时代"下得去、留得住、教得好"的乡村骨干教师,发挥示范引领作用,辐射带动乡村教师队伍整体素质提升。2018年1月,《中共中央 国务院关于全面深化新时代教师队伍建设改革的意见》提出要"拿出务实举措,帮助乡村青年教师解决困难,关心乡村青年教师工作生活,巩固乡村青年教师队伍","优化乡村青年教师发展环境,加快乡村青年教师成长步伐"。2020年7月,《教育部等六部门关于加强新时代乡村教师队伍建设的意见》指出,要"关心青年教师工作生活,优化在乡村建功立业的制度和人文环境",要"促进专业成长",也要"丰富精神文化生活"。

(四) 教师专业发展要求回归教师专业生活

回归生活世界,是破除现代教育危机的有效路径[①]。回归生活世界的教育学启示教师专业发展研究可以有新的研究视域与研究路径。教师专业发展与其个人生活息息相关,教师专业发展的源泉与动力可以从教师专业生活中获取。教师立足于教育现场,密切联系专业生活,找寻专业生活的意义,有利于降低受限于技术理性、囿于客观抽象的世界之中的可能性。教师的专业成长与其专业生活息息相关,因此,要进入教师的教育生活现场,在真实的情境中感受教师的专业生活。乡村优秀青年教师的专业生活故事可以为乡村青年教师群体的成长与发展提供一定的经验启示。

二、研究目的与意义

(一) 研究目的

本书采用叙事研究的教育研究方法,立足于生命的个体——乡村优秀青年教师,着眼于其专业生活的现实图景,关注其过去、现在及未来,通过访谈、观察以及实物分析等得到其碎片化的描述和真情实感的表露,来挖掘其专业生活的现实呈现与意义启示,在理论的基础上解释、分析他们的经验世

---

① 康永久.回归生活世界的教育学[J].教育研究,2008(6):24-30.

界,来拼凑、构建其专业生活演变历程,从而以一种真实、客观的面貌呈现给读者,为优秀乡村教师队伍的形成、维持和发展等相关问题提供一定的情境性教育意义与启示。

本书拟解决以下问题:

(1)乡村优秀青年教师专业生活有着何种发展全貌?

(2)乡村优秀青年教师专业生活有着哪些影响因素?

(3)乡村优秀青年教师专业生活可以如何优化提升?

(4)乡村优秀青年教师专业生活带来哪些教育启示?

(二)理论意义

"对教师生活的研究,能让我们看到个体与其所处历史时代的关系,能看到个人生活史和社会历史之间的交叉,借此阐明个人可能的选择、现实的选择和机缘巧合之间的关系"[1]。在当前教育领域的研究中,经常会有教育理论和教育实践相脱离的状况存在,即不少教育研究过于理论化,缺乏深入教师的具体教育情境,使得有关教师研究日益抽象化。研究往往重视技术层面,却容易忽视价值层面的探讨。首先,本书希望通过研究乡村优秀青年教师的具体教育情境,使其专业生活具体形象化,进而丰富乡村青年教师专业生活和专业成长的相关研究;其次,研究从乡村优秀青年教师个体生活世界出发来叙述描摹其成长历程中专业生活的过去影子、当下状况及未来期待,有利于为今后的相关研究提供新的视角;再次,研究采取叙事研究作为主要研究方法,具有相当的适切性,并且能够丰富相关研究方法的使用;最后,研究还可以为优化乡村青年教师的专业生活提供一定的理论依据,结合乡村振兴背景,有利于为当前乡村教师教育改革提供新思路、新启示,丰富乡村教师教育理论研究。

(三)现实意义

深入挖掘所选取乡村优秀青年教师的专业生活,描摹其专业生活历程,有利于唤起社会对乡村优秀青年教师群体的全面关注,学习借鉴其有意义的、真诚的专业生活演进理路,期待为乡村教师队伍的生活、成长与发展提

---

[1] 艾沃·古德森.教师生活与工作的质性研究[M].蔡碧莲,葛丽莎,等译.北京:教育科学出版社,2013:21.

供一定精神熏陶与参考,更有效地发挥乡村优秀青年教师的榜样标杆作用。真实形象地呈现乡村优秀青年教师专业生活中的挑战和应对,以一种人文情怀关注乡村优秀青年教师的成长,可以引起广大乡村青年教师的共鸣,以使其从中学习、吸取经验,促进自身专业生活意识的改变、专业生活方式优化以及专业生活勇气的提升。再者,可以让乡村学校和相关政府部门思考乡村青年教师专业生活面临的困境如何解决,从而促进乡村学校理念的转变,为乡村学校教师的培训工作,以及乡村学校的发展,乃至乡村教育事业的发展提供借鉴与指导的依据,对于加强乡村教师队伍建设、提升乡村教育质量、促进城乡教育一体化有着重要现实意义。

三、文献综述

(一)关于教师专业生活的研究

随着教育实践的不断推进,教师专业发展的困境也逐步凸显,而被视作应对教师专业发展困境途径之一的教师专业生活研究逐步引起学者们的关注。查阅相关期刊文献与书籍后发现,学者们主要从教师专业生活的内涵、教师专业生活的意义、教师专业生活的影响因素以及教师专业生活的优化策略等展开研究。

1. 教师专业生活的内涵研究

已有研究对于教师专业生活的概念界定通常强调其教师专业身份及教育环境的"特定性",譬如王卫东认为教师专业生活是指教师在特定的教育环境和自己的专业领域内不断提升专业发展水平,运用专业素质促进学生全面发展的生命活动过程,也指这一生命活动过程所达到的程度或取得的结果[1]。有时教师专业生活被限定于教学等与学生的关联互动,凯伦·埃里克森(Karen Erickson)通过与三名艺术教师的访谈了解到,他们所认为的专业生活的主要内容是教学,其中还包括与学生的互动、辅导学生的学习、传递知识以及控制教学进程等[2]。更广义的教师专业生活则体现活动或行为

---

[1] 王卫东.教师专业发展探新:若干理论的阐释与辨析[M].广州:暨南大学出版社,2007:141-143.
[2] ERICKSON K. The Professional Life of Professional Tas[J]. Teaching Artist Journal, 2003,1(3):172-177.

的综合性,正如周勇在谈及中国教师专业生活传统时,认为广义的教师专业生活是指教师围绕求知、教学等可以显示其专业身份的工作而可能展开的一切行为的综合①。还有学者从教师专业生活的目的出发,认为其区别于日常生活,包含着多重意蕴。张妮妮认同教师专业生活是教师在专业领域内从事的与日常生活相区别,旨在提高和完善自我和他人的生命质量,以不断提升自己的专业发展水平为目标而展开的一切生命活动,并在此基础上进一步提出教师专业生活的三重意蕴:教师专业生活是完整的生活、教师自我成长的过程、创造性的实践活动②。还有学者认为,教师专业生活以真善美为指引,其本质是一种文化的反思性实践,是一种非日常生活。此外,教师专业生活的内容较丰富,涵盖各个方面,教师的学习、思考和教育被视作其专业生活的核心内容,且各部分内容之间相互联系③。吉标从三度空间视域出发,认为专业生活是教师追求自我提升的最高境界,在教师的专业生活空间内,包含教师的理性生活、情感生活和精神生活的三重意蕴④。

2. 教师专业生活的意义研究

教师专业生活的价值意蕴不言而喻,学者们基于不同视角出发论述了教师专业生活的独特意义。折延东、龙宝新立于教师文化视角,把教育的生活世界看作是教师的文化世界,认为教师文化是参与教育生活的基本方式,重建教师专业生活是构筑合理、健康、完整的教育生活的前提⑤。还有学者探究追寻教师专业生活目的和专业生活意义的重要价值。20 世纪 20 年代的白马湖畔汇聚了一群不懈追求学术、献身教育事业、与教育同仁通力合作的教师,这些以夏丏尊、朱自清、丰子恺等为代表的教师,过着朴素、真诚而

---

① 周勇.中国教师的专业生活传统[M]//上海社会科学界联合会.人文教育 文明·价值·传统:上海市社会科学界第五届学术年会文集(2007年度):哲学·历史·人文学科卷.上海:上海人民出版社,2007:89-95.

② 张妮妮,张宪冰.论教师专业生活的三重意蕴[J].东北师大学报(哲学社会科学版),2014(3):201-205.

③ 王卫东.学·思·教:教师专业生活的核心内容[J].教育理论与实践,2013,33(1):37-40.

④ 吉标.三度生活空间视阈下的教师专业生活及其优化[J].中国教育学刊,2016(11):75-79.

⑤ 折延东,龙宝新.论教师的专业教育生活重建[J].教育研究,2010,31(7):95-98.

有意义的专业生活。在周勇看来,就这群令人钦佩的教师而言,他们有过多少文化与教育革新成就,他们的奋斗经历能为今天提供何种更有意义的"教师专业发展路径"固然很有吸引力,但真正令人感兴趣的其实是他们有过什么样的专业生活,为何把那些专业生活看得那么重,即使不算"工作量"也要勉力为之①。当下囿于众多"标准"之下的教师专业发展动力不足,专业生活意识匮乏,与民国时期了不起的教师们的专业生活形成鲜明反差,由此追寻教师专业生活的目的和意义本身迫切重要。也有学者将教师专业生活和教师专业发展与成长相联系,尝试明晰教师专业生活之于专业发展的意义与作用。李艳莉认为,教师专业发展基于教师生活,关注教师生活有助于实现教师"整体生活人"的角色②。张建雷立足胡塞尔"生活世界"理论,认为技术理性取向的专业发展观导致教师深陷客观、抽象的理论化世界,失去教师的教育情怀。固化的专业发展标准,使得教师缺乏主动反思的意识,封闭的职业生活境遇导致教师失去了支持性的教育交往,因此其主张回到教育事实本身,重新定义教师专业成长内涵,回归生活世界,借助周全反思,积累实践性知识,通过展开主体间的交往,构建教师专业成长共同体③。已有研究表明,教师专业生活具有重要意义。

3. 教师专业生活的影响因素研究

已有研究表明,教师专业生活的影响因素既包含外在影响因素,也涉及内部影响因素。教师专业生活的外在影响因素主要包括政策层面、学校管理、同侪关系等。John Loughran 等人指出,新教师入职后将面临专业生活的巨大压力,这些压力来自教师与学校的政策、同事关系、行政管理者之间的矛盾冲突④。教师专业生活的内部影响因素则涵盖个人信仰、情感需求、精神动力等。Joonkil Ahn 等人为教师教育专业的毕业生们提供了一个新的视角,认为信仰与教师的职业生活是结合在一起的,研究发现教师们采取信仰

---

① 周勇. 教师为什么要有专业生活:民国白马湖教师群启示录[J]. 人民教育,2014(17):19-22.
② 李艳莉. 论基于教师生活的教师专业发展[J]. 当代教育科学,2014(10):38-41.
③ 张建雷. 回归生活世界的教师专业成长[J]. 教育评论,2018(6):119-122.
④ LOUGHRAN J,KELCHTERMANS G. Teachers' work lives[J]. Teachers and Teaching,2006,12(2):107-109.

整合观,寻求以文化敏感和适当的方式实现他们的信仰,从而优化教师职业生活中存在的矛盾关系①。王伟和唐文静借助四位乡村卓越教师的自传文本,发现坚定的教育信仰是成就乡村教师坚守且卓越的个体心理因素,其中教师对乡村教育的理性认知促进了乡村教师自觉的专业化发展②。颜奕和谈佳采用质性的个案研究方法,对国内五位高校法语教师专业生活中的情感体验展开研究,研究认为教师情感是专业生活的重要方面③。

4. 教师专业生活的优化策略研究

关于教师专业生活的优化策略研究,针对不同教师群体不同学者提出了不同的应对策略。对于新时代乡村教师而言,其时代背景、教育与生活场域具有特殊性,因此袁丹等人认为凸显乡村教师生命价值、缓解其生命压力,应当构建"生命在场"的教育生活,通过唤醒教师生命自觉、聚焦乡村教育场域、融入学校教育生活,以此来追寻乡村教师意义、投身乡村教育振兴、提质教师精神世界④。对于青年教师而言,其职业理解不全、发展困惑突出,需要专业发展的支持环境,提高专业生活满意度,构建成长态专业生活。北京市第八中学从青年教师的实践问题和实际需求出发,"基于实践"构建青年教师专业发展目标与课程体系,同时"行于实践",确立主体性、差异性、体验性的原则,倡导青年教师自主发展,搭建交流平台,注重青年教师的参与体验,以及设计实施导师制、跟岗制、坐班制、联合教研共同体制、评价激励机制,让青年教师过上成长态专业生活⑤。蔺海沣和王孟霞的研究结果表明,生活满意度在乡村青年教师获得感与留岗意愿的联系中起重要作用,建议创建"持续成长"与"职业意义感"的专业生活润泽机制,具体而言,乡村学

---

① AHN J, HINSON D, TEETS S. Teachers' Views on Integrating Faith into Their Professional Lives: A Cross-Cultural Glimpse[J]. Ailacte Journal, 2016,13:41-57.

② 王伟,唐文静.乡村教师何以坚守且卓越:基于四位乡村卓越教师的叙事分析[J].教师教育研究,2023,35(2):69-76.

③ 颜奕,谈佳.高校法语教师专业生活中的情感体验个案研究[J].外语与外语教学,2018(4):14-25.

④ 袁丹,周昆,李子华.新时代乡村教师"生命在场"教育生活的构建与实现[J].中国教育学刊,2022(10):92-97.

⑤ 唐挈,宋雪梅.北京八中:构建青年教师成长态专业生活[J].中小学管理,2022(9):26-29.

校可编制乡土知识库,培植乡土意识;建设乡村网络社区共同体,在专业交往与学习实践中增强专业生活满意度;对青年教师进行生涯教育,提供专业学习机会,把专业发展的内容和专业成长方式的选择权还给青年教师,以此建构青年教师可持续性发展的专业生活前景①。

(二)关于乡村教师生活的研究

通过梳理关于乡村教师生活的相关研究发现,有的研究关注乡村教师的生活待遇及其政策问题来分析乡村教师生存状况;有的研究关注乡村教师整个生活世界,包括通过家庭生活、职业生活及公共生活等来反映乡村教师的生活现状;也有研究从生活的不同划分进行研究,相关研究成果涉及乡村教师的专业生活和非专业生活,专业生活包括广泛的教育教学生活,而非专业生活包括乡村教师的日常生活、闲暇生活等,但日常生活、闲暇生活等也影响着乡村教师的专业生活。

1. 乡村教师生活待遇的研究

关于乡村教师生活待遇方面的研究主要包含政策实施成效、存在困境及优化等。李宁和李中国基于麦克唐纳尔和埃尔莫尔的政策工具分类,以政策工具和乡村教师生活待遇内容构建二维结构分析框架,阐释我国乡村教师生活待遇政策的选择偏好及其运用逻辑,分析其在提高乡村教师生活待遇中的重要作用及运用中存在的现实阻碍,为我国乡村教师生活待遇政策工具优化提供策略建议②。何虹和张宝歌回顾了近十年来我国的乡村教师生活补助政策,认可其发挥作用成效的同时也提出了仍然存在乡村教师生活补助长效机制尚未建立、乡村教师生活补助激励作用不够明显、乡村教师生活补助成效显示度不够等困境,认为应建立乡村教师生活补助的长效保障机制、制定乡村教师生活补助配套政策、建立乡村教师生活补助省域一体化政策等③。

---

① 蔺海沣,王孟霞.乡村青年教师获得感如何影响其留岗意愿:生活满意度的中介效应[J].湖南师范大学教育科学学报,2022,21(2):59-75.

② 李宁,李中国.乡村教师生活待遇政策效应研究:基于政策工具的视角[J].教育学术月刊,2023(1):98-105.

③ 何虹,张宝歌.乡村教师生活补助政策实施十年回顾及困境突破[J].教育发展研究,2022,42(24):54-61.

2. 乡村教师的生活世界研究

乡村教师的生活世界研究多借用生活史研究呈现乡村教师的生活故事及分析其成长需求等,多见于硕士学位论文与博士学位论文,少部分期刊文献也论述了乡村教师生活世界的相关问题。蒋福超通过记叙论者与父亲两代乡村教师的生活史思考其他乡村教师在传统与现代交替处的安身立命问题[①]。高怡楠从民族村落幼儿园教师的职业生活切入叙事,对其家庭生活、职业生活和公共生活中的物质与关系进行现象学描述与诠释,还原"生活场域"现象,提炼其发展的真实需求与面临的困境、挑战,揭示影响其生活世界的关键因素,以及为优化与完善提出可参考的建议[②]。陈玉硕从生活史视角出发,将"候鸟型"乡村教师的生活分为职业生活、家庭生活、公共生活,透过大量鲜活的一手资料,呈现出几位"候鸟型"乡村教师的职业生活、家庭生活、公共生活的相关故事,并在此基础上客观分析以尝试给出提升生活质量的建议[③]。毫无疑问,乡村教师是发展乡村教育的关键,必须全方位关注乡村教师生存状态,而乡村教师生活世界是其整体生存状态的表征,因此张晓文和吴晓蓉从乡村教师职业身份、专业发展、教学生活及话语权利等方面阐释其生活世界的现实样态,基于教育人类学生命价值视角,提出重塑乡村教师生活世界可以借助祛魅乡村教师圣化身份、消解专业发展重压、关怀碎化教学生活、重拾内生话语权利[④]。

3. 乡村教师的专业生活研究

乡村教师专业生活既有教师专业生活应有的内涵,也具备一些特殊意蕴,并有其特殊的困境与应对策略,涉及教育教学、学习、思考等各方面。梁岩岩和崔友兴认为乡村教师的专业生活是"教师在特定环境中与同伴的学习合作、学生的对话交流以及自我反思所形成的一种专业性的生活状态",其存在着乡村教师学习缺少系统和自主、教学缺失合作和分享、研究缺乏深

---

① 蒋福超.泥土与皇粮:王庄乡村教师生活史研究[D].济南:山东师范大学,2017.
② 高怡楠.民族村落幼儿园教师生活世界研究[D].重庆:西南大学,2022.
③ 陈玉硕.奔波与坚守:"候鸟型"乡村教师的生活史研究:基于 J 市 C 小学教师的考察[D].安庆:安庆师范大学,2022.
④ 张晓文,吴晓蓉.乡村教师生活世界遮蔽与回归:基于教育人类学生命价值的视角[J].教师教育研究,2019,31(4):40-46.

入思考和指导等问题,为此需要通过找准自我定位、营造合作氛围、生成教育智慧来走向自我关怀、促进教学共同体发展,以及助推专业成长①。张恩德等人基于名师工作室的乡村教师专业成长,提出乡村教师的专业成长蕴藏于专业生活之中,共时生活的敞开性既展示了乡村教师与名师、专家、同侪的亲密伙伴关系,也赋权乡村教师的意义再发现、生命再体悟、技艺再升级、知识再完满、专业价值再内化、专业情意再获得的机会与权利②。已有关于乡村教师的教育生活的研究通常与生命价值、教育本质相联系。譬如袁丹等人以"三重社会学说"为理论支撑,认为应当构建乡村教师"生命在场"的教育生活以突显生命价值、缓释生命压力③。高文华品读曾纪洲《教书,不简单——一位乡村教师的教育生活》,看到了不同于"苦情戏"的欢快教育诗篇,因为越来越接近教育的本质④。

4. 乡村教师的非专业生活研究

乡村教师的非专业生活包括乡村教师的日常生活、闲暇生活等。关于乡村教师的日常生活研究涉及不同乡村教师群体的不同具体问题,更多关注蕴藏于日常生活中的身份认同、尊严等情感问题。譬如吴凯欣、毛菊、张斯雷关注"城市型"新生代乡村教师的身份认同问题,认为其脱离于乡村社会,突出表现为学校生活中价值成就的"失落者"、乡村生活中乡土社会的"外来者"和日常生活中情感归属的"漂泊者",因此提出应增强与学校之间的强关系、搭建融入乡村的多种渠道、提供改善日常生活的多维社会支持体系的对策⑤。刘畠通过对6所乡村学校的调查和访谈发现,乡村教师尊严逐步消解于其日常工作和生活中,这种失落很大程度上源于社会、文化、教育、

---

① 梁岩岩,崔友兴.乡村教师专业生活、困境及走出思考[J].教育与教学研究,2018,32(10):66-71.

② 张恩德,王小兰,曾辉.基于名师工作室的乡村教师专业成长:影响要素与成效分析[J].黄冈师范学院学报,2022,42(3):7-12.

③ 袁丹,周昆,李子华.新时代乡村教师"生命在场"教育生活的构建与实现[J].中国教育学刊,2022(10):92-97.

④ 高文华.本真的教育:品读曾纪洲《教书,不简单——一位乡村教师的教育生活》[J].中小学管理,2011(5):57.

⑤ 吴凯欣,毛菊,张斯雷.学校·乡村·日常生活:"城市型"新生代乡村教师身份认同危机与纾解[J].当代教育科学,2021(9):42-50.

人口的结构性困局,而当前乡村振兴战略为相关政策和制度的变革提供了契机,可立足教师个体的现实境况通过权利保障、关系调整、乡村教育本土化来维护乡村社会的师道尊严①。由于教师专业发展政策的忽视、文化传统的裹挟、乡村经济的牵制等,乡村教育实践中乡村教师的闲暇生活往往无法有效展开乃至陷于困境,因此需要明确乡村教师闲暇生活领域的限度、构建制度保障、推动闲暇生活活动的具体展开②。对于乡村教师而言,阅读生活不失为其闲暇生活的重要组成部分,也是改善与提升乡村教师整体生活质量的重要环节。袁媛、谢计基于调研发现,当下乡村教师的阅读意愿高,但阅读的执行力弱,乡村教师阅读生活的质量不高,因此需要从组织与个体协同推进、自主引领以及强化统筹等方面着力,努力改善乡村教师阅读的物质文化、精神文化与制度文化,以期让乡村教师享受美好的阅读生活③。

(三)关于优秀乡村教师的研究

关于优秀乡村教师的研究成果还较少,学者们主要从宏观政策方面关注优秀乡村教师队伍的建设,关注优秀乡村教师的培养与发展;也有研究从微观视角探寻优秀乡村教师个体角色特质和心理层面的情感体验等。

1.优秀乡村教师的培养与成长

已有的关于优秀乡村教师的培养与成长的研究涵盖其培养模式、专业发展存在的问题、影响因素及提升等。有的学者着眼于教师教育培养体系建设,关注未来优秀乡村教师的培养,例如,游旭群批判传统的教师教育培养模式,认为要精准培养乡村需要的教师,要面向乡村教师培养重塑我们的教师教育体系,着力培养优秀乡村教师。有的学者聚焦于优秀乡村教师职业场域中的专业发展,关注其职业境遇和职业角色特质,主要从其局部事迹进行思考,而对其完整生活世界关注不足④。杨文茜、陈建华以扎根农村教

---

① 刘晶.乡村教师日常生活中的尊严及其结构性困局[J].清华大学教育研究,2020,41(2):83-91.

② 肖李,国建文.乡村教师闲暇生活的遮蔽与创生[J].当代教育科学,2021(10):75-80.

③ 袁媛,谢计.乡村教师阅读生活的实然考察与改善建议[J].教学与管理,2022(33):30-34.

④ 游旭群.重塑教师教育培养体系 着力打造优秀乡村教师[J].教育研究,2021,42(6):23-28.

育一线的优秀教师 S 老师为研究对象,采用叙事研究回归其教学和生活,从实践角度思考农村教师专业发展问题,探索农村教师专业水平提升策略[1]。谢佳卉基于理性选择理论的视角探寻"进城热"背景下优秀农村教师自愿留任行为选择背后的原因,期望激励更多优秀教师主动留在农村,为乡村教育事业发展做出贡献。王伟、唐文静基于 4 位乡村卓越教师的叙事研究发现,成就乡村教师坚守且卓越的影响因素,主要有坚定的教育信仰、精准的激励、强有力的学校文化和乡村社会融入,要使得更多的乡村教师实现坚守且卓越,应提高对乡村教师支持与评价的精准性,科学引领乡村教师专业化发展;增强乡村教师与乡村社会的联系,厚植乡村教师的乡土情怀;发挥校长在创设强有力的学校文化中的作用,提升乡村教师队伍的活力与凝聚力;坚持将教师教育信仰的培育贯穿于教师教育体系,提升乡村教师坚守的"持续性"[2]。

2. 优秀乡村教师角色特质与能力

优秀乡村教师角色特质研究主要包括实然的角色特质描述以及应然的角色能力期待。李继宏等选取"优秀乡村教师"典型案例,并对相关文本数据进行整理、编码和分析,最终提取出优秀乡村教师的"乡土情怀"情感特质、"韧性"精神特质、"新乡贤"角色特质以及"基于乡土的多学科教学"的教学特质[3]。耿飞飞运用质化内容分析法,对 77 位优秀乡村教师个体行为编码、分析,得出优秀乡村教师角色特质包括"身心在场守护乡村教育""潜心探索教学""仁而爱人引领发展"[4]。段志贵、陈馨悦通过访谈调查、作品研读等质性分析,发现个案优秀乡村教师在专业上"善于教学、甘于敬业、乐于钻研、勤于反思",人格上表现出"勤奋踏实、快速高效、专注执着、严格要求"。乡村振兴时代,成为人们心目中优秀的、卓越的乡村教师,需要承担起

---

[1] 杨文茜,陈建华. 农村优秀教师专业发展的叙事研究[J]. 职教论坛,2020,36(11):94-97.

[2] 王伟,唐文静. 乡村教师何以坚守且卓越:基于四位乡村卓越教师的叙事分析[J]. 教师教育研究,2023,35(2):69-76.

[3] 李继宏,李玮,冯睿. 优秀乡村教师特质研究:基于全国 300 位优秀乡村教师的典型案例分析[J]. 中国教育学刊,2021(10):15-18.

[4] 耿飞飞. 乡村振兴背景下优秀乡村教师的角色特质与生成机理[J]. 当代教育科学,2022(8):80-87.

"乡村民众教育者、乡村文化塑造者、乡村社会治理者、乡村经济建设者、乡村生态维护者"①等多重角色,应具备主动融入乡村社会的能力、实施乡村特色教育的能力、参与乡村教育治理的能力等,这些应然理想的角色能力有利于优秀卓越的乡村教师扎根乡村大地、提升教育质量、改善乡村社会②。

(四)关于乡村青年教师的研究

关于乡村青年教师的研究主要涉及乡村青年教师的专业成长与培育发展,以及涵盖乡村青年教师生存与生活状况、职业认同、情感归属等方面的乡村青年教师流动与稳定性等问题。

1. 乡村青年教师的专业发展

乡村青年教师专业发展的研究涵盖其专业成长现状、制约因素以及激励策略等。刘胡权研究发现,乡村青年教师的独特思想特点和社会职责影响其生存状态,进而制约着其专业成长③。汪晶晶通过对乡村小规模学校的个案研究,认为乡村青年教师队伍面临的专业发展困境具体表现为专业发展需求与机会之间的不满足性④。为了稳定乡村师资质量、促进乡村教师的专业发展,"国培计划"不失为一种较为系统的培训机制,然而范宁雪在其研究中则提到,乡村青年教师在"国培"中"被培训",深陷"囚徒困境",经历着作为知识分子、学生身份、陌生人以及弱势教师群体的角色纠葛⑤。韦光兵认为培育站是优秀青年教师的发源地、孵化地、聚集地⑥。在王红看来,应对乡村青年教师亲情分割、多学科教学知识短板、同侪交流缺位以及婚恋社会交往尴尬等问题,激励乡村青年教师需精准治理,构建以"关键需要"为首要任务的治理方略,形成"主要矛盾区先行"的治理行动路径,创新学校管理进

---

① 刘佳.乡村振兴时代的卓越乡村教师:角色与素质能力[J].教师教育研究,2022,34(3):68-76.

② 于发友,任胜洪,林智慧,等.新时代推进我国乡村教育现代化的几个面向(笔谈)[J].吉首大学学报(社会科学版),2020,41(6):25-37.

③ 刘胡权.我国农村青年教师问题研究综述[J].中国青年研究,2014(2):83-86.

④ 汪晶晶.乡村小规模学校青年教师队伍发展的困境与策略探究:以乐平市J镇为例[J].现代中小学教育,2021,37(1):68-72.

⑤ 范宁雪.囚徒困境:乡村青年教师在"国培"中[J].当代青年研究,2019(5):32-37.

⑥ 韦光兵.守望乡村教育助力成长梦想:记江苏省淮安市洪泽区乡村初中道德与法治骨干教师培育站[J].教学月刊·中学版(政治教学),2018(10):65.

行专业激励,增强人文关怀进行情感激励①。

2.乡村青年教师的流动与稳定

关于乡村青年教师流动与稳定的研究关涉其"留"与"离"的现状及影响因素。许爱红、许晓莲的研究表明乡村教师青年教师职业吸引力处于中等偏下水平,乡村青年教师面临待遇低、激励效果差、工作压力大、生活困难多、针对性支持政策少等困境②。周晔基于对乡村小学青年教师的深度访谈,提到乡村小学青年教师处于较为强烈的职业焦虑和纠结状态,现实同理想的较大落差、不乐观的发展前景等诸多诱因导致教师的低动力从教③。徐广华、孙宽宁的扎根研究表明,青年教师留守学校的核心内源因素在于情感归属和发展内驱④。朱秀红、刘善槐的研究则表明,政策定位与个体决策偏好不一致、职业期待与实际获得不匹配以及组织环境与现实需求不对应是乡村青年教师流动意愿强的主要原因⑤。

(五)已有研究述评

通过对乡村教师、乡村青年教师、优秀乡村教师、教师专业生活等相关研究的国内外文献进行梳理、归纳,发现近年来随着教育的深化改革,以及国家对教师教育的重视,越来越多的学者将研究视角放在教师专业问题上,以往研究呈现以下特点:

首先,在研究对象上,针对乡村教师的研究由来已久,且文献数量较丰富,但学者们都是针对某一群体,譬如某一学科的教师、某一学段的教师、某一地域(地区)的教师或某一学校性质(小学、中学、大学等)的教师群体,针对教师个体的研究较少,关于乡村优秀青年教师的研究更是寥寥无几。鉴

---

① 王红.政策精准性视角下乡村青年教师激励的双重约束及改进[J].教师教育研究,2019,31(4):47-52.

② 许爱红,许晓莲.乡村青年教师职业吸引力影响因子分析[J].当代教育科学,2020(3):41-45.

③ 周晔.农村小学青年教师离职意向的"流"与"留"[J].湖南师范大学教育科学学报,2020,19(2):92-97.

④ 徐广华,孙宽宁.青年教师留守乡村学校的内源性因素分析:基于《乡村青年教师口述史》的质性研究[J].教育发展研究,2019,39(20):47-52.

⑤ 朱秀红,刘善槐.乡村青年教师的流动意愿与稳定政策研究:基于个人—环境匹配理论的分析视角[J].教育发展研究,2019,39(20):37-46.

于此,本研究将乡村优秀青年教师个体作为研究对象,将乡村优秀青年教师更为全面地呈现出来。

其次,在研究内容上,既有关于教师专业生活的整体研究,也有针对某些具体问题的研究,其中关于教师专业生活中某些具体问题的研究成果较为丰富,主要涉及教师专业发展、教师生活满意度、教师情感体验等各方面。相比较而言,针对乡村优秀青年教师专业生活的研究较少,大多研究成果仅涉及教师当前发展状况的研究,包括现状、问题、影响因素等,其研究内容还需扩展,并且缺乏系统性和完整性。由此,本书将研究视角放在乡村优秀青年教师专业生活的历程上,在其中描摹其实际过去的未成形的专业生活、当下的专业生活状况,以及探寻其对未来专业生活的期待与优化,以丰富相关研究。

再次,在研究方法上,针对教师专业生活的研究方法多种多样,既有量化研究也有质性研究,还有量化研究和质性研究相结合的混合式研究。根据教师专业生活的特点,教师专业生活由一个个鲜明生动的故事组成,研究内容与叙事研究方法具有相当的契合性,并且叙事研究在研究个体时呈现出极大的魅力,可以帮助更加深入地了解研究对象。因此本研究采用叙事研究,主要借助深入访谈和观察以及实物收集来呈现乡村优秀青年教师的真实专业生活。

四、相关概念界定

(一)乡村优秀青年教师

1. 乡村优秀教师

在《古汉语常用字字典》中,"优"的释义与用法主要有五项:一是演杂戏或演杂戏的人;二是多,充足;三是优良,好;四是优厚,优待;五是犹豫不决。《古汉语常用字字典》对于"秀"的解释主要有四项:一为谷物吐穗开花;二为美好,秀丽;三为高出;四为繁茂,茂盛。在《现代汉语词典》中,"优秀"一词被视为形容词,解释为"(品行、学问、质量、成绩等)非常好"。教育界对"优秀教师"的界定各有不同,我国对于具有杰出能力或有突出贡献的教师会授予"骨干教师""模范教师""名师""教学能手"等称谓。一般情况下,具有良好师德、教学质量高、能获得学生喜爱和家长认可的教师亦被称为优秀教师[1]。"乡村优秀教师"实质上指乡村教师队伍中表现比较出色的教师。参照已有关于优秀教师内涵的研究,以及结合乡村最美教师的评选标准,有研究者将乡村优秀教师界定为"在师德、知识、能力等方面表现突出,具有乐于奉献、昂扬向上、扎根农村、甘为人梯的崇高精神,能够在一定时期和空间范围内得到社会和外界认可的专业人员"[2]。

2. 乡村青年教师

"青年"一词的含义在全世界不同的社会中是不同的,青年的定义随着政治、经济和社会文化环境的不同一直在变化。《现代汉语词典》中将"青年"定义为"人十五六岁到三十岁左右的阶段",以及"指上述年龄的人"。以年龄为标准来界定青年群体,是一种较为常见的制度安排。1968年,联合国教科文组织将"青年"年龄界定为15至24岁。2017年,《中长期青年发展规划(2016—2025年)》规定青年的年龄范围是14至35周岁。中国国家统计局将青年定在15至34岁。世界卫生组织将青年的年龄范围定在15至44周岁。本书的研究对象是执教于乡村学校的青年教师,结合已有研究,研究者将以《中长期青年发展规划(2016—2025年)》对青年的年龄规定为准,本文所研究的乡村青年教师即年龄在14至35周岁,在乡镇和村落学校从事教书育人工作的人员。

3. 乡村优秀青年教师

结合"乡村优秀教师"与"乡村青年教师"的概念,我们将"乡村优秀青年教师"界定为:年龄在14至35周岁,在乡镇和村落学校从事教书育人工作,且具有良好师德、教学质量高、能获得学生喜爱和家长认可的教师。本研究叙事个案乡村优秀青年教师特指2022年"乡村优秀青年教师培养奖励计划"入选L老师,以及获2018年ZG区"优秀教师"称号、2022年ZG区"最美园丁"的Z老师。

(二)教师专业生活

在综述国内外已有关于教师专业生活相关研究的过程中,我们发现教

---

[1] 段波尔. 乡村小学优秀青年教师专业成长个案研究[D]. 长沙:湖南师范大学,2021:9.

[2] 武敏玉. 乡村优秀教师专业成长的内源性动力研究[D]. 济南:山东师范大学,2021:12.

师专业生活与教师职业生活以及教师专业发展常常被相提并论,甚至一以蔽之、混淆使用。不可否认,教师生活与专业生活息息相关,因而教师职业生活、教师专业发展与教师专业生活自然休戚与共,但无论是教师专业发展、教师职业生活还是教师专业生活,都有其各自的侧重点,相互之间既有区别又有联系。

1.教师专业发展与教师专业生活

教师专业生活是教师专业发展的沃土,教师专业发展要在有意义的专业生活中实现。诚然,教师专业发展是教师专业生活的目的指向之一,教师专业生活是教师实现专业发展的必由之路。教师在专业生活中的成长与发展更多指向教师个体自主性专业发展的实现,可以为教师们过有意义的专业生活提供一定参照,但其与理性逻辑意义上普遍的教师专业发展有所区别①。

表1 教师专业发展与教师专业生活的区别与联系

维度	教师专业发展	教师专业生活
衡量标准	依据科学标准,存在适宜教师群体的普遍规律	无一定标准,关注个体的经验、情绪、情感、认知等主观事实
内容指向	教师的专业知识、专业能力、专业理念、普遍伦理、逻辑理性的获得与发展	核心内容是教师的学、思(研)、教,重视洞察个体的主观事实
空间意蕴	职业场域内的理性生活	教育环境和专业领域内的理性生活、情感生活、精神生活
发展形态	注重教师整体的专业化发展过程,是线性化的过程	注重教师的角色、认知、情感等,是回溯诠释的过程
联系	教师专业生活与教师专业发展是同时并存的关系,它们从不同的侧面表征着教师的专业性质。教师专业生活是促进教师专业发展的有效途径之一,而教师专业发展反过来又能有效地提升教师专业生活的质量②	

---

① 李红清.中学语文特级教师专业生活的叙事研究[D].漳州:闽南师范大学,2021:11.

② 王卫东.教师专业发展探新:若干理论的阐释与辨析[M].广州:暨南大学出版社,2007:143.

2. 教师职业生活与教师专业生活

教师职业生活常常与公共生活、家庭生活一同作为生活世界的重要组成部分。教师职业生活与教师专业生活既有各自不同的特征,也有一定的联系。如果说教师职业生活是教师的基本实践样态,那么教师专业生活可以被视为教师追求自我提升的境界①。

表2 教师职业生活与教师专业生活的差异与联系

维度	教师职业生活	教师专业生活
目标指向	活动的直接目标指向工作对象——学生的发展	活动直接目标指向教师自身的自主专业发展
实践样态	主要作为"教育者",以自身体力、知识和思想"输出"的方式体现	不仅作为"教育者"输出,也作为"学习者""研究者"输入经验、知识、思想等
空间场域	工作场所相对固定,主要在学校课堂中	场域比较宽泛,办公室、教研室、会议室、校外各种学习场所等,能够让教师展开交流、思考和学习
联系	培养人是教育的目的,教师职业生活与专业生活在根本目标上是一致的,都是促进学生的全面发展	

赫勒强调,"工作的本质属性在于,它既是日常活动,同时又是超越日常的直接类本质活动"②。专业生活概念虽然类属于非日常生活领域,但教师专业生活作为教师的实践活动,其履行也自然属于"日常生活的有机部分"。因此,教师专业生活作为一种具有专业性质的工作种类,既是日常活动,又是超于日常的、直接的类本质活动,它带有日常与非日常的双方特性,并在双方特性的耦合中生成了自己的特性③。"教师专业生活包括教育生活、教学生活、研究生活、学习生活和人际交往生活等,主要是以身体实践活动为基础的精神生活而又不局限于精神生活,不是教师单纯的谋生活动,也不仅仅是职业活动,而是教师的事业,是教师为教育事业而自觉投身的履行'天职'的活动"④。基于此,本书的教师专业生活是指教师作为专业人员,为实

---

① 吉标.三度生活空间视阈下的教师专业生活及其优化[J].中国教育学刊,2016(11):75-79.
② 赫勒.日常生活[M].衣俊卿,译.哈尔滨:黑龙江大学出版社,2010:61.
③ 张祥.学前男教师专业生活叙事研究[D].扬州:扬州大学,2022:16-17.
④ 郭祥超.论教师专业生活的勇气[J].教育学报,2012,8(2):3-7.

现自身"自我更新"专业发展以及促进学生多方面发展所引发的一系列独特的综合生命活动,主要包括与教师专业身份有关的过往活动经历、教师正在经历的职业教学生活、教师共同体教研生活、教师自身拓展学习生活以及日常生活经历等,涉及教师的情感、态度、行为与行为倾向。

3. 乡村优秀青年教师专业生活

乡村优秀青年教师的专业成长与发展蕴藏于其专业生活之中。乡村优秀青年教师的专业生活与教师专业生活同样具有教师专业特性,围绕着专业的学、思、教等内容展开活动。专业生活概念类属于非日常生活领域,但专业生活与专业情景和职业情景以外的日常业余生活并不是截然对立的。"作为教师的人"的专业生活与"作为人的教师"的日常生活存在一定重合,教师专业生活活动过程的展开需要建立于日常生活的基础之上。乡村优秀青年教师过往日常生活中的成长历程及现今的相关日常领域是其有意义专业生活的重要养料地。本书对于乡村优秀青年教师专业生活的界定为:乡村优秀青年教师借助其专业身份通过与学生的教学相长、与同伴的学习合作,以及与自我的反思觉醒等而生成的,旨在实现自身成长与发展以及促进学生全面发展而进行的生命实践活动,亦是其追求自我更新的一种生活状态,包括其教育生活、教学生活、研究生活、学习生活和人际交往生活等,是其为乡村教育事业而自觉投入其中并获取自我专业发展的活动。

处于富有意义专业生活状态的乡村青年教师能够学会理性思考,对教育教学注入真情实感,不断丰富自己的精神世界。乡村优秀青年教师专业生活与教师专业生活中永无止境地学、坚持不懈地思以及充满激情地教等核心内容是一致的,其目标指向也旨在提升教师专业性,促进学生全面发展。然而乡村优秀青年教师因其自身特质、所处乡村地域环境以及所面向的乡村孩子等特殊境遇,导致其专业生活也具有不同于一般教师专业生活的特殊性。不言自明的是,乡村优秀青年教师一路成长而来,其专业生活历经变化,受许多因素影响,他们也需要一定的建议指导以更新自我定位、持续生成教育智慧,走向自我关怀,助推专业成长。本书能够为乡村青年教师过上幸福的专业生活提供一定启示。

第一章　理论基础与研究设计

研读已有关于教师专业生活、乡村教师生活、优秀乡村教师、乡村青年教师的文献及著作，本书拟选取教育学视域下的生活世界理论、生命历程理论分析乡村优秀青年教师专业生活的整全面貌，特别借助"自我更新"取向的教师专业发展理论，解读乡村优秀青年教师专业生活的历时发展，以及基于布朗芬·布伦纳的社会生态系统理论探究其专业生活的关键影响因素。

第一节　理论基础

一、生活世界理论内涵特征与研究适切性

所有思想的产生都并非无缘无故的，而是伴有历史的嬗变。"历史维度是所有哲学思想的本质特征，即包括经典现象学在内的所有哲学思想都有其形成的特定的社会——历史背景。"[1]近代以来，以自然科学、实证科学为主要代表的科学世界得到迅速发展，人的世界观受到科学主义和工具理性的强烈支配，且不断陷入对"客观"事实的狂热追求中。"只见事实的科学"造成了"只见事实的人"，而对于真正的人来说，至关重要的"意义"关注逐渐被抹去。值得警惕的是，缺少"意义"的滋养不仅会直接威胁到人的生活，造成人性危机，同时还会影响到科学本身，使科学迷失方向。由此，胡塞尔提出："摆脱这场危机的根本出路就在于'回归生活世界'。"[2]对于20世纪的欧洲来说，胡塞尔的现象学无疑是诊治西方文明和科学时代危机的一剂良

---

[1] 王俊.重建世界形而上学:作为胡塞尔现象学之根本动机的"生活世界"[J].浙江社会科学,2015(6):87-93.

[2] 胡塞尔.欧洲科学危机和超验现象学[M].张庆熊,译.上海:上海译文出版社,1988:7.

药,它是通过对生活世界的捍卫来唤醒人们对现代世界哲学的重新思考。本节主要探讨现象学和生活世界理论的历史缘起、内涵特征,以及生活世界理论与本书主旨研究的适切性。

(一)生活世界理论的由来

生活世界理论的出现源于西方现象学理论,这也是现象学的核心理论之一。因此,要想理解生活世界理论,首先我们得弄清楚现象学理论。现象学起始于德国的胡塞尔,他认为:"现象学是关于纯粹意识的学说,也可称为意识论。"换句话说,他的现象学是经由悬搁经验判断后在纯粹意识中对现象进行本质的把握。海德格尔认为:"凡是如存在者就其本身所显现的那样展示存在者,我们都称之为现象学。"[①]按照他的说法,所谓"现象"就是事情或事物所真实展现的那样。如此等等,众说纷纭。但总体而言,所有学者关于现象学的研究与探讨都有着共同出发点——"转向事实本身",也就是注重现象本身。将整个现象学运动联合在一起的,正是"转向事实本身"这一口号,每一位现象学家都坚持这一基本纲领。

现象学兴起最为关键的历史背景就是20世纪初西方盛行的实证主义科学风潮。受此风潮影响,人们热衷于给一切事物包上理论和概念的外衣,推崇实证主义和科学主义,忽视了对生活意义的重视。伴随着科学突飞猛进的发展,实证科学几乎成为我们认识世界的唯一方式。在实证主义看来,世界被划分为两个基本领域:由感官经验所构成的现象世界和由不变的真理构成的本质世界。科学研究就是要从表面的"现象"出发,寻得事物的一般"本质"。"事物"与"本质"的两相对立构成了科学研究的基本前提。对于坚持实证主义的科学来说,真正"客观"和"本质"的世界并不是我们直接感受到的现实世界,而是一个单纯时空上扩展的抽象世界。在实证科学中,研究者将对象抽象和定义为概念,试图在不同的概念之间寻找相互的关系,并将其用最为确定的方式,也就是数学的方式表现出来,后来演变成一种完全脱离生活世界的纯粹的几何学、一种抽象的数学理论。它以纯粹的图形和

---

① 海德格尔.存在与时间[M].陈嘉映,王庆节,译.北京:商务印书馆,2019:49.

数字作为研究对象,在这种完全抽象的数学世界中具有绝对的普遍有效性①。卡西尔对现代科学的解释就是明证:"所谓的规律性就意味着事实本身不是纯粹的素材,不是无联系的因素的大杂烩;相反,在事实中并且通过事实,我们能够证明,存在着一种贯穿这些事实,并把它们统一起来的形式。这种形式是可以用数学方法确定的,是按数和量度构成的和排列的。"②于是,科学家构造的"抽象的"和"客观的"世界是第一性的,而将人与人之间所实际身处的"主观的"世界视作第二性的。

逻辑实证主义更是宣称,实证科学应当成为人类知识的唯一形式,"科学之为自然理论的体系,之为实际真理的系统,在原则上仅有一种,就是自然科学"③。这种绝对化的思维自然会遭到诟病,兰德格雷贝一针见血地评价现代科学的这个信念:"精确的科学和在这种科学的思维习性中生活的人可能总是一再提出这种要求:他们的世界图景是唯一真实的世界图景,这种世界图景是客观的并且就其本身而言是客观有效的,以至于科学之外的或前科学的一切其他的世界图景至多是他们的准备,他们多半是通过传统的或迷信的等等偏见对于真实世界的主观的歪曲。"④借助于对机械的因果关系的描述,实证科学将所有事物都简化成了用数字表达的公式和规律,这种绝对化正是西方世界20世纪以来的"科学危机"。而危机的结果就是,人类对于世界由以获得其意义的"绝对的"理性的信念,对于历史的意义的信念,对于人性的意义的信念,即对于人为他个人的生存和一般的人的生存获得合理意义的能力的信念,都崩溃了⑤。

那如何从实证科学的世界观中脱离出来? 现象学给出的答案就是"生活世界",胡塞尔最初提出生活世界的概念就是要为"科学"的世界观寻找其真正的根基。因此,"生活世界"的概念成为理解现象学的关键。胡塞尔认

---

① 帅巍.源于生活世界的判断:胡塞尔的判断发生论探微[J].社会科学研究,2024(3):169-171.
② 卡西尔.启蒙哲学[M].顾伟铭,等译.济南:山东人民出版社,1988:6.
③ 洪谦.维也纳学派哲学[M].北京:商务印书馆,1989:131.
④ 兰德格雷贝,李云飞.作为现象学问题的世界[J].世界哲学,2005(2):68-82.
⑤ 夏宏.胡塞尔视域中的"生活世界殖民化"[J].广州大学学报(社会科学版),2015(7):30-35.

为实证科学是建立在原初的生活世界之上的,"如果我们不再沉浸于我们的科学思考之中,我们就会认识到,我们这些科学家毕竟是人,并且作为人是生活世界中的组成部分,而生活世界对于我们来说,是始终存在着的,总是预先给定的"。胡塞尔所认为的生活世界并非一般所说的日常生活世界,"而是具有生命攸关的、有切身利害关系的、生命必需的这些意思"①。在现象学看来,人类认识的源头即在直观和体验中被呈现出来的生活世界,生活世界是原初的"意义"向主体开显的源头。在这个意义上,现象学超越了传统哲学中的主客二分的思维方式,因为只有在生活世界之中,存在自身才得以为我们所觉察和发现。那么,到底什么是生活世界?

(二)何谓生活世界理论

最早使用"生活世界"这个术语的学者是齐美尔,1912年齐美尔在他的生命哲学领域中使用该术语,胡塞尔是在1917年开始使用的。1936年,胡塞尔完成著作《欧洲科学的危机与超越论的现象学》,"生活世界"这一术语真正具有现象学意义。他认为,生活世界是"唯一现实的世界,现实地由感性给予的世界,总是被体验到的和可以体验到的世界"②,也是所有理论生活和实践生活的原初基础。同时,他是"经常有效的基础""不言而喻性的源泉"③。所以,生活世界在逻辑上是优先于科学世界的。最早阐述胡塞尔生活世界概念的兰德格雷贝认为,生活世界是"由我们的直接经验构成的周围世界,可以通过特殊类型的还原从呈现给科学解释的世界得到"④。生活世界是人们获取生活资料、获得生活经验以及进行交往的场所。我们从众多学者对于生活世界的分析中可以明显地体会到,生活世界具有奠基性、直观体验性和交互主体性存在的特征,而这些特征也正是以实证主义方法论为基础的自然科学所缺乏的,也是胡塞尔认为其缺乏科学性的原因,虽然胡塞尔是一个数学博士。

---

① 张祥龙.从现象学到孔夫子[M].北京:商务印书馆,1989:131.
② 胡塞尔.欧洲科学的危机与超越论的现象学[M].王炳文,译.北京:商务印书馆,2001:64.
③ 胡塞尔.欧洲科学的危机与超越论的现象学[M].王炳文,译.北京:商务印书馆,2001:148.
④ 施皮格伯格.现象学运动[M].王炳文,张金言,译.上海:商务印书馆,2011:961.

第一,生活世界首先是一个奠基性的世界,这主要是相对于科学世界而言的。"生活世界是在一切科学之前已经达到的世界,以至科学本身只有从生活世界的变化才能理解,这里是意义的源头。"①作为基础和源泉的生活世界先于科学世界,出现在客观科学的方法论、理论和成就之前,是一种"前科学"或"先于科学"的世界。因此,生活世界是一个具有原初自明性的领域,是一种自明地被给予的世界,生活世界被给予的最基本的形式就是在知觉中"作为在直接现前中的'它自身'被经验到"。

第二,生活世界是直观体验性的。区别于科学世界的抽象性和虚幻性,人们生活于其中的,是现实的具体的世界,是人们身在其中、触手可及的世界,是唯一实在的、可以被知觉所给予的、可以被体验到和体验到的世界。它以其直观自明的特性为科学世界提供精神家园和实践的生命力。因此,知觉是生活世界被给予的最直接、最原始的方式,而想象和回忆等其他方式是间接地将生活世界当前化的方式,而且是由可直观东西而来的归纳,所以它们对原始的生活世界具有意义积淀的作用②。

第三,生活世界是交互主体性的存在。现象学理论认为,交互主体性的存在使客观意义成为可能。在个体意识和体验的基础上,人们尝试构建生活联系,通过交往、沟通、修正、协调,"个体"以理性的方式接受"共同体",自我与他人以理性的方式相互理解、相互支持,实现共同发展,人们的生活世界以共同体的形式出现。换言之,"生活世界的意义不仅属于纯粹主观的存在,而且具有共性,是通过交互主体的相互作用而显现的意义"③。胡塞尔主张的世界便是一个具有交互主体性特征的"主体间的世界",交往过程中的对象都是主体,一方面彼此具有相对的独立性,另一方面又互相承认、互相尊重,总是在联系中互相影响、互相作用。

(三)生活世界理论与乡村优秀青年教师专业生活研究的适切性

乡村优秀青年教师是乡村教师中的中坚力量和榜样,他们往往在教学

---

① 胡塞尔.欧洲科学的危机与超越论的现象学[M].王炳文,译.北京:商务印书馆,2001:23.
② 帅巍.源于生活世界的判断:胡塞尔的判断发生论探微[J].社会科学研究,2024(3):169-171.
③ 胡塞尔.欧洲科学危机和超验现象学[M].张庆熊,译.上海:上海译文出版社,1988:58.

上表现得更为突出,课堂教学能力强、经常作为乡村教师代表参加各种教学竞赛是他们的标准形象。因此,以往的研究中比较聚焦于乡村优秀青年教师专业能力的成长,这是乡村优秀青年教师生活世界被遮蔽的重要影响因素。长期以来,由于教育的技术化和理论化倾向的影响,青年教师成长过程中往往聚焦于如何技术化地提高他们的讲课水平和课堂教学效果等,而教学过程中青年教师个体的体验、经历和感受都被排除在教育过程之外,对教育理论的抽象思考代替了青年教师自我的体验与反思。正如有学者指出的:"反思我国当下的教师教育不难发现,教师教育中过于重视理论的普适性和工具性,而忽视教师教学实践的丰富性和鲜活性。"[1]现实中,不仅研究者忽视了乡村青年教师生活世界,而且乡村青年教师本身以及管理者同样忽视了对乡村青年教师生活世界的关注,由此在一定程度上造成了乡村青年教师意义缺失的教师教育现象。

意义缺失的教师教育现象更是表现为乡村青年教师日常教学的功利性和经验化,他们将教学当成是为达到某一特定的目的而存在的可以操作、可以安排的工具或手段。然而教育是一种规范性活动而不是一门技术。所以,从教师教育自身来说,应该走进乡村青年教师的"生活世界",把握他们的生活世界与教学活动之间的互动关系,充分挖掘他们生活世界的价值,尊重并重视乡村青年教师个人已有的教育生活经验和观念。从研究者的角度来说,由于长期以来近现代主客二分的认识论,以及由此发展来的科学实证主义研究范式的影响,教师教育研究者寻找所谓的"规律",很多研究主题早已远离教师的日常生活世界,变成深不可测的、教育实践工作者看不懂的东西,而教师教育则变成是抽象的教师教育[2]。生活世界理论对于乡村优秀青年教师研究的启示便在于此,直接面对他们最原初的真实生活,从而直接回到教育现象本身,关注教育生活世界的本真状态。所以,研究乡村优秀青年教师专业生活需要恢复人们对生活世界观理性的信任,仅仅通过概念无法把握鲜活生动的世界,对乡村优秀青年教师专业生活的关注必须在动态中

---

[1] 魏景.现象学给教师带来了什么:现象学教育学视阈中的教师教育[D].北京:首都师范大学,2006:37.

[2] 王艳霞.教师日常教学生活的现象学反思与重构[J].当代教育科学,2014(2):12-15.

进行,通过情景、在情景中展开描绘与解读。

二、生命历程理论

生命历程理论作为一种社会科学的分析范式,兴起于20世纪初芝加哥学派对移民问题的研究。但是在当时该理论并未引起人们的关注,甚至遭到新实证主义的排斥①。生命历程研究从20世纪60年代开始复兴,该理论主要被用于研究生命历程中社会文化的结构性因素对个体生活的影响。并且该理论主要从社会历史的角度看待人与社会环境的互动,关注具体的人在变化了的社会历史环境中的抉择及结果。

1974年,美国社会学家埃尔德出版《大萧条的孩子们》,书中有对该理论的完整叙述。埃尔德全面思索处于不断流逝的时间和不断变动的情境中个人的生活和发展,概括了生命历程的四个范式性主题:第一,"个人的生命历程嵌入了历史的时间和他们在岁月中所经历的事件之中,同时也被这些时间和事件所塑造着";第二,"一系列的生活转变或生命事件对于某个个体发展的影响,取决于它们什么时候发生于这个人的生活中";第三,"生命存在于相互依赖之中,社会——历史的影响经由这一共享关系网络表现出来";第四,"个体能够通过自身的选择和行动,利用所拥有的机会,克服历史与社会环境的制约,从而构建他们自身的生命历程"②。在埃尔德看来,生命历程理论告诉我们"生活是如何在生理的、社会的和历史的时间上在社会中被组织起来的,引导人们去解释因此而产生的社会模式是如何影响着我们的思考、感觉和行动的"③。

我国真正将生命历程理论和方法引入的学者是李强等人,他们就"西方生命历程研究的历史发展、分析范式、理论应用等问题进行了综述;对该领域所运用的定量方法中较新的'事件史分析'方法进行了介绍;并阐述了生

---

① 李强,邓建伟,晓筝.社会变迁与个人发展:生命历程研究的范式与方法[J].社会学研究,1999(6):1-18.

② 埃尔德.大萧条的孩子们[M].田禾,马春华,译.南京:译林出版社,2002:426-432.

③ 埃尔德.大萧条的孩子们[M].田禾,马春华,译.南京:译林出版社,2002:468-469.

命历程研究对中国社会学的意义"①。包蕾萍就生命历程理论提出了她自己的见解,她认为生命历程理论的核心观点是世界观,生命历程理论的创新及其生命力的集中体现应该在于其时间观②。李钧鹏则从生命历程视角的知识传统、关键概念与研究手段等方面进行了分析,他提出生命历程理论主要研究手段包括追溯性生命历史研究和前瞻性生命历史研究,前者以现在为起点,追忆过去发生的历程,后者是对一个群体往后还未发生的历程所进行的长期追踪,两者各有优缺点,可以考虑将两者有机结合起来③。自此,生命历程理论为国内社会学等相关研究带来了崭新的视角,但研究者却很少从生命历程的视角研究教师成长。

乡村优秀青年教师将个人的发展嵌入其生命历程之中,也嵌入其社会结构、人口和文化所构成的历史情境之中,他们生命历程中的生命事件构成影响其专业生活可能的"关键"。生命历程理论视角不但可以相对完整地描述乡村优秀青年教师过去和现在的专业生活故事,为预测其未来发展轨迹提供一定参考,还可系统描述其与他人、与时代、与社会不断交互和相互影响的动态过程。乡村优秀青年教师作为一个鲜活的生命体,应该具有完整的独特的生命历程,实现其有意义专业生活的生成与持续发展。

三、"自我更新"取向的教师专业发展理论

"自我更新"取向的教师专业发展指教师在专业生活过程中具有较强的自我专业发展意识和动力,激励自我更新,自觉承担专业发展的主要责任,实现自我专业发展和自我更新,强调教师真正成为自我专业发展的主人。这是以自我专业发展意识为标准考察教师专业发展过程的一种分析、研究框架,可以看作是教师自我专业发展意识的现实化过程,还可以作为一种教师专业发展新的取向和理念④。教师专业发展过程中所体现的阶段性已被

---

① 李强,邓建伟,晓筝.社会变迁与个人发展:生命历程研究的范式与方法[J].社会学研究,1999(6):1-18.
② 包蕾萍.生命历程理论的时间观探析[J].社会学研究,2005(2):120-133.
③ 李钧鹏.生命历程研究中的若干问题[J].济南大学学报,2011(3):63-66.
④ 叶澜,白益民,王枬,等.教师角色与教师发展新探[M].北京:教育科学出版社,2001:267.

许多研究所证实,我国教育家叶澜教授从教师自我专业发展意识所关注的重点以及教师当下所达到的水平,将教师专业发展划分为"非关注"阶段、"虚拟关注"阶段、"生存关注"阶段、"任务关注"阶段、"自我更新关注"阶段五个阶段①。这也为研究乡村优秀青年教师的专业生活提供了理论基础与分析框架。

(一)"非关注"阶段

研究者们已经意识到将教师专业发展阶段往前延伸的重要性和必要性,现已延伸至师范教育阶段、早期受教育阶段,甚至再到更前的童年生活期。尽管童年生活期由于其生活经历的复杂性、模糊性等特征而不如其他时期能够明显地看到教师专业发展的特点和轨迹,但其童年生活期的经历及体验对后期专业发展的影响不可忽视,此阶段所形成的语言表达、交往、组织管理等一般性能力能够为之后打下基础。基于此,乡村优秀青年教师的从教意向或从教潜在可能可以追溯至其童年、少年时期,即进入正式教师教育之前还未有专业发展意识的"非关注"阶段。

(二)"虚拟关注"阶段

在此阶段,专业发展主体的角色多是师范生或实习教师,其所接触的学习环境和学习活动与实际的教师专业生活具有较大差别,即带有虚拟性的特征。无论是在校期间的理论学习还是实习期间的技能训练与体验、活动范围等,均与迈入真正教师行列有所不同,此时其专业学习生活和活动大多囿于知识和技能层面,自我专业发展意识淡薄。但未来教师在体验实习后,可能产生专业发展意识的唤醒与萌芽,为成为正式教师奠定基础。

(三)"生存关注"阶段

这个阶段发展主体面临着向正式教师角色转变的过程,也面临着生活环境的变化,是专业发展的关键时期,也是理论与实践的"磨合期",其突出特点是"骤变与适应"。专业发展主体往往面临着来自生活和专业的双重压力,其重点关注自身如何处理矛盾与冲突、应对压力以站稳脚跟。初入职场被迫"求生存"的教师尚且谈不上对"自我更新"的关注与发展,其教学知识、

---

① 叶澜,白益民,王枬,等.教师角色与教师发展新探[M].北京:教育科学出版社,2001:277-302.

专业领悟和理解力、教学方法等虽然有限,但可能被激起了较强的自我专业发展意识,其教学活动主要围绕知识传递开展。

(四)"任务关注"阶段

随着基本知识与技能的掌握,教师一般能够度过"生存关注"阶段而决定留任,迈入专业结构稳定、持续发展的阶段,由关注自我基本生存转向更多关注教学。教师出于更好完成教学任务的目的而选择参与进修,并且能够由"灌输"转向"发现","发现"学生,尝试教学方式与方法的变更与日益完善,但其教育目的仍然指向知识学习。此时的教师往往呈现向前发展的积极姿态,能够自觉寻求一些专业发展活动来充实自己。

(五)"自我更新关注"阶段

如若沿着积极的专业发展趋势,教师将顺利进入关注自身专业发展的阶段,此时其专业活动的参与不完全屈服或受限于外部评价及职业升迁,而是能够根据自身发展状况进行自我规划,全心致力于寻求最大限度的自我发展,即追求卓越发展。在此阶段教师表现出自信从容,对于问题能够给予全面、整体的关注。教师能够鼓励学生"发现",关注学生的多方面发展,并且能够反思过去的专业生活,进行积累、改进、创造,逐渐具备体现个人特征和教学智慧的"个人实践知识",并且可以借助自身专业发展经验对其他教师产生一定影响,具有并保持专业发展的"自我更新"取向。

乡村优秀青年教师往往能够与时俱进,保持开放心态,对自身有很高的要求,其专业发展能够体现出"自我更新"取向,但还不够持续与稳定,有时也体现出"任务关注"阶段的某些特征,尤其相对于更加成熟的优秀或卓越教师而言,其专业发展的"自我更新"尚有空间,因此我们认为其处于初步的"自我更新关注"阶段。

第二节 研究设计

研读已有的关于教师专业生活、乡村教师生活、优秀乡村教师、乡村青年教师的文献及著作，研究拟选取教育学视域下的生活世界理论、生命历程理论分析乡村优秀青年教师专业生活的整全面貌，特别借助"自我更新"取向的教师专业发展理论，描绘乡村优秀青年教师专业生活纵向的历时发展故事，同时也描绘乡村优秀青年教师横向空间维度相关故事，以及基于其关系网络分享乡村优秀青年教师的专业生活故事，从故事中探寻其专业生活的关键影响因素，以及尝试提出支持乡村青年教师过有意义专业生活的可能策略。

一、研究思路

基于国家持续高度重视乡村教师队伍建设、社会发展呼吁大量优秀乡村教师生成、乡村青年教师是乡村教师队伍的中坚力量，以及教师专业发展要求回归教师专业生活等研究缘起，本研究采用叙事研究的教育研究方法，立足于乡村优秀青年教师个体，着眼于其专业生活的现实图景，关注其过去、现在及未来。通过访谈、观察以及实物分析等描摹乡村优秀青年教师专业生活的发展全貌，探究乡村优秀青年教师专业生活的影响因素，我们尝试找寻乡村优秀青年教师专业生活可能的支持策略，以及思考乡村优秀青年教师专业生活带来的教育启示，并且对研究进行复盘反思，以期达到进一步提升。

二、研究原则

（一）面向事实本身

"面向事实本身"意味着揭示并关注事物的本来面目，即强调真实发生，正如科学倡导真实。因此需要立足于实地对现象进行"深描"，以此探索揭示行为事件的真实发生过程及诱因，以及厘清事物之间千丝万缕、错综复杂的关系。只有走进乡村学校，走近乡村优秀青年教师的真实生活世界，才能

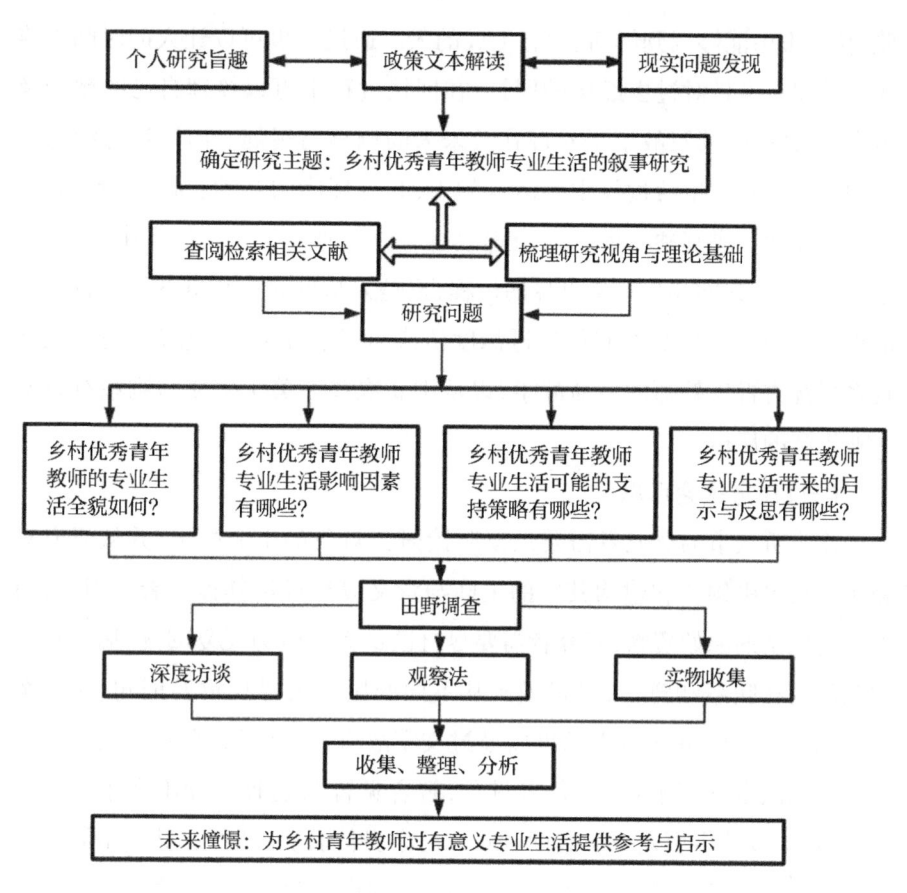

```
┌──────────────┐   ┌──────────────┐   ┌──────────────┐
│ 个人研究旨趣 │←→│ 政策文本解读 │←→│ 现实问题发现 │
└──────────────┘   └──────┬───────┘   └──────────────┘
                          ↓
       ┌──────────────────────────────────────────┐
       │ 确定研究主题：乡村优秀青年教师专业生活的叙事研究 │
       └──────────────────────────────────────────┘
                          ↑↓
       ┌──────────────────┐   ┌──────────────────────┐
       │ 查阅检索相关文献 │←→│ 梳理研究视角与理论基础 │
       └────────┬─────────┘   └──────────┬───────────┘
                └──────────┬─────────────┘
                           ↓
                    ┌──────────┐
                    │ 研究问题 │
                    └────┬─────┘
```

图 1-1　研究思路图

　　了解乡村优秀青年教师的专业生活。乡村优秀青年教师的专业生活与其日常生活、职业生活受到其所处的社会文化生态系统的影响，因此必须在真实的生活场景中与乡村优秀青年教师面对面交流，才能真切观察和感受其专业生活的生成及变化，了解生成变化受何影响。并且叙事不能只有研究者的自说自话，应有多重声音，因此在乡村优秀青年教师专业生活的研究中，研究者需要让乡村优秀青年教师、乡村优秀青年教师周围的人物及乡村优秀青年教师所处的环境"说话"。

（二）展现生命故事

　　每个人自来到这个世界伊始就在书写自己的故事，故事有长有短、有喜有悲。故事可以提供一个可分享的世界，它们承载着每个人的各种生活经验,从故事中能够读到鲜活、动态生成的人。通过故事可以让人的时间人格化。讲述故事是对过去经历的回忆,在回忆过程中可以梳理自己的感受及生命成长脉络;续写故事是对现在及未来的调整与规划。而讲述与续写故事的人是在真实生活世界中生活着的人,其与环境的互动、与人的互动、与自身的互动构成其独特的生命历程故事。叙事研究正是由故事中的角色、叙述者、读者共同建构意义世界的过程,也是人与世界打交道并筹划自己可能性的过程①。本书中,我们通过深度访谈和观察等尽可能生动、完整地展现乡村优秀青年教师的生命故事,以从中获取些许关于生成与维系有意义专业生活的启示。

(三)注重领会反思

作为听故事的研究者需要反复听读研究对象的生命故事,并从研究对象生命故事中领会和建构其中的关联与意义以呈现给其他读者。因此,面对丰富庞杂的原始资料,研究者需要尽自己最大的能力反复阅读、揣摩资料之间的内在联系和意义,尽量做到从不同的层面去寻找重要词句、典型案例、核心概念②。每个读者都可以通过文字故事,立足于其自身生活经验对所呈现的故事进行解读。"仁者见仁,智者见智",这种解读不在于故事本身,而在于以故事引发或激起读者对自己亲身体验、相似经历甚至不同经历的反思,建构自己独特的意义领会。尽管具有独特性的个人故事中可能无法总结和归纳出适用于其他人的普遍规律,但不可否认的是,独特的故事也能够提供富有教益的参考,启示我们对自身经历与未来发展进行反思。对于乡村优秀青年教师专业生活故事的叙述与展示,有利于研究者和其他乡村青年教师认识和追问乡村优秀青年教师专业生活经历的意义。

(四)遵循研究伦理

研究者在研究进行前已经向相关研究对象说明本研究的目的,在征得研究对象的同意并充分考虑研究对象的权益,承诺所收集的资料仅用于研究,将会保密并妥善保管。研究过程中双方建立了信任的研究关系,访谈时

---

① 张妮妮.在耕耘中守望:乡村幼儿教师专业生活的叙事研究[D].长春:东北师范大学,2013:36.
② 陈向明.教师如何作质的研究[M].北京:教育科学出版社,2001:164.

间、访谈地点基于研究对象的便利性协商选定,尽量不影响研究对象的正常工作与生活,访谈结束后,对研究对象的支持与帮助表示感谢。基于保护受访者个人隐私,本书中涉及的人名、校名、地名等进行了编码处理,使用大写字母代替。在写作过程中,研究者与研究对象保持沟通交流。

表1-1 符号意义表

符号	代表意义
Z	主要研究对象1
L	主要研究对象2
LB	主要研究对象1现任教学校
WL	主要研究对象2现任教学校/所在乡
ZG	主要研究对象1所属区/县
XF	主要研究对象2所属区/县
SS	主要研究对象1同行任教学校/所在镇
JB	主要研究对象1同行任教学校
SD	主要研究对象1曾任教学校
YS	主要研究对象2实习学校
Z-FT20230412	2023年4月12日与Z老师的访谈
Z-GC20230523	2023年5月23日对Z老师的观察
XS-FT20230523	2023年5月23日与Z老师学生的访谈
L-FT20230531	2023年5月31日与L老师的访谈
FS	反思材料收集
GC	观察记录收集
BD	报道资料收集
SW	实物资料收集

三、研究方法

(一)文献分析法

通过网络电子书刊和馆藏书籍等查阅获取和收集有关"优秀乡村教师""乡村青年教师""乡村教师专业生活""教师专业生活"等文献和著作资料,并详细阅读重要文献资料,了解国内外相关研究现状,充分借鉴已有研究成果,做好准备工作,为本研究分析归纳、概括总结、推理演绎等具体的学术研究提供了系统、有力的理论支撑和借鉴依据。

(二)访谈法

根据研究主题初步设计访谈提纲,选取人物进行面对面访谈,通过询问研究对象并与之交流对话,以获得所需资料。本研究访谈以半结构式访谈为主,资料收集主要用于了解乡村优秀青年教师的专业生活情境故事,以及乡村优秀青年教师关于某些事件、任务或关系的体验与看法,以此把握其内心的真实想法,展现其真实专业生活故事,呈现其专业生活中的"关键"及历程。

(三)观察法

主要用于研究者体验与感受研究对象——乡村优秀青年教师的生活,重点展现其真实的专业生活。在本研究中,观察法主要用于对乡村优秀青年教师专业生活状态的反映,采用非参与式观察为主、参与式观察为辅的观察方式。为了达到深入了解情况的目的,研究者在一定时间进入被调查者的群体或者单位中间,不断观察和记录被调查者的行为,并做好观察记录。

(四)实物收集法

实物是特定文化在特定的背景下特定人物持不同观点的物化资料,通过实物搜集的方法可以使读者从多方位的角度来理解,提高研究的可靠性。实物搜集法可以从多方面来丰富搜集的材料,避免访谈和观察材料的单一性。搜集实物的种类有很多,在本研究中主要包括收集乡村优秀青年教师专业生活中相关的媒体报道、教学反思、研究论文、荣誉证书、教案、照片等帮助读者理解乡村优秀青年教师在专业生活中的成长与变化。

四、研究对象与场所

(一)研究对象

本研究的研究对象是执教于乡村学校的优秀青年教师。参照《中长期青年发展规划(2016—2025年)》对青年的年龄规定,本研究将乡村青年教师界定为年龄在14至35周岁的在乡镇和村落学校从事教书育人工作的人员。教育界对"优秀教师"的界定各有不同,我国对于具有杰出能力或有突出贡献的教师会授予"骨干教师""模范教师""名师""教学能手"等称谓;一般情况下,具有良好师德、教学质量高、能获得学生喜爱和家长认可的教师亦被称为优秀教师。因此,本研究的研究对象——乡村优秀青年教师,指年龄在14至35岁的在乡镇和村落学校从事教书育人工作,且具有良好师德、教学质量高、能获得学生喜爱和家长认可的教师,并获得区级及以上荣誉称号的教师。基于以上,本研究选取在乡村学校坚守多年,有着较强的职业情怀,且愿意分享及表达自身丰富专业生活故事的一线乡村优秀青年教师。

在借助网络检索乡村优秀青年教师先进个人,以及在朋友帮助联系沟通下,我们走访了多所乡村学校,遵循目的性抽样原则,了解乡村优秀青年教师的部分事迹宣传,选取了被授予2018年ZG区"优秀教师"称号、获评2022年ZG区"最美园丁"的Z老师,以及2022年"乡村优秀青年教师培养奖励计划"人选L老师作为本研究的主要研究对象。

表1-2 主要研究对象基本情况表

基本信息维度	主要研究对象1	主要研究对象2
姓名	Z	L
工作单位	LB小学	WL中学
性别	女	男
年龄	31	35
学历	本科	本科
专业	英语教育	小学教育(教育学)
教龄	9	16
职称	中小学一级教师	中小学一级教师
任教科目	英语	物理
任教年级	三年级、六年级	九年级
现任职务	教务主任	政教主任

为丰富研究材料,以及提高研究材料的可信度,侧面辅助完善两位乡村优秀青年教师的专业生活故事,以及为探寻乡村优秀青年教师专业生活的影响因素和可能的支持策略提供更多声音与启示来源,我们还在两位乡村优秀青年教师所任教学校选取了两位老师的部分同事及同行教师作为其他研究对象,主要通过半结构式访谈及观察进行材料收集。

表1-3 其他研究对象基本情况表

姓名	性别	任教学校	任教学科	身份	是否青年教师
ZY	女	LB小学	语文	Z同事、姐姐	是
ZYK	男	LB小学	数学	Z同事、校长	否
LFP	女	LB小学	数学	Z同事	是
XF	女	LB小学	语文	Z同事	是
ZT	女	SS中心小学	英语	Z同行	是
LDM	女	JB小学	英语	Z同行	是
WXJ	男	WL中学	历史	L同事	是
LRF	男	WL中学	物理	L同事	否
LFJ	男	WL中学	数学	L同事	否
WQ	男	WL中学	地理	L同事	否
NJ	男	WL中学	语文	L同事	是
WJ	男	WL中学	体育	L同事	是

(二)研究场所

叙事研究需要深入实地、走进实际教育情境进行田野调查,即进入乡村学校场域进行调研。乡村学校作为本研究的研究场所,是被选取研究个案与所处环境交互的一部分,便于研究者深入开展研究活动和各项资料收集。根据研究需要,在朋友帮助下,我们与选取的乡村优秀青年教师所在乡村学校取得联系,征得校领导以及乡村优秀青年教师本人意见和意愿后,先后进入乡村学校LB小学以及乡村学校WL中学现场开展调研,研究活动场所包括但不限于学校办公室、教室、食堂、操场、走廊和其他教研场所等。

五、资料收集与分析

(一)资料的收集

1.访谈集

访谈不定时在研究者所前往调研的乡村学校的各个场所进行,访谈时间依据访谈对象的空闲时间而定,访谈地点多集中于访谈对象的办公室、会议室以及食堂。进行过程中,访谈对象展现出了最大程度的支持与配合。主要访谈对象更是接受了多次深度访谈,研究者与研究对象从最初的些许拘谨到之后逐渐熟稔。由于访谈以半结构式访谈以及非结构式访谈为主，多为聆听主要访谈对象的故事，访谈内容其中有关联性不强以及重复的内容，但为了尊重访谈对象、最大限度维护访谈对象的表达欲望，以及尽可能真实完整地呈现故事，研究者在访谈过程中尽量不打断访谈对象分享述说。在访谈结束后研究者及时将录音文本转录为文字，但由于日常交流中存在一些非预设的信息以及受环境嘈杂和设备耗损影响，少部分访谈片段并未录音，由研究者依据回忆整理形成文本。

所收集的访谈记录根据调研地点不同分为两部分。第一部分为 Z 老师相关的访谈集。研究者自 2023 年 4 月 11 日至 2023 年 5 月 23 日在乡村学校 LB 小学，调研第一位主要研究对象 Z 老师的专业生活。研究者提前征得受访者的同意，约好时间地点进行访谈。与 Z 老师的访谈多在 Z 老师下晚自习后安静的办公室内进行。在 Z 老师及各位老师和同学的帮助支持下，研究者多次与 Z 老师进行深度访谈，与其部分同事、同行进行访谈，与部分学生进行集体访谈，收集了丰富的访谈资料。

表 1-4　访谈记录表 1

访谈对象	访谈时间	访谈方式	访谈内容	访谈地点
Z	2023 年 4 月 12 日 22:25~23:30	半结构式访谈	基本信息和基本经历	LB 小学教务处办公室
ZY	2023 年 4 月 13 日 16:55~17:40 2023 年 4 月 13 日 18:05~18:30	非结构式访谈	个人经历及作为同事、姐姐与 Z 老师的相处	LB 小学大队部办公室
Z	2023 年 4 月 17 日 23:50~ 2023 年 4 月 18 日 01:40	半结构式访谈	专业表现与任职感受	LB 小学教务处办公室
LFP	2023 年 4 月 19 日 19:51~21:23	半结构式访谈	个人经历与同事相处	LB 小学教务处办公室
ZYK	2023 年 4 月 19 日 15:15~15:45	半结构式访谈	学校概况、管理理念、对 Z 老师评价建议	LB 小学校长办公室
Z	2023 年 4 月 20 日 21:55~23:40	半结构式访谈	职后体验与习惯养成	LB 小学教务处办公室
Z	2023 年 4 月 24 日 20:39~22:35	非结构式访谈	补充与职业认知	LB 小学教务处办公室
Z	2023 年 4 月 26 日 10:11~10:36 2023 年 4 月 26 日 10:40~11:50	半结构式访谈	专业生活的学、思、教	LB 小学三楼小会议室

续表1-4

访谈对象	访谈时间	访谈方式	访谈内容	访谈地点
ZT	2023年4月26日15:13~18:20	非结构式访谈	赛课感受、教学理念、同行评价	SS中心小学英语组办公室
Z	2023年5月8日21:29~23:50	半结构式访谈	职业与家庭	LB小学教务处办公室
Z	2023年5月15日21:00~23:50（断断续续进行）	半结构式访谈	专业提升与追求	LB小学教务处办公室
ZY/XF	2023年5月17日20:58~21:46	半结构式访谈	专业生活体验与同事相处评价	LB小学大队部办公室
XS	2023年5月18日18:04~18:31 2023年5月19日06:59~07:27 2023年5月22日09:14~09:38 2023年5月23日07:05~07:26	半结构式访谈	师生相处与评价	LB小学三楼小会议室
Z	2023年5月18日21:56~22:44	半结构式访谈	活动体验与学校环境	LB小学教务处办公室
Z	2023年5月22日20:39~21:20 2023年5月22日21:24~21:56	半结构式访谈	细节补充	LB小学教务处办公室
ZYK	2023年5月22日16:49~17:39	半结构式访谈	城乡变化、职业认知、专业提升	LB小学校长办公室
LDM	2023年5月24日 2023年6月6日	半结构式访谈	个人经历与同行评价	微信线上访谈

  第二部分为L老师相关的访谈集。研究者自2023年5月29日至2023年6月19日在乡村学校WL中学，对第二位主要研究对象L老师进行了调研。受限于中学宿舍有限，研究者住在附近小学，在L老师在校上课期间前往中学听课、观察、访谈等。并且由于L老师所在的政教处办公室需处理各种突发情况，访谈在L老师无课以及办公室较安静时进行。此外有时为不影响其他教师工作，访谈选择在办公室旁边的食堂进行。研究者在L老师的支持与配合下进行了多次访谈，并在L老师的帮助下提前取得L老师多位同事的同意，在政教处办公室进行访谈，收集了较为丰富的访谈资料。

表1-5 访谈记录表2

访谈对象	访谈时间	访谈方式	访谈内容	访谈地点
L	2023年5月30日10:36~11:11	半结构式访谈	基本信息和主要经历	WL中学食堂
L	2023年5月31日（回忆整理）	半结构式访谈	补充及成长阶段故事	WL中学食堂
L	2023年6月5日10:33~11:11 2023年6月5日11:24~11:58	半结构式访谈	入职感受与人际交流	WL中学食堂
L	2023年6月7日14:34~15:38 2023年6月7日16:05~16:10	半结构式访谈	专业生活内容：学、思、教	WL中学政教处办公室
LRF	2023年6月12日10:29~10:44	半结构式访谈	个人经历、职业认知、专业生活、同事评价	WL中学政教处办公室
L	2023年6月12日11:25~11:45 2023年6月12日16:42~17:36	半结构式访谈	专业生活困难与规划、个人理念与特色	WL中学政教处办公室
WXJ	2023年6月12日09:46~10:15	半结构式访谈	个人经历、职业认知、专业生活、同事评价	WL中学政教处办公室
LFJ	2023年6月13日10:55~11:18	半结构式访谈	个人经历、职业认知、专业生活、同事评价	WL中学政教处办公室
LL	2023年6月13日11:27~11:54	半结构式访谈	个人经历、职业认知、专业生活、同事评价	WL中学政教处办公室
L	2023年6月13日08:28~08:32 2023年6月13日17:08~17:34	半结构式访谈	自我评价、一日生活、空间体验	WL中学政教处办公室
L	2023年6月14日（回忆整理）	非结构式访谈	日常生活、家人相处、教学热情	WL中学政教处办公室
WQ	2023年6月14日17:06~17:27	半结构式访谈	个人经历、职业认知、专业生活、同事评价	WL中学政教处办公室
NJ	2023年6月15日15:28~15:51	半结构式访谈	个人经历、职业认知、专业生活、同事评价	WL中学政教处办公室
WJ	2023年6月15日15:04~15:27	半结构式访谈	个人经历、职业认知、专业生活、同事评价	WL中学政教处办公室
L	2023年6月19日09:53~10:31 2023年6月19日10:32~10:48	半结构式访谈	个人经历补充、个人变化、优秀的维持与发展	WL中学政教处办公室

2.观察集

在实地调研中,研究者认真扮演主要研究对象"小跟班"的角色,跟随 Z 老师和 L 老师上课、听课、教研评课等,与研究对象建立了较密切的联系,在调研过程中对于两位老师的课堂情景,以及与其他同事、同学的相处等情景等及时观察记录,形成观察日志。

表 1-6 观察记录汇总表

观察对象	时间	地点	主要内容
Z 老师及同事	2023 年 4 月 12 日	LB 小学美术教室	绘画兴趣
Z 老师及同行		SS 中心小学	调研磨课
Z 老师、G 大学音乐学院研究生	2023 年 4 月 14 日	LB 小学音乐教室	音乐课的"学"与"教"
Z 老师、三年级学生		LB 小学三年级教室	三年级练习课
Z 老师及语文组教师	2023 年 4 月 18 日	LB 小学教务处办公室	协助谷雨诗会 PPT 制作
全体教师		LB 小学四楼会议室	全体教师大会
Z 老师、协助教师、学生、家长	2023 年 4 月 19 日	LB 小学多媒体教室	谷雨诗会
Z 老师	2023 年 4 月 20 日	LB 小学教务处办公室	观看 ZT 老师赛课回放
Z 老师、六年级学生		LB 小学六年级教室	作业布置
Z 老师、同行	2023 年 4 月 21 日	ZG 第二小学	观看英语示范课
Z 老师	2023 年 4 月 23 日	LB 小学教务处办公室	赛课结果分享
Z 老师、同事		LB 小学教务处办公室	课程安排调整
Z 老师、六年级学生	2023 年 4 月 24 日	LB 小学六年级教室	讲解练习、订正错题
Z 老师、家长		LB 小学教务处办公室	与家长线上沟通
Z 老师、三年级学生	2023 年 4 月 25 日	LB 小学三年级教室	三年级新授课堂
Z 老师、五年级学生		LB 小学教务处办公室	教育学生调节情绪
Z 老师、同事	2023 年 4 月 27 日	LB 小学教务处办公室	探讨如何表扬学生
Z 老师、LFP 老师	2023 年 5 月 4 日	LB 小学教务处办公室	指导比赛
Z 老师、ZYK 校长	2023 年 5 月 8 日	LB 小学教务处办公室	讨论家庭任务分工
Z 老师、同行	2023 年 5 月 10 日	BJ 第二小学	参加教研活动
Z 老师、家人、同事	2023 年 5 月 15 日	LB 小学教务处办公室	家人视频、同事沟通
Z 老师、数学组教师	2023 年 5 月 18 日	LB 小学教务处办公室	调和数学组教师矛盾
Z 老师	2023 年 5 月 22 日	LB 小学教务处办公室	带病上课、访谈
Z 老师、三年级学生	2023 年 5 月 23 日	LB 小学三年级教室	故事表演课
L 老师、九(5)班学生	2023 年 5 月 30 日	WL 中学教学楼教室	讲解初中学业水平考试冲刺练习物理(一)

续表 1-6

观察对象	时间	地点	主要内容
L老师、九(1)班学生	2023年5月31日	WL中学教学楼教室	专题一 估测题
L老师、九(5)班学生		WL中学教学楼教室	继续讲解初中学业水平考试冲刺练习物理(一)
L老师、个别学生		WL中学政教处办公室	处理七年级学生事务
L老师、个别学生	2023年6月1日	WL中学政教处办公室	处理学生矛盾
L老师、九(1)班学生		WL中学教学楼教室	专题二 填空、选择特色题
L老师、其他老师	2023年6月2日	WL中学校长办公室	教师评课
L老师、其他老师	2023年6月5日	WL中学政教处办公室	办公室闲暇一刻
L老师	2023年6月6日	WL中学教学楼	回顾与学生谈心
L老师、九(1)班学生	2023年6月13日	WL中学教学楼教室	专题复习题训练 不定项选择题
L老师、九(1)班学生	2023年6月14日	WL中学教学楼	专题复习、拍照留念
L老师、已毕业学生、其他老师	2023年6月15日	WL中学政教处办公室	政教处办公室三两事
L老师、九年级学生		WL中学教学楼教室	中考前嘱托

3. 实物集

在深入研究现场调研的过程中,研究者在征得研究对象同意后收集了大量实物材料,形式丰富多样,内容充实,得益于研究对象的高度配合以及其整理记录的习惯,许多实物材料可以追溯到许多年前,为研究提供了丰富的历史性材料,从中得以窥见研究对象成长的历程。研究者结合研究对象的故事讲述,查看实物资料,将访谈记录、观察记录与实物资料相结合,相互补充以及验证,从一些保留的历史性材料追溯研究对象过去的故事,结合当下专业生活状态,期待未来的专业生活。

表 1-7 实物收集汇总表

内容	收集整理时间	收集保存形式
Z老师荣誉证书	2023年4月13日~4月14日	图片
Z老师音乐课学习	2023年4月14日	录像
Z老师三年级课堂新授	2023年4月27日	录像
Z老师听课、赛课、评课记录	2023年4月27日	图片
Z老师朋友圈掠影	2023年5月16日~5月18日	截图制作成文档

续表1-7

内容	收集整理时间	收集保存形式
Z老师相关事迹活动报道	2023年5月16日~5月18日	收集网页报道内容制作成文档
Z老师反思美篇	2023年5月16日~5月18日	收集网页报道内容制作成文档
Z老师教学设计	2023年5月18日~5月24日	文档
Z老师课题申报书	2023年5月24日	文档
L老师荣誉证书	2023年5月29日	图片、文档
L老师"乡村优秀青年教师培养奖励计划"事迹材料	2023年5月29日	材料包(图片、文档、视频)
L老师班级管理计划与经验	2023年5月30日	文档
L老师编写的物理导学案	2023年5月31日	文档
L老师"鸡蛋撞地球"活动	2023年6月1日	图片、视频
L老师教案及反思片段	2023年6月14日	图片、摘录反思形成文档
L老师相关事迹活动报道	2023年5月29日~6月5日	收集网页报道内容制作成文档
L老师九年级复习课堂	2023年5月30日~6月15日	图片
L老师智慧作业微课培训	2023年6月19日	视频、图片、课件文档
L老师名师工作室建设等讲座	2023年6月19日	课件文档
L老师反思论文	2023年6月19日	文档
L老师参加微课评委、评审专家培训	2023年6月20日	视频
L老师九年级复习课件汇总	2023年6月20日	课件文档

(二)资料的分析

在调研过程中,研究者陆续进行资料的整理,为两位主要研究对象分别建立了文件夹,以其姓名首字母命名。在名为"Z"与"L"的文件夹之下分别建立音频材料、报道材料、反思材料、访谈文字材料、观察记录材料、图片收集、证书照片等子文件夹,将与之相关的资料都分别归置其中。其中收集的资料分别标明研究对象、收集时间、主要内容等。资料分析的主要步骤有:阅读原始资料—登录—寻找"本土概念"—资料的系统化①。

1.资料的阅读

面对丰富且庞杂的原始资料,研究者首先将访谈音频材料、上课视频材

---

① 陈向明.教师如何作质的研究[M].北京:教育科学出版社,2001:162.

料转录为访谈文字记录与观察文字记录,然后结合访谈过程中研究对象的神态、动作等非言语行为,并在观察日志中穿插一些收集的图片,尽可能重现情境,形成受访教师专业生活基本的叙事材料。在阅读时尽可能悬置自己相关前设与价值判断去理解并揣摩各项资料之间的内在联系与实质意义,尽可能从不同角度去寻找重要词句、概念、事件等,以及探寻它们彼此之间的意义关系。

2. 登录

寻找意义的工作主要是通过登录来完成的,即将资料打散、赋予概念和意义,再以新的方式重新组合在一起的操作化过程。具体而言可以将有意义的词、短语、句子或段落标示出来,从中抓住资料的性质与特点,并在不同概念、事件、情境建立起一定的联系①。研究者主要借助 NVivo12 软件进行登录。

3. 寻找"本土概念"

由于收集的原始资料庞杂丰富,显然对每一个词句都进行登录是不切实际的,因此需要"抽取那些能够最有力地回答研究问题的资料"。寻找"本土概念"是资料抽样的一个办法,要找寻研究对象经常使用的、用来表达他们自己看世界方式的概念②。研究者主要以老师们多次提及的,鲜明地表达其情感、态度的语言作为"本土概念"。

4. 资料的系统化

"资料分析的系统化包括建立编码系统和归类系统"③。根据访谈的实际情况,研究者对原始材料及转录材料进行了编码。编码最前面的大写字母代表访谈或观察的主要对象,接下来的两位字母代表资料的类型,如 FT 代表来源于访谈记录材料、GC 代表来源于观察记录材料,后八位数字代表访谈或观察的年、月、日,例如 Z-FT20230412 表示 2023 年 4 月 12 日与 Z 老师的访谈,Z-GC20230523 表示 2023 年 5 月 23 日与 Z 老师有关的观察。研究者依据寻找出的一些重要词句和意义对资料进行编码与归类,试图在资

---

① 陈向明. 教师如何作质的研究[M]. 北京:教育科学出版社,2001:165.
② 陈向明. 教师如何作质的研究[M]. 北京:教育科学出版社,2001:168-170.
③ 陈向明. 教师如何作质的研究[M]. 北京:教育科学出版社,2001:171.

料中寻找主题,形成故事主线,并建立相关联结。

在受访教师的专业生活故事叙述部分,本研究主要采用情景分析和类属分析相结合的归类方式,根据教师各自专业生涯中的事件进行叙事研究,通过维度划分,系统展示乡村优秀青年教师的专业生活,以此呈现出其专业生活的真实状态。对乡村优秀青年教师的专业生活影响因素进行分析和归纳时,主要采用了类属分析的方式,影响因素主要来源于专业生活故事叙述部分。最后,基于对专业生活故事全貌及影响因素的思考,研究者尝试性提出改善乡村青年教师专业生活、帮助乡村优秀青年教师持续过有意义专业生活的相关建议。

第二章 乡村优秀青年教师专业生活的故事全貌

个人生活在世界之中,是指生活在一定的情境之中,"它是指个人和各种事物以及个人和其他人们之间进行着的交互作用。情境和交互作用这两个概念是几乎不可分的……连续性和交互作用这两个原则不是彼此分开的……各种不同情境一个跟着一个相继发生。但是,因为有了连续性的原则,可以使先前情境中的某些东西传递到以后的情境中去"①。本章基于"情境""连续""互动"的观点,构建乡村优秀青年教师专业生活叙事研究架构,从时间轴、空间轴以及关系轴来揭示其专业生活故事全貌②,具体包括 Z 老师与 L 老师专业生活的历时发展故事、空间体验故事、关系联结故事。

第一节 乡村优秀青年教师专业生活的历时发展

乡村优秀青年教师的专业生活由其生命历程中的一个个故事组成。在挖掘 Z 老师和 L 老师的故事中,我们发现其专业生活的意义完全可以利用时间线串联起来。随着时间的推移,两位老师从青涩到成熟,专业发展意识逐渐觉醒,由被动走向自觉。由于教师专业发展过程表现出一定的阶段性,教师专业生活也有其阶段呈现。依据叶澜教授的"自我更新"取向教师专业发展理论中的五个阶段——"非关注"阶段、"虚拟关注"阶段、"生存关注"阶段、"任务关注"阶段、"自我更新关注"阶段,基于回溯及反思自身的生命过往有利于舒展未来生命,我们对两位优秀乡村青年教师专业生活的历时发展故事进行呈现与阐述。

---

① 杜威.我们怎样思维·经验与教育[M].姜文闵,译.北京:人民教育出版社,1991:267-268.
② 张妮妮.在耕耘中守望:乡村幼儿教师专业生活的叙事研究[D].长春:东北师范大学,2013:46-47.

一、"非关注"阶段:忆起少时生活经历

(一)无意杏坛:历经波澜起伏的 Z 老师

1.从小颇具个性,自由向上生长

(她)从小很有个性,就是不太服管的那种,小时候甚至还会逃学和离家出走,比较有自己的想法,她就是这样的人。现在,在我们看来,她业务能力是比较强的,其实我觉得跟她的这种个性是有关的。(ZY-FT20230413)

逃学、离家出走、半路生气走开等是孩提时的 Z 老师会干的事情。在姐姐 ZY 老师的回忆中,妹妹 Z 老师是一个很有个性、"不服管教"的人。如此的个性使然,Z 老师自由"野蛮"地成长,也在这样的过程中具备了一定的能力。这也为她如今追求创新、与时俱进等特质形成埋下了一定的伏笔,使其展现出较强的业务能力。从小就很有主见和想法,也造就了 Z 老师坚定的个人决心和意志,他人很难动摇其想法。

2.虽遭家庭变故,仍然被爱包围

我父亲出车祸导致我们家庭经济水平急剧下降,后来我父亲去世了,导致我们家的重担落在了我妈一个人身上。那个时候我妈真的一个人打几份工,就是为了养活我们……(Z-FT20230522)

噩耗突然降临,使成绩一向还好的 Z 老师因此陷入一段无心学习的迷茫期。幸运的是,"妈妈给了我足够的爱,其实弥补了很多、补充了很多"。(Z-FT20230412)并且因为有当时班主任的关心、帮助和引导,家庭变故给 Z 老师所带来的学业负面影响得到改善。"我觉得那个时候很庆幸的是,我四年级遇到的班主任知道我们的家庭情况,给了我很多关心和帮助……然后那个时候我的语文成绩突然一下就上来了。"(Z-FT20230412)班主任老师的格外关注、更多机会的给予让 Z 老师得到进步和成长。多年以后 Z 老师仍然记得并且感恩能遇到一个赏识她、给她机会、让她去成长的好老师。这也激励着后来迈入乡村教师行列的 Z 老师努力成为一个同样给别人带来积极影响的好老师。

3.被留本地师范,报考英语专业

我妈不想让我离开赣州,然后守着我填的志愿。我是想去外面的,被阻止了不是嘛!因为一直都在赣州,(所以我)一直想着说要出去,然后唯一的

机会只有高考那一次。后面我妈守着我填志愿,所以只能放弃了。(Z-FT20230412)

问及为何选择了报考 G 学校,Z 老师回答说这是在妈妈的期许和"监督"下填报的志愿。考虑到身体原因,在妈妈的"强硬"要求下,Z 老师高中毕业后填报的志愿为本地学校。虽然没能如愿离开赣州就读,但她选择报考了自己喜欢并擅长的英语专业,后来选择继续自考本科。Z 老师觉得:"从后面来看我觉得挺明智的。因为我妈让我选的专业是我喜欢的英语。"(Z-FT20230412)回忆起当初高三那个时候,Z 老师的英语老师让他们所有人都去报英语口语竞赛。Z 老师也报了,口语考试时老师给她的评分还很高。口语考试的经历对她激励较大。因此,Z 老师虽然有些许未能离开本地出去读大学的遗憾,但更多的是尘埃落定的淡然与满足。

(二)有意从教:萌生朴素情意的 L 老师

1. 在家乡就近上学,种下回归的种子

我爸爸当时是在 WL 的一个村小当校长,不过那个时候他刚好去了进修,所以我是在我的老家——WL 乡的 GK 村的 GK 小学读的小学一年级第一个学期。一个学期之后,我爸爸就进修回来了,当时是在 LX 小学,也是 WL 乡的一个村小,我一直在那里读了四年。然后五年级下学期的时候,我爸爸就调到了中心小学,我就跟着他一起来到中心小学读书。在中心小学读了一个学期之后就上了初中,然后初中就在这里(WL 中学)读了三年。(L-FT20230530)

L 老师从小学起便跟随爸爸工作调动辗转于家乡 WL 的各个学校,中学也在 WL 乡的 WL 中学就读。生于乡村,长于乡村,就读于乡村,L 老师对于这片故土有着热烈深沉的爱意,也在心里埋下了回归此处的种子,并逐渐萌发责任感与使命感,认为回归乡村成为一名乡村教师可以在帮助乡村孩子得到更优质教育的过程中提升自身价值。

2. 不喜题海战术,挑战报考师范

当时高中采用"题海战术"比较多,虽然当时我的成绩比较好,但是我其实不太喜欢这种"题海战术"。那个年代可以说是师范比高中"更吃香"吧,也可以说是国家更重视师范。原来一直是先录取师范,师范录不了才读高中。所以当时我就想,既然师范更难考那我就去考师范!(L-FT20230530)

"绰绰有余"的中考分数使得摆在 L 老师面前有高中和师范两条道路，在考虑之后，L 老师决定选择在当时更有考取难度的师范。在 L 老师眼中，考入师范学校是其简单的出发点，但简单的出发点促使 L 老师走上了一条并不简单的乡村青年教师成长道路。

3. 教师家庭熏陶，萌生从教意愿

因为我爸爸是老师，所以从读小学一年级开始我就一直在学校里生活。我妈妈原来也是代课的老师……我周围都是老师，而且从小学到现在我碰到的老师都是好老师。所以我觉得当一个老师也挺好。那时候没考虑说什么为了国家的事业，我就觉得当一个老师能够教学生，挺好！（L-FT20230530）

身边围绕着具有教师身份的家人，遇到的老师都是好老师，潜移默化、耳濡目染，使 L 老师觉得能够当老师教学生也挺好。他在当时并未考虑"为国家教育事业奋斗"诸如此类的宏伟理想抱负，而是出于简单淳朴的心愿，L 老师初中毕业后选择了直接读师范。"我是初中毕业的时候就决定了去读师范，从我选择读师范开始其实就已经相当于是准备当老师了。"（L-FT20230619）此时，简单朴素的从教意愿已然被唤醒。

处于"非关注"阶段的 Z 老师并未表现出明显的从教意愿，选择本地师范院校是母亲和姐姐的决策，背离其离开赣州就读的意愿，这也体现出社会文化传统当中父母对个人生活中重大事件拥有一定的决策权。但 Z 老师也并未对师范院校表现出明显的排斥，尤其是选择了喜爱的英语专业，对于从小颇具个性、有主见的 Z 老师而言，内心也并非不能接受这个抉择。此外，小学班主任老师的关心和帮助也在 Z 老师心中埋下了可能会发芽的种子。因此，在"非关注"阶段，Z 老师虽无明显从教意向，但具备从教潜在可能。L 老师身处教师家庭，围绕着他的是教师家庭成员，加之他从小跟随父母在校园环境中成长，如此的生活环境使 L 老师接触到许多正能量教师，对于教师职业具有更早的认识和了解，也具备更深的敬意。尽管从小走在被父亲"指"的路上，但在面临初中毕业后选择何种道路的重大选择时，父亲将选择权交给了 L 老师自己，有从教意向的 L 老师最终选择就读师范院校。由此可见，在进入师范教育以前，具有从教潜在可能以及从教意向的从教者处于对教师专业发展"非关注"的状态之中,但也在无意识之中以非教师职业定向的形式形成了较为稳固的教育信念①。

二、"虚拟关注"阶段:迈入师范学校学习

(一)在常规学习中做好准备

谈及大学里面的一些课程、教学,Z老师认为有些理论性强的课程对自己真正的帮助并不是很大,但是语音课以及相关教材对如今的自己仍然有帮助。在教学技能锻炼方面,Z老师经历无生试讲、被推荐后懵懂参赛,最终获得微格教学二等奖。"大三那一年参加微格教学,我们每个学生都要进行无生试讲,然后那个时候就感觉自己在试讲这一块还可以。后面班长就把我推荐给老师,那一次还是我比较懵懂的一次参赛……经过那样一次比赛,我觉得自己还是有所收获的。那个时候也是临时给题,自己要去备课,然后备课之后要无生试讲,其实那个形式还是比较能锻炼人。"(Z-FT20230522)此外Z老师还评得信息技术优秀,这激发了她对信息技术的兴趣,给她带来了技能增长与信心激励。

L老师所在的学校在当时处于探索阶段,并未组织参加一些竞赛,其师范学习生涯主要学习三笔字、普通话、计算机使用等基本常规技能。"比如说三笔字,还有普通话等,然后电脑也是那个时候学的。当时有计算机课,暑假还有计算机培训。那个时候学的内容就是打字、办公软件应用。那个时候还没有提出信息化,基本上都是学计算机基础知识,还是有比较大的用处。"(L-FT20230619)L老师工作之后感觉到,学习了计算机基础知识的老师与没有学习过的老师相比还是有区别的。并且在L老师看来,自己之后走上信息化这条路与其师范学习生涯中的计算机学习也有比较大的关联。

Z老师与L老师在学校中按部就班地学习基础课程与基本技能,尽管有些课程帮助并不是很大,竞赛锻炼也尚缺乏,但一定基础技能的训练也为他们今后从教积攒了一些信心,为迈入教师行列做好准备。在此过程中,两位老师与信息技术结缘,为后来在教育教学中熟练运用教育技术、走上信息化

---

① 叶澜,白益民,王枬,等.教师角色与教师发展新探[M].北京:教育科学出版社,2001:282.

道路奠定了一定基础。

(二)在多种尝试中进行输入

大学给Z老师带来很大的改变,在各种部门应聘尝试中给自己输入了勇气与自信。正如Z老师自己回忆的:"我记得有一次是在一个非常大的阶梯教室应聘学校的宿管部门相关职务,然后我非常自信地踩着高跟鞋到台前去讲,我觉得自己一点都不紧张,自信满满,面带笑容……那样表现自己其实也有好处,让我认识了很多本学院之外的同学,我觉得那还是蛮好的。"(Z-FT20230522)

在学习过程中,Z老师意识到要更多地"输入"以提升自己的英语专业水平。除去所提倡的英语角朗读方式,Z老师尝试通过看英语电影来进行输入。"慢慢在学英语专业的时候,还是会认识到自己不足,然后会去反思。那时候比较提倡的是每天早上去英语角大声地读英语……我每个星期都会去看英语电影,这个是无形的输入。"(Z-FT20230522)

作为理科生的L老师在大学期间也会前往图书馆尝试阅读一些文学类书籍来充实自己。"在大学期间,第一年和第二年的时候我经常跟同学一起去学校的图书馆。我们学校的藏书还是很多的,学校图书馆的藏书有很多'年龄'比我大得多,然后有各种各样的书,当时我们根据自己的兴趣爱好选择。虽然我是理科生,但是很多时候我会找一些文学方面的书籍。"(L-FT20230619)

大学是进行勇敢尝试、恣意洒脱的美好时期,两位老师在大学期间进行多种尝试,充实拓展自己,尝试走出了原有的"舒适区",不满足于得过且过,也尝试走出了"常规区",去体验不一样的东西。此时的Z老师和L老师的反思意识与自我提升意识已然初现端倪。

(三)在实习体验中打下基础

1."是个教书的好苗子"

作为实习教师的Z老师积累了初步的教学经验和方法,实习过程中的所学所用在返回学校进行教师资格证考试的讲课中,得到了教师和同学的积极评价,也给了Z老师极大的鼓励。她回忆起那个片段时是非常自豪的,很兴奋地描述:"那个老师给了我九十几分的高分,还表扬了我,她说英语课程就应该这样上,有活力、有朝气!然后那个时候我就觉得自己在实习里学到的那些东西都能用上,对自己还是有帮助的。那个时候老师还说,实习了有经验,课可以上出更不一样的感觉。然后其他同学也觉得我上得很好。"(Z-FT20230522)此外,她还收获了实习学校领导的认可,Z老师至今还记得领导当初认可的话语:"我记得现在的校长那个时候还是这里的副校长,他当时跟我说了一句话,他觉得通过我实习这一个学期能够看得出来我是个教书的好苗子!"(Z-FT20230522)

2."更多是实践出真知吧"

Z老师经历了被"完全放手"的"代课"实习,认为相比校园中偏重理论的学习,在实习乡村小学中实践得来的感触和摸索给自己带来的影响更加深刻。"通过在这边实习,我觉得更多是实践出真知吧。我觉得在理论上是学不到小孩的学情和心理特征的,要真正接触、感受、去摸索,才能有更深的体会,然后再针对性地去进行设计和教学。大学学习的理论太多了,虽然说理论可以指导实践,但是太宽泛的指导其实很难帮助指引方向。"(Z-FT20230522)Z老师在实习中更多是自行尝试实践,认为这比别人告诉自己如何做更有价值和成效,亲身经历的体验更令人感受深刻。

3."实习老师跟正式老师的角色是不一样的"

2007年上半年,在XF县YS中心小学这个边远乡村学校实习的L老师体验了实习教师角色。"我是2007年出来工作的。虽然说之前上半年我们是进行了实习,但是实习老师跟正式老师的角色是不一样的。实习主要是辅助,熟悉一下老师要做些什么。比如说跟着这个指导老师学习一下班级管理、教学、听课,不是以上课为主。"(L-FT20230605)当时分管校内事务的副校长是L老师的实习指导教师,给予了L老师很多指导和锻炼机会。尽管实习老师与正式教师角色仍有很大的差异,但不可否认,实习老师的积极角色体验为今后成为正式老师打下了一定基础。一般而言,师范生实习体验的内容越丰富、收获感越强,则其走向正式教师的信心、决心与期待便越高涨。

4."更介于老师跟学生之间"

实习的L老师在学生们眼中扮演着大哥哥的角色,他和学生一起排练六一节目,还跟随正式老师去家访,在实习阶段初步学习了一些正式教师应当具备的本领与素养。"六一儿童节我们当时也跟老师一起组织节目排练……我们虽然是实习的老师,但是在学生眼中,我们更介于老师跟学生之间,相当于大哥哥大姐姐,所以学生跟我们比较亲近。我们当时其实也拍了很多照片,春游的时候很多学生都拉着我们来合影。所以那个时候我感觉走进学生才能够更了解学生。而且那个时候我们跟着去了家访。"(L-FT20230605)

在实习期间的 Z 老师没有指导也没有干涉,因此具有较大的自主性,主要靠自己摸索,其实习教师角色"虚拟性"较弱,更为接近正式教师角色。学生对英语的兴趣、大学评分老师的称赞、实习学校领导的认可,以及自身的感悟是 Z 老师从实习教师走向正式教师的催化剂,坚定了 Z 老师从教的信念。在指导老师带领下实习的 L 老师尽管没有较大的自主性,更像是介于老师与学生之间的角色,但是也在实习中得到了较大锻炼,在实习的时候学到比较多作为老师应该具备的素养,获得了一些如何教育学生、走进学生的感悟,这是 L 老师今后科学教育理念形成的丰富养料。在实习体验中获得的独特经历与感悟为两位教师迈入正式教师行列打下基础。

"虚拟关注"阶段的 Z 老师和 L 老师作为师范生进行学习,扮演着"准教师"的角色,这既是自身的定位也是周遭环境和活动安排给他们的定位,他们按部就班地学习理论知识和锻炼基本技能。但是 Z 老师在实习期间是更多靠自身摸索的"代课教师",其所接触的实际与正式教师生活较为接近,虚拟性较弱,因此为其今后成为专业教师、较为迅速走向"自我更新"取向奠定了一定基础。L 老师在实习期间跟随指导老师也得到锻炼,但更多的是指导老师眼中的师范生,学生眼中的实习老师,介于老师与学生之间,专业学习环境具有虚拟性。在实习期之后,两位老师的自我专业发展意识得到不同程度的唤醒,为正式迈入教师队伍打下基础。

三、"生存关注"阶段:初入乡村教师行列

(一)多重考虑,选岗就业

1."为了毕业不失业"

出于毕业了就得就业的想法,以及保守估计自身实力,Z 老师选择报考 GX 的特岗。她回忆道:"2013 年大学毕业之后,我考了 GX 的特岗。那个时候 ZG 区招 4 个,GX 招 40 个,然后我为了毕业不失业,保守起见还是

选择了去报那40个人的岗……然后我就选了GX的SD中心小学。"(Z-FT20230412)特岗笔试、面试通过后,Z老师选岗时选择了往返家校较为方便的SD中心小学。

2."怎么样我都得走"

Z老师进入了所选的乡村学校,坦言其实自己心里感觉落差很大。尽管在选学校前曾进行摸底查看,但在抽签时Z老师并未抽中新建的宿舍楼,而是抽到了破烂的旧宿舍。雪上加霜的是,在调配下甚至由单人间变成了双人间,心理落差较大。"房间靠外住一个人,然后靠里再住一个人,连隔间门都没有……"(Z-FT20230417)最终基本食宿条件与Z老师理想期待中的相去甚远。

Z老师也没能一心一意教上自己喜爱的英语学科。学习并爱好的是英语,却还要教语文学科,这让Z老师觉得郁闷和无助。巨大落差的食宿条件、没能专职教喜爱的英语学科,并且繁忙的班主任工作加上大容量的课时教学,在尝试与领导协商但无果后,Z老师选择了离开SD中心小学。

我英语第二名考进去却让我教语文,逼我必须得教语文……说实话我真的很郁闷,我就哭,哭了也没用,还是得接受。后面我就当了三年级的班主任,教他们班的语文,然后教一个五年级班的英语。一个星期有二十多节课,一天最多的时候有七节课。那个时候课特别多,然后又是班主任。临近学期结束,我给校长提建议能否让我去专职教英语,结果他嘲讽我。后面我想,不行,那怎么样我都得走。(Z-FT20230412)

3."那我肯定选LB啊"

我第二年4月份去参加教师招聘了。我前一年备考有基础,所以我后面只花了半个多月的时间来准备考ZG区……到8月底ZG区选岗的时候,当时我还在想应该会有前几名,往年前几名都有城区学校可以选择,剩下就是乡镇学校。但是我那一年全部都是乡镇学校。然后我一看,哎,有我们学校(LB小学),那我肯定就选LB啊,因为我是在这里实习的。(Z-FT20230412)

Z老师重新考了ZG区的教师岗位,在选岗时发现只有乡镇学校,其中有曾经实习的LB小学,于是Z老师毅然决然选择了LB小学。当我们假设选岗有城区学校,询问Z老师是否还会选择LB小学时,Z老师说:"即使那个时候有城市学校和LB可选的话,我也不会选城市学校,我会选LB。"追问其原因,Z老师表示除去有实习时的感情因素在,还因为姐姐在这边工作,可以跟着姐姐一起来上班,更加方便,所以综合考虑选择了LB小学。

4."离家近,而且为自己的母校做一点事吧"

我当时考虑的是,一个我家在圩上;第二个这是我一直读书的地方,也就是母校。所以我觉得离家近,而且为自己的母校做一点事吧,也算是比较好的一个选择。所以当时就选择了留在这里,没有去其他乡镇。(L-FT20230530)

据L老师回忆,当初他在2007年刚出来选择岗位时并没有细分为乡村与县城,当时也并没有边远山区的概念,过了三年之后才有边远山区与普通城区之类的区分。尽管L老师当时是可以选择离县城更近的非边远乡村学校任教,但是基于家在附近集市上,并且想要回报母校,所以他选择了留下。

5."前30名是分配在初中的"

对于L老师原来专业是小学教育、教育学,但是却成了一名初中物理教师,研究者感到疑惑,对此L老师首先对于任教学段进行了回应。他说:"因为我们2007年招聘考试的时候,县里面统一招收老师的前30名是分配在初中的,而我当时是在十几名,所以就被分在了初中,同一批排名更后的就分在小学了。因为那个时候初中的师资力量也不够,所以县里面就统一招聘。然后我就被分到这里(WL中学)来了。"(L-FT20230530)按照当时的教师招聘考试与分配政策,L老师按排名被分配在了初中任教。

6."尽量不要太累"

接着L老师对于选择物理学科的考量依据做出解释说明,为研究者解惑:

理科基本上哪个学科都能胜任。我个人当时考虑到数学的逻辑性比较强,从小学六年到初中,如果学生的基础比较差的话,很难开展教学……化学一直上九年级,一直上毕业班的话比较辛苦,当时也有一点考虑到尽量不要太累,所以选的是物理。(L-FT20230530)

考虑到数学逻辑性强,教学比较受学生之前的基础影响,可能给个人教学带来较大难度与压力;而化学学科在九年级开设课程,一直上九年级毕业班的课程,令L老师感觉没有喘息的时间,压力太大,容易产生职业倦怠感。

因此,基于不让自己太累的考量,L老师选择成为一名物理教师。

基于物质生活层面的生存保障需求,包括基本薪资待遇、学校食宿条件、家校距离等,受制度层面的教师招聘政策、选岗分配制度等影响,以及在心理情感层面出于对熟悉学校的怀念和回报,综合考量,Z老师和L老师最终选择并确定了自己心仪的学校岗位,成为一名正式的乡村青年教师。

(二)担任班主任,精力充沛

1."虽然我没什么经验,但是我有很多精力"

毕业后第一年在SD中心小学,尽管兼任语文老师、英语老师以及班主任,这一度令Z老师郁闷崩溃,但是Z老师还是选择接受并承担起了在任期间的职责。

虽然我没什么经验,但是我有很多精力。我带他们去参加全校的比赛活动啊,例如广播体操比赛,我们班都能拿第一,基本上成绩也是第一。我觉得我把整个班管得还可以。所以我觉得那个时候虽然累、辛苦,但是也算是积累了一些经验。(Z-FT20230412)

Z老师自认为初任教师,经验不足,但精力十足,带领班级参加各种活动,将班级班风建设得很好,尽管辛苦劳累,但也在与孩子的相处磨合中积累了一些教学和管理经验。

2."从早到晚安排得明明白白、清清楚楚"

来到LB小学担任正式教师的第一年,学校领导基于Z老师实习期间的能力表现,委以重任,因此,Z老师接手了全校人数最多、最调皮的班级。

我的时间基本上都跟他们在一起的。我把他们从早到晚安排得明明白白、清清楚楚。别的班可能对早读要求没有那么细,我的要求很细。比如说早读的时间安排,那个时候我们是九点钟上第一节课,所以早读时间很长。前期打扫卫生,是一半的人出去打扫卫生,还有一半就留在教室早读。而且是轮流,前二十分钟读语文,后二十分钟读英语。(Z-FT20230417)

面对人数最多、调皮人数也最多的班级,Z老师"扭转乾坤"的招式就是将时间和精力都花在了学生身上,可以说是"泡"在学生堆里的。她将学生安排得明明白白、清清楚楚,同时也将自己安排得明明白白、清清楚楚,带领着学生一起早读、打扫卫生、上课。

3."刚出来也比较有干劲,什么事情都冲在前面"

那个时候作为普通老师兼班主任,刚出来也比较有干劲,什么事情都冲在前面。只要我会的,学校提了的,不管是不是我的工作范围,我都会去做。刚出来工作的那一次月考,我把整个年级的物理试卷全部改完了。(L-FT20230605)

作为初入正式教师行列的乡村青年教师,L老师干劲十足,冲劲满满。由于家在附近没有往返的远距离问题,此外未婚没有小家庭的牵挂与羁绊,因此他全身心扑在学校教育教学工作中。在其他教师回家时,L老师主动包揽了全年级的物理试卷批改任务。

4."前面一直当班主任"

我2007年9月出来,前面一直当班主任……我出来工作的第一年是当八年级B层班班主任,第二年也是八年级B层班班主任,第三年是九年级B层班的教学,然后第四年是八年级A层班的班主任加上教学,第五年是担任九年级B层班的班主任加上九年级A层班和B层班的教学。我们物理老师基本上要带两个班的教学。(L-FT20230619)

L老师在入职前几年都担任了班主任,从八年级到九年级,从新手逐渐走向熟练,经历了初中学段的循环教学,在一定程度上熟悉了不同年级的教学,也在班主任管理工作和循环教学工作经历中积攒了经验。

基于学校安排,两位老师在初入乡村教师行列时被委以班主任工作的重任。作为新任教师兼任班主任,纵然辛苦劳累,Z老师与L老师两位乡村青年教师都干劲十足,将很多时间与精力放在了班级常规管理和教学中。

(三)渴望在教学中站稳脚跟,摸索"试误"

1."出什么题目,上课我就讲什么内容"

我那个时候教语文就拿着练习册,它出什么题目,上课我就讲什么内容,我完全不会教,我就按题来讲。练习册要考这些,那我上课就来讲这些。我只会这样做,我自己不会研究重难点,我找不到、找不准。然后考试我也是先把题目挥出来,反正考试就考这些……后面发现不能这样,然后开始去找教案慢慢上课。(Z-FT20230412)

在SD中心小学时,并未学习过语文相关专业的Z老师被"赶鸭子上架"担任语文学科教学。Z老师对于自己不会语文学科教学感到极其惆怅,于是只有"按题讲课",练习册有什么题、考试考什么题,那么她上课就讲什么内容。此阶段的 Z 老师分不清语文学科的教学重难点,也不懂得如何去研究教学重难点,关于教学活动的知识十分有限。

2."我自己还在摸索的那个过程"

关于帮助学生解决问题的方式与方法、对待学生的态度,Z 老师表示自己当初也还在摸索尝试的过程当中。"很多东西刚开始我都在摸索。我给学生尝试解决问题的方式都是自己摸索的。比如批评没用就拉出来谈一谈。我自己还在摸索的那个过程。"(Z-FT20230417)

2015 年是 Z 老师来到 LB 小学的第二年,现任校长刚上任需要选拔班子成员,原教务主任被调走,于是 Z 老师接任教务主任一职。当时的 Z 老师认为自己刚来无法胜任,但在领导信任下 Z 老师还是踏上了教务管理的摸索之路。

很多东西要考虑很多。那个时候检查也很多,需要去做很多事情,还经常加班整理材料……也是因为不太熟悉,所以那个时候只能"勤以补拙"。我只能自己去摸索,很多东西都要自己去学、去摸索,然后去做。(Z-FT20230417)

3."那我就让他们只写五句话好了"

前几年我教的时候认为,反正要求写不少于五句话,那我就让他们只写五句话好了。但其实他们那时候的作文就是"流水账"呀。他们会用句型写句子,但是没有文章结构。所以我觉得我这样的教育其实是失败的,再到后面他们升到初中会觉得非常吃力。(Z-FT20230508)

小学英语的作文要求是五句话,彼时的 Z 老师抱着简单的想法和教学目标——"分数拿到就好了",认为只要学生掌握了写句子,记忆了写五句话连成文的知识,那就可以拿到作文题的分数。归根结底,Z 老师作为初任乡村青年教师,认为教学仅仅是知识传递的过程,而学生知识接收成功与否就体现在分数上。对于学生的英语学习能力掌握以及升学后的持续发展,在"生存关注"阶段的 Z 老师并未关注。

4."反正就在学校上课,也不会参加什么比赛"

在 2016 年以前,其实我跟很多年轻老师一样,基本上对未来没有很明晰的规划。反正就在学校上课,也不会参加什么比赛。(L-FT20230531)

初入乡村教师行列的L老师与大部分人一样急切渴望弥补教学经验的不足,"所以就想方设法地在教学这一块先站稳脚"(L-FT20230531),其职业生涯的前9年时间里都着眼于累积教学经验,做好班务管理,很多时候不太注重积累与研究。因此,当时阶段的L老师个人专业发展意识较为淡薄,缺乏指导,参与的培训活动较少,以"国培计划"为主,个人未能有明晰的规划。L老师认为最直观的体现就在于自身2016年以前的证书材料是较少的。由于目光停留在校内,专业生活内容几乎集中在课堂教学与班主任管理,对于竞赛、培训和研究的关注较为缺乏,因而专业成长较慢。

5."刚入职的时候侧重于知识的传授"

刚入职的时候侧重于知识的传授,基本上是以教完知识点为目标。因为刚出来工作的时候对教学大纲、课程标准等没什么概念,但是后来随着担任循环教学和毕业班教学增多,就会考虑这个……刚入职时基本上拿着课本,围绕着课本来讲。(L-FT20230619)

"依赖课本""侧重传授知识"也是L老师初时的课堂教学弊病体现,随着循环教学经历以及毕业班教学经历的增加,她才逐渐注重教学大纲与课程标准。照本宣科式的教学反映出当时的L老师专业领悟与理解力是有限的,也未能找到合适的教学方法。

面临从作为师范生学习到作为正式教师学习和教学的转变,以及面临生活和专业的双重压力,初入职场的教师需要不断调整和适应。因此,尚且处于"生存关注"阶段的Z老师和L老师的关注点在于个人能否在当前岗位获得基本生存需要的满足,迫切希望找到应急的、最基本的教学"求生"知识与能力以应对压力、站稳脚跟。然而这种知识和能力大都围绕着如何给学生传递输送知识——教师讲述知识,学生记忆知识。教学过程在此阶段的两位老师眼中无非是知识传递的过程,具体表现为注重学生成绩,自身专业教学知识、方法、能力都十分有限,仅能维持最基础水平的教学,其专业发展意识还比较淡薄。知识在脱离现实生活、社会生活以及已有生活经验的情境中传递着,缺乏对完满的可能生活的合理建构[①]。

---

① 郭元祥.生活与教育:回归生活世界的基础教育论纲[M].上海:华东师范大学出版社,2002:28.

四、"任务关注"阶段:侧重完成教学任务

(一)外部推动,荣誉激励

1. 专家引领,开阔眼界

她(教研员)很用心带我去磨课,给我安排各个城区学校的老师试教、去磨课。虽然也磨了很久,磨得很苦,但是那一次真的是我成长特别大的一次。有专家的引领,就发现眼界那些都不一样了。(Z-FT20230420)

参加区里乡村教师素养比赛的Z老师原本并没有为此做精心准备,也没有给自己定下高远目标,只是想着在区级比赛中获奖便足够了。但由于其授课获得教研员欣赏,Z老师被推动着从区级比赛走向市级比赛。Z老师在市级比赛的准备过程中感受到磨课的辛苦与不易,更感受到教研员的用心指导,这给Z老师带来了很大的成长。教研员的欣赏与指导、专家的引领使得Z老师开阔了眼界,这推动着Z老师向更广阔的舞台走去,其自我专业发展意识有向积极方向发展的趋势。

2. 荣誉认可,同行激励

在2016年,因为我在电教信息化这一块应该说在县里面做得比较多,领导也看在眼里,那一年市里面评"教育信息化工作先进个人",电教室名额就给了我。那是我第一次获得市级荣誉。(L-FT20230531)

首份市级荣誉的获得是对L老师的认可与赞誉,给L老师带来了极大的激励。从2016年后进入电教管理行业,L老师接触到了更多优秀的人,了解到同行的比赛获奖情况。"他们获奖的数量非常多。其中有一个带头的还是我以前初中的同学。我想,人家参加这么多比赛获奖,我也不能落后啊。"(L-FT20230531)这使得L老师燃起了不甘落后的斗志,以优秀同行为榜样,见贤思齐。

(二)重视方法,引导思考

1. "除了告诉我答案,还必须说出理由"

我比较注意让他们有条理地表达出来。所以我会更多培养他们这方面的能力。比如说三年级和六年级听讲练习课,他们除了告诉我答案,还必须说出理由:为什么会这样去分析?为什么会得出这样的答案?(Z-FT20230420)

学生对于练习题目的表达分析、做题的方法和策略是该阶段 Z 老师关注的重点，也是 Z 老师想要使学生通过培养获得的能力。在此阶段的 Z 老师对于教学常规已十分熟悉，认为学生仅仅知道答案是什么或者一知半解是不够的，必须理解并有条理地完整表达出来，才能说明已经掌握教学内容。

2."既注重知识，也注重方法"

原来是重知识，后来基本上更重方法了。很多时候我会引导学生思考：一个题目讲了之后，如果改一个词，可以怎么去想？怎么去解题？因为可能一字之差就完全不一样了。所以我教育学生要细心。第二个我们要注意解题方法。我们不仅是要解这个题，还要思考这类题型的解决方法。所以原来是注重传授知识，后来就既注重知识，也注重方法。（L-FT20230619）

L 老师也实现了从"注重知识"到"既注重知识，也注重方法"的转变。在 L 老师看来，"授人以鱼，不如授人以渔"，学生是独立发展的个体，有自己的认知与判断，如果教师仅仅注重传授知识容易固化学生的思维，也并未发挥教师更进一步的作用——教授方法、引导思考，在掌握知识的基础上引导学生掌握方法才有利于"举一反三"。

3."要设计那些他们够得着、能完成的任务"

每次的作文，有些孩子写得很少，只有几句话，因为我对程度偏弱的孩子要求不一样。要设计那些他们够得着、能完成的任务，他们才会愿意去做。所以现在六(1)班孩子的作业每次都能交齐。如果要求每个孩子都必须得写一篇六十个词的作文，那些学习能力不足的孩子可能写不出来，那他们可能就不写了。所以我就给他们设置分级的目标，只要完成好相应的任务，那一样是一百分。然后对成绩好、能力更强的孩子，我是有更高要求的。（Z-FT20230508）

维果茨基的"最近发展区"理论认为学生有"现有的发展水平"和"可能的发展水平"两种水平，而两者之间的差异就是"最近发展区"。Z 老师逐渐发现，心中要有学生，所教内容要适应并适当高于学生现有的水平与需要，即教学应着眼于学生的"最近发展区"。由于不同的学生、不同的阶段，其现有水平是不一样的，因此要分层设计一些他们"够得着""能完成"的任务。Z 老师随着教学经验的积累，专业自信心逐渐增强，能够根据不同学生的特点而改变自己的教学方法与要求。

4."让他们可以在生活中学习物理"

这几年中考物理题目选取了很多生活中的素材,比如说杆秤,还有以前乡村家里才有的那种风车。因为很多题目素材源自生活,所以我们平时上课时所举的例子也尽量往这个方向去引导学生,使他们善于观察生活中的物理现象,然后分析现象里面所含的物理原理,让他们可以在生活中学习物理。(L-FT20230530)

"从生活走向物理,从物理走向社会"是《义务教育物理课程标准(2022年版)》的课程理念之一,强调"遵循初中学生身心发展规律,贴近学生生活,关注学习生长点,以具体事实、鲜活案例、生活经验和基本概念等引导学生进行理性思考"。L老师认为学生看见过的现象更能够帮助其理解其中蕴含的原理,因此通常选取生活中,甚至是乡村生活中的实例与现象作为素材引导学生观察物理现象和分析物理原理,能够帮助学生借助生活经验理解教学内容。但其教学目的还是限于物理知识的学习,对于高于物理知识学习的"增强文化自信,树立科技强国的远大理想"的引导尚且不足。

(三)参与活动,寻求成长

1. 找寻渠道,学习记录

我会去参加培训。如果有一些市里、区里的示范课,我就会去听。我之前接触的渠道比较少,会在哔哩哔哩去看。它有江苏省的课,是别的老师给我推荐的。江苏省(的教师)做的那些教学,有一些做得很好,我就会专门去学,去看课、记笔记。(Z-FT20230417)

作为乡村学校的青年教师,Z老师学习的渠道和机会有限,但是Z老师充分借助一些App和网站,也乐于接受其他老师的推荐,在网上听优秀课例视频进行学习充实,在有机会时积极参与培训,走出学校去听区级、市级的示范课,并且在听和看的同时做好笔记记录。至今Z老师的电脑当中还保存着好几个当初学习过的视频。

2. 参加培训,逐步提升

从2016年开始,每一个比赛我都会去认真参与,从开始得到省三等奖,后来省二等奖,到现在基本上是省一等奖,也在逐步提升。2016年到2019年,受其他学校的同行业绩影响,加上自己也开始慢慢进入了电教管理这一

行,就开始对自己有一个规划。(L-FT20230531)

L老师开始从各项比赛、培训中锻炼自己,积累业绩。在慢慢进入电教管理并逐步提升的过程中,L老师对自己的职业晋升与专业发展有了更加明晰的规划。

处于"任务关注"阶段的Z老师与L老师已然具备总体的自我专业发展意识,但还不够坚定,在一定程度上还有赖于外部推动与外在评价,自我发展的内生动力还不足。从教学观与学生观来看,两位老师由"传递知识"的教学观向帮助理解教学内容转变,伴随学生意识增强,两位教师也有意识地改进着自己的教学方式与方法,更加注重学生解题能力的培养、解题方法的掌握,但其教学目的仍然指向知识学习。

五、"自我更新关注"阶段:关注自主专业发展

(一)在探索反思中提升个人的专业生活质量

1."那一次是真正打击到我了,真正让我反思了"

我那个时候因为前期已经取得了比较多的成就,我就觉得我应该积累到一定程度了,但是实际上后面"啪啪打脸"。我那个时候很受打击!我参加镇里的比赛,然后没冲出去,选了另一个老师去参加比赛。这对自己打击很大,但是也让我认识到了自己的问题。我发现那一次备课时我的确用了老思路、老方法。因为那一两年我没有去学,没有去更新我的教学理念,所以导致整个课型我没有研究透……那一次是真正打击到我了,真正让我反思了。(Z-FT20230508)

Z老师认为2018年前后是其专业成长的瓶颈期,因为那一年,她完成了生命历程中的成家大事——结婚生子,心思和精力用在了家里,在教学这一块是"啃老本"原地踏步的。到2019年宝宝快一岁了,于是Z老师出来参加比赛,但是由于一两年的停步,原有的思路方法、教学理念已经不适用了。比赛落选的打击使得Z老师反思自己,重新学习、研磨,探索出一个新的读写课例,这才使其重拾信心。并且自此之后,Z老师一直没有停下学习的脚步。

2020年我怀二胎,那一年我都没有休息。我不能再停步了!那一年我都是很努力的,比赛我都会去准备,都会去参加。包括现场上课,我都去参

加了。(Z-FT20230412)

2."形成更多自己的思考和境界"

现在的我慢慢成长,我听一节课会发现亮点,会思考是从哪些方面来讲的,那下次我可以借鉴。然后还有一些我觉得不是很好的地方,这个时候我也会去反思:"如果让我来处理,我可能会怎么做?"所以一般我的评语会加上这些东西,觉得不好的就写出来并改进。我会用我自己的标准,形成更多自己的思考。(Z-FT20230417)

从只能发现小细节的问题、注意局部"小点",但是无法更深入思考提出具体改进方案,到既能够厘清整体思路、把握全局,又能够看到细节,Z老师在听课过程中愈加自信、从容。一方面可以厘清整体思路,发现他人的亮点,进行学习借鉴;另一方面也能够觉察问题、写下不足,形成并应用自己的标准,换位思考可以如何改进。Z老师成长到当下状态,能够在看待问题时予以整体、全面的思考,有意识地谋求更大程度的自我发展,已有专业发展的"自我更新"取向。

3.入选"江西智慧作业"首批优秀微课

2020年录制"智慧作业"的时候,省里还选了一部分典型,我入选了12个典型之一。在2020年6月,省里面进行了一个优秀微课展播,然后进行了一个小采访,每个人写了一段感言。(L-FT20230531)

关注信息化的L老师在智慧作业刚"起步"时便敏感地抓住了机会,也得益于多年前的技术积累,微课录制对于已经自学掌握了视频剪辑、图片处理等技术的L老师而言是没有难度的。L老师的微课入选了第一批优秀微课,写感言时L老师提及了一些录课技术方面的问题。

在硬件方面,建议使用外置摄像头和麦克风,笔记本内置的麦克风容易出现电流干扰和杂音,尽量使用16:9的显示器才不会出现黑边……(L-BD20200624)

4."要成为研究型的教师"

谈及对教师专业生活的未来展望,L老师有感而发:"我觉得老师最终一定要成为研究型的教师。这个研究不仅仅是进行课题方面的研究。我记得之前培训时听江西师范大学一个教授说,一个老师只'教'不'研',那很难成长起来。其实我仔细琢磨了一下,觉得确实有道理。只懂得教学,却不懂得

去教研、钻研、总结规律,那只会停留在表面。"(L-FT20230607)

表2-1　L老师"自我更新关注"阶段课题研究汇总表

课题内容	类型	时间(备注)
参与课题"线上与线下融合教学模式建构研究"	县级教研课题	2020年11月立项
参与课题"物理实验微视频在物理教学中的应用研究"	市级教研课题	2020年12月立项 2022年12月结项
主持江西省教育信息技术研究"十四五"规划2021年度课题"利用智慧作业提高农村中学生学习效率的实践研究"	省级电教课题	2021年8月立项 2023年5月结项
参与2021年度江西省中小学智慧作业项目研究专项课题"基于'智慧作业'环境下对中学生课后自主学习效果的研究"	省级电教课题	2021年8月立项 2023年5月结项
参与2021年度江西省中小学智慧作业项目研究专项课题"基于智慧作业的教师信息素养现状、问题及对策研究"	省级电教课题	2021年12月立项 2023年5月结项

既"教"又"研"是对乡村青年教师的高标准、高要求,L老师认同教师成长应指向"研究型教师",同时也以自己的实际行动践行着这一理念。他说:"不管是班主任这一块还是教务这一块,我总结的方法后面都用在我的课题研究里面。"(L-FT20230619)L老师作为积极参与其他老师的课题,同时也有自己主持的课题,在研究中不断丰富自身专业生活,提升专业生活的质量。在L老师看来,专家很善于将他们平时的教学或管理心得进行总结,然后配上平时的事例,汇总成一本书,这就是我们所看到的一些教育类书籍。L老师觉得老师应该朝着这方面发展。

5."站在不同的位置,考虑问题的角度就不一样了"

我很多时候考虑问题会从学校的角度去考虑。比如说我们要派老师出去培训了,那我就考虑到底派哪个老师更为合适。可能我会不喜欢某个人,但是对待有关事情我不会带个人感情。(Z-FT20230417)

站在不同的位置,考虑问题的角度就不一样了。像我们现在要考虑个人的教学,还要考虑跟其他学科之间的时间分配,包括考虑整个年级不同学科、不同班级之间的差异。所以很多东西是在经过了学习和达到一定的层级之后才会去考虑的。(L-FT20230619)

一个学校、一个部门离不开领导者与管理者的大局意识,合理安排、顺畅沟通有利于提高教师工作效率,也为提高教师专业生活幸福感提供保障。正如 L 老师在作为新老师时考虑更多的是所带班级的教学,但是随着教学年限的增长以及身份角色的转变,所考虑问题的角度与范围与以往相比便逐渐不同。进入管理层后更考验两位老师与同事的交流与配合能力,在这个过程中两位老师逐渐成熟、公正,考虑问题更加全面,能够统筹安排、合理分配各个年级、各个班级、各个学科的任务。

(二)在教育互动中帮助学生获得多方面发展

1."我真的很在意他们的价值观"

我真的很在意他们的价值观。六(1)班那些男孩子不尊重老师,我很生气。上个学期班上男孩子晚自习的时候聊天:"如果你跟老师打架,或者如果让你打老师,你会打谁?"……我把这个事情拎出来说了,我引导学生:"你们觉得这样对吗?""不对。"然后请当事人来说:"你觉得你这样对吗?"他说不对。我又说"你当时真的想要打老师?"他说并不是,他只是这样问一下。但是这个事情我觉得还是蛮严重的。所以我后面就让其他学生来说,我说:"你们觉得这个对不对?来说一说你们觉得怎样才是尊重老师。"然后我就让每个孩子都说了,然后每个孩子都写了。我到现在都还留着(这些)。(Z-FT20230417)

Z 老师越来越注重引导和培养学生尊重、感恩、善良等美好品质,正确的价值观引领给学生带来的可能是一辈子的深刻影响。渐渐地,部分学生不仅能够约束自己,甚至能够提醒身边他人。"这个学期开始,那几个男孩子就很会说:'你看看你,你这样上课说闲话,你就是不尊重老师!'他们开始指导别人,然后还会带上自己。"学生们在 Z 老师的价值引领下根据自己与老师们、同学们的日常相处实际形成了自己个人领悟的"尊重老师十条""尊重同学十条"。"十条"并非限定数量的十条,而是泛指;公约内容也并非框定不动的,而是会不断更新;Z 老师对于学生的引导也并非生硬的说教,而是注重情感价值,希望学生能够跟老师共情。情感教育、价值观引领是 Z 老师有意义专业生活中的重要组成部分。

"新基础教育"要求教师认识到学校教育中学科的独特价值在于育人、在于学生的发展,而不在于学科知识自身的创造和突破,因此教师首先要认真地分析、认识、把握本学科对于学生成长而言独特的发展价值。原来的Z老师上课只要求学生达到能理解大意、会读对话、差不多能掌握重点语法知识的基础要求,但是在参加赛课之后发现:"其实每一篇文本都包含着、隐藏着一些育人价值、一些价值观的导向,是有一些深层次的东西在里面的,但是我没有去挖掘。后面我再去上课的时候会更多挖掘文本的一些信息,培养学生的批判性思维。我会去挖掘一些问题让他们思考和回答。"(Z-FT20230426)Z老师从赛课中更新了教育理念,慢慢地更加注重发挥学科育人的功能——上课不仅是讲英语课文、学英语知识,也注重学生价值观、人生观的引导,强调学生思维品质的生成与培养,能够主动去挖掘文本中更深层次的情感教育价值。

2."我希望他们可以更加有信心"

我其实对成绩落后的学生会更"偏爱"一些……像那种程度更差的学生在我的课上非常积极,那我可能会额外给他奖励。如果今天表现很棒,回答这个问题答得很好,那我再给一分。我会给他们更多的一些关注和奖励,我希望他们可以更加有信心,不会去抵触与排斥。(Z-FT20230508)

孔子主张"因材施教",昆体良要求重视学生的差异性,这都要求教师在教育教学中注重学生的独特性与差异性。而造成学生学业成绩差异有智力与非智力、多元智能、认知风格、学习风格、学习水平、兴趣、学习准备、学习障碍等各种影响因素。学生也是发展的个体,教师用赏识和发现的目光去看待学生,其关注与鼓励可能使得学生的差异性成为一种宝贵的资源,而不是教育的负担。Z老师看到了学生之间的差异,对于不同能力程度的学生给予不同的要求,对于学业成绩处于末端的学生并未忽视和放弃。"连后面那些成绩差的也都会让他们猜一个,他们猜对了(Z老师)就会鼓励他们。"(XS-FT20230522)Z老师以更多关注和鼓励替代"打压",希望能够给他们更多信心。与此同时,Z老师也有些许担忧这种"优待"是否会在某种意义上损害学生的自尊心。

3."拓展他们的视野,不要那么局限"

上次去看装备展,我拍了一些比较新的教育设备照片给他们看。因为他们没办法直接参加,然后我就录像、拍照给他们看,至少能让他们知道,还有这么先进、高端的东西,引起他们的兴趣,开阔他们的视野,让他们不要那

么局限。(L-FT20230531)

引导学生思想进步,拓展学生的视野是 L 老师在专业生活中力求达到的教育目标。L 老师认为,处于信息化时代的老师和学生都应开阔视野。但 L 老师感受到的现实情况是,当大城市的小学生已经会编程时,身处 WL 中学的初中学生还不会使用最基本的办公软件。所以 L 老师努力引导学生开阔视野,尽可能帮助学生认识一些现在的信息化进展。信息化的时代不仅给教师提出更高要求,其实也要求祖国未来栋梁关注生活、关注社会发展与科技进步,正如《义务教育物理课程标准(2022 年版)》还要求"注重时代性,加强与生产生活、社会发展及科技进步的联系,凸显我国科技成就,引导学生增强文化自信,树立科技强国的远大理想"。

(三)在引领示范中影响其他教师的专业生活

1."我能感觉到带别人的那种感觉"

她(LDM 老师)那个时候经常来我们学校试教,然后自己花钱去买服装、买道具,她也花了很多心思去弄。所以那个时候我就觉得,我能感觉到带(指导)别人的那种感觉。(Z-FT20230412)

在 Z 老师看来,指导 LDM 老师是自己成长中的一个转折点。在全区农村小学英语优质课比赛中,LDM 老师在 Z 老师的指导下荣获一等奖,这让 Z 老师感到欣慰,也体验到指导其他教师的感觉。对于 LDM 老师来说,这也是她十分难忘的事情:"印象最深刻的事情是她在预产期的那个月还全程陪着我备课、上课,一字一句地帮我更改教案。"(LDM-FT20230606)

表 2-2　Z 老师"自我更新关注"阶段指导奖项表(部分)

时间	指导奖项
2020 年 12 月	指导的 LDM 老师在全区农村小学英语优质课比赛中荣获一等奖
2021 年 5 月	指导的 LDM 老师在 ZG 区 2021 年中小学教师信息化教学成果展示活动中荣获小学组一等奖
2021 年 11 月	指导 ZY 老师制作的《隔代教育》荣获江西省 2021 年首届家庭教育微课征集活动二等奖
2021 年 12 月	指导 ZY 老师、XF 老师制作的课件《棉花姑娘》荣获 2021 年赣州市中小学、幼儿园教师优秀教学资源展示活动三等奖

续表2-2

时间	指导奖项
2022年2月	指导LDM老师执教的《粉刷匠》在2021年赣州市第九届中小学教师信息化教学应用成果展示活动中荣获小学音乐组二等奖
2022年12月	指导LFP老师执教的微课《第五单元 第2课时 面积单位的认识》荣获2022年赣州市中小学、幼儿园教师优秀教学资源展示活动三等奖

Z老师从带领指导其他教师的过程中收获与教育学生不一样的感受,仿佛看到了自己曾经的模样,也发自内心希望更年轻的教师们能够少走"弯路",尽快成长。每当所指导的老师取得一定成就时,作为"师傅"的Z老师就感到欣慰:"是啊,觉得很欣慰,好像自己参加比赛、自己获奖一样,甚至比自己获奖还开心!"(Z-GC20230423)Z老师在分享关于赛课结果的消息时甚至因为开心有些语无伦次,想要分享对于ZT老师获得优秀成绩的自豪与喜悦之情,又生怕自己不太严谨,但脸上一直洋溢着自豪、灿烂的笑容。

2."我也鼓励其他老师跟着我参加"

基本上所有的比赛我都会参加,电教的每一个活动,除了极个别有学科限制的,剩下的我都会参加。我也鼓励其他老师跟着我参加。(L-FT20230531)

表2-3 L老师"自我更新关注"阶段指导奖项表(部分)

时间	活动	具体内容	奖项
2020年10月	第二十六届江西省中小学、幼儿园教师优秀教学资源展示活动	指导成系列资源"教科版初中物理八年级上册试卷"	省三等奖
2021年10月	第二十七届江西省中小学、幼儿园教师优秀教学资源展示活动	系列学科课程资源"教科版初中物理八年级下册期末试卷(含配套微课)"	省一等奖
2021年10月	第二十七届江西省中小学、幼儿园教师优秀教学资源展示活动	指导视频课程《频率的定义及单位》	省一等奖
2021年12月	2021年赣州市中小学、幼儿园教师优秀教学资源展示活动	指导微课《浮力产生的原因》	市二等奖

续表 2-3

时间	活动	具体内容	奖项
2022 年 11 月	第二十八届江西省中小学、幼儿园教师优秀教学资源展示活动	指导视频课程《并联电路中电流的规律》	省一等奖
2022 年 12 月	2022 年智慧作业资源应用优秀教学课例展示交流活动	指导课例《长方形和正方形的特征》	省一等奖

经过多年经验积攒不断发展的 L 老师如今已成为一名乡村优秀青年教师，不仅自己积极参加各种比赛活动，也鼓励并带领其他教师参加。去年 WL 中学参加省教育技术与装备发展中心组织的"教师优秀教学资源征集活动"试卷征集，L 老师带领学校教师一共录制了 9 套试卷。据 L 老师回忆，其中有几套试卷是暑假时老师来到家里一起完成的。学校有接近二分之一的老师参与了录课，课件的制作、录制、剪辑都经由 L 老师指导。

在如今带领年轻老师参加各种专业发展活动的过程中，L 老师认为自己从中找到了自己的另一种意义，那就是："原来我是在学习，现在我也取得了一点点成就，我能够用我学到的带领其他人、教会其他人。我觉得我的同事让我完成了从学习到传授的跨越。"（L-FT20230605）教育学生能够让教师实现从自我学习到传授他人的过程，带领其他教师也能够使指导教师完成从学习积累到传授指导的跨越。同时，教学相长，无论是师生之间的互动还是教师之间的交往互动都是双向的，教师和学生在这个过程中都能够得到不同意义的成长与发展。

3."我们的老师就被带动起来了"

她自己也以身作则，会把自己的经验告诉这些老师。原来一开始的时候，那个江西省系列资源征集，其他人都不知道、不敢做，她就做了，不仅做了而且还获奖了。然后第二年我们的老师就被带动起来了。（ZYK-FT20230522）

Z 老师作为 LB 小学唯一的专业英语老师挑起大梁，在 ZYK 校长眼中她敬业、上进的精神对学校语文、数学以及其他学科老师们的专业成长和发展影响很大，以积极参与专业活动的实际行动影响着身边的教师们。ZYK 校长提到原来学校有很多老师"躺平"，不仅是 LB 小学，全镇都是类似状态。

有比赛机会,结果却没有老师愿意抓住机会参加。但是在 Z 老师成功实践的影响下,各位老师见证以后发现,尽管有难度,但是敢于尝试去做就有机会,不去做永远都没有机会。因此,不少教师从"躺平"到被带动着参与活动并获奖。有的老师表示:"认识她的人会不自觉地跟着她学习,努力提升自己。"(LDM-FT20230606)

当研究者问及,在目前的乡村教育职业生涯中是否有遇到对自己影响较大的人时,不少 WL 中学的教师都提到了 L 老师。作为更年长的前辈,LFJ 老师认可 L 老师的辐射带动作用。LFJ 老师认为:"在电教方面、智慧作业方面,他都对其他老师进行指导。很多老师有不懂的去问他,他都会指导。像智慧作业、微视频之类的,他都非常乐意指导。在这些方面应该说有带动作用。"(LFJ-FT20230613)

在 WQ 老师看来,作为同年龄段的老师,L 老师的一些理念、技术对其影响很大,非常值得学习。WQ 老师表示自己原来比较少去学习如何应用信息技术,而是采用比较传统的教学方式。但是后来慢慢发现不学点信息技术也不行。在信息技术学习与应用方面,L 老师对其帮助和影响很大。原本"躺平"的 NJ 老师也与 L 老师相识多年,见证了 L 老师从早些年的同款"躺平"到如今的积极进取追求有意义的专业生活,其中缘于 L 老师从事电教工作接触到许多对其有提升和帮助的人,因此 L 老师更加积极。并且之后,L 老师也发挥其自身的辐射作用,将 NJ 老师也带动了起来。

无论是青年教师还是非青年教师,提及 L 老师都一致认为他影响并带动着身边教师,由"躺平"状态转向尽己所能向上实现自身价值。尤其是在信息技术方面,L 老师不遗余力地指导其他教师,通过教育技术的运用,改变了传统的教学方式和手段。他纵使身处乡村也尽可能与时代接轨,带动身边教师及时更新自己的教育理念与教育方式。

教师的学习和教学也如逆水行舟——不进则退,Z 老师与 L 老师都以身示范,不仅自己积极寻求参与专业提升的活动,而且带动并帮助身边的教师提升专业发展意识,让更多乡村青年教师意识到与其"躺平",不如寻找并过上有意义的专业生活。

4."送教"与"送培"

各个老师,不仅是我们全校的,我们全镇的老师提到她都是竖大拇指的。我们区教研活动中心的英语教研员非常欣赏她,从她身上看到了乡下老师向上、不甘落后的追求,而不是得过且过的状态。教研员非常开心,经常鼓励 Z 老师去参加一些活动,还经常带她到县里面参加一些教研活动,组织了几次到县里面去送教。(ZYK-FT20230419)

表 2-4 Z 老师"自我更新关注"阶段送教活动汇总表

时间	内容
2022 年 7 月	在全区送教下乡活动中,承担了示范课工作,起到了很好的示范作用
2022 年 11 月	特聘为 2022 年"践行新思想·奋进新征程——党的二十大精神进校园宣讲暨市区优秀女教师送教下乡"活动送教教师
2023 年 2 月	被聘请在 DY 县 2023 年小学英语新课标培训活动中开设示范课

送教下乡活动期望为边远乡村学校提供一定的教学示范和专业支持,宏观而言有利于实现教育资源的互补。对于送教上课的教师而言可以从中得到磨炼,也是从展示自我的过程中得到进一步提高的机会;对于听课的教师而言,可以学习示范教师的亮点。处于"自我更新关注"阶段的 Z 老师在教研员的鼓励与带领下积极参与了几次"送教下乡"的活动,对于 Z 老师而言,这也是认可与激励。只有达到一定水平,经过磨炼,才能将一堂优质示范课带去需要的学校。因此,送教可谓是搭建了教师间相互交流的桥梁,有利于促进教育均衡发展。

省里面一直给我们提供平台和机会开展讲座。2021 年 12 月在南昌进行了一个全省的讲座,回来之后我们就代表省里面给各个县培训。2021 年 5 月的时候,市里面组建了一个信息化应用讲师团,我入选了。之后赣州市教师发展中心举办了"送培到县"活动,然后我们就去了 YD 县送培。(L-FT20230531)

表 2-5 L 老师"自我更新关注"阶段讲座活动汇总表

时间	活动名称	具体内容
2020 年 6 月	2020 年 XF 县教育技术装备管理与应用培训班讲座	江西省教育装备平台的管理与使用

续表2-5

时间	活动名称	具体内容
2021年5月	学党史办实事"互联网+"订单式送培到县活动	智慧作业成就智慧教育
2021年9月	2021年全县"网络学习空间人人通""名师网络工作室"应用培训活动	名师网络工作室建设
2021年12月	江西省义务教育阶段教师"智慧作业"应用全员培训	智慧作业为"双减"注入"智"动力
2022年5月	XF县中小学、幼儿园信息化领导力培训班暨智慧作业工作推进会专题讲座	中小学、幼儿园教师教育教学信息化应用能力的提升

在此阶段的L老师不仅自己参加培训，还能够作为主讲人去给他人开讲座，送培到各个县。这一方面得益于省市各级提供的平台和机会，另一方面也与L老师不断提升自己的专业水平和专业发展意识有关。在教育装备、智慧作业、信息化应用等方面L老师更是个中翘楚，逐渐成长为这方面的专家。在进行培训讲座时，L老师从接受培训教师的实际需要出发，注意结合自身实际体会分享教研与各项比赛的心得，以及提供一些实用技术的指导，包含简单易操作的图片处理等。这相比于理论化的培训更能引起参训教师的兴趣。据L老师分享，由于培训中一些学习的网址和软件名称不太方便做记录，很多老师在接受培训之后询问培训课件是否能够分享出来以便继续学习。由此可见，L老师的培训引起了参训教师的学习欲望与热情，得到参训教师的认可。

5."命题"与"评委"

去年市教研员给了我命题的机会，也给了我一些建议，让我可以从一些方面去考虑命题，其实这也是给了我一些指导和帮助。然后再加上这次命题前，我刚好备了新课标，所以针对这一方面其实我有研读。我觉得自己在这一块比较薄弱，所以我仔细地翻看了命题原则，了解要如何去命题。（Z-FT20230515）

Z老师曾在2017年全区试卷命制活动中,承担了英语期末学业评估命题工作,起到了很好的示范作用。时隔多年再次承担命题工作,Z老师在教研员的指导和帮助下进行了学习,出色地完成并获得了教研员的认可,因此也得到了担任评委工作的机会。Z老师觉得这就是时刻做一个有准备的人的真实写照。在他人需要的时候尽己所能做好分内职责,也在此过程中展现出自身能力,慢慢地机会就会悄然来到身边。基于此契机,Z老师在2023年全区小学生口语大赛活动中承担了评委工作;在2023年4月,被聘请参加全市小学英语口语大赛活动并担任评委工作,起到了很好的示范作用。在最近一次的命题工作中,Z老师针对自身薄弱项进行了反思,并且根据命题原则结合新课标进行了研读,尝试结合个人实践知识进行命题。

从去了南昌当评委之后,智慧作业开始遴选评委,到现在已经第四届了……因为录的微课多,而且在技术方面指导别人多,技术上不存在问题,所以我入选了第一批智慧作业评委组里的复核组。复核组负责监督初审组,然后初审组负责评审这些微课,用他们的话说就是"评委中的评委"。(L-FT20230531)

凭借娴熟高超的技术,以及古道热肠的性格,L老师多次担任评委工作,包括担任中小学电脑制作技能提升活动的评委、中小学教师优秀教学资源展示活动的评委、中小学教师网络学习空间创建展示活动的评委、学生信息素养提升实践活动的评委、智慧作业微课评审专家以及作为新招聘教师培训(信息技术)汇报课展示活动的点评老师等。

随着专业技能逐渐熟练,两位老师在专业生活中进行积累、发展、创造,表现出更加自信从容的特征,他们的眼界随着更加明确的自我专业发展方向而开阔,逐渐追求卓越和专业成熟。在"自我更新关注"阶段,有的教师期望或被选择到领导岗位,对管理和组织比较有兴趣,希望以自己专业发展的经验来影响其他教师。此阶段的Z老师和L老师在一定程度上期望并践行着用自己取得的些许专业成就的经验影响带动其他教师。正如Z老师所认为的那样,优秀的教师应该要带有一些能够让别人看得到,或者是能够让别人学习到的一些积极向上的品质,这样才能算得上优秀。"这种优秀不能是仅仅他个人的,我觉得这种优秀应该是除了他自己优秀,他也能带动别人优秀。这点也很重要。"(Z-FT20230424)自己个人获得专业发展是教师专业生活个体价值的体现,促进学生的全面发展,体现的是教师专业生活的社会价值①。而发挥辐射作用,正向影响其他教师的专业发展,有利于更多教师实现其专业生活的个体价值和社会价值,从而形成良性循环,真正实现生命价值。

第二节 乡村优秀青年教师专业生活的空间体验

教师专业生活是在一定空间中生成及展开的,由此,空间维度是探讨乡村优秀青年教师专业生活的重要维度。空间的划分因对空间内涵的不同理解而体现出多样性。根据博尔诺夫的观点,"如果我们现在要探究人类学意义上的空间,那么就不能从数学家的抽象、同质的空间出发,而是必须观察人所能感受到的具体空间,人类实际生活在其中的空间"②。因此,对乡村优秀青年教师专业生活的空间维度审视不仅要考虑自然空间,也要联系乡村优秀青年教师实际生活的空间。此外,乡村优秀青年教师不仅在空间中过专业生活,更在生活中创造空间。本节基于城乡家校、学校内外、学科之间以及线上网络空间等物理空间、文化空间、再现空间,展现乡村优秀青年教师专业生活的空间体验故事。

一、往返于城乡家校

"生活"被划分为职业生活、家庭生活与公共生活③。城市与乡村、家庭与学校可能有界限分别,但是其专业生活既与主要发生在学校场域的职业生活联系紧密,又与主要发生在家庭场域的家庭生活息息相关。工作在"乡",居住在"城",使得Z老师与L老师在城乡家校之间往返奔波。

(一)富有规律的日常

对于Z老师而言,每天、每周、每学期的日常是有一定规律的。这个学

---

① 王卫东.教师专业发展探新:若干理论的阐释与辨析[M].广州:暨南大学出版社,2007:143.
② 博尔诺夫.教育人类学[M].李其龙,等译.上海:华东师范大学出版社,1999:76.
③ 高怡楠.民族村落幼儿园教师生活世界研究[D].重庆:西南大学,2022:63.

期课程安排是每周一和每周三Z老师有晚自习,因此Z老师每周这两天的晚上是在学校住的,其余三天开车往返于家校之间。

每天早上六点四十的闹钟响起,Z老师准时起床洗漱,在七点左右整理完毕,偶尔将婆婆做的早餐打包带走,但基本上是到学校吃早餐。Z老师每天七点十分左右从家里出发,到学校早的话大概是七点半,晚的话是七点四十左右。而到学校早晚主要取决于Z老师早上出发前是否要与两个小孩聊聊天、说说话。但是学校规定八点钟之后便不能进食堂用餐了,所以一般情况下Z老师在八点之前会到达学校。

一天课程结束,Z老师一般在学校吃完晚饭才从学校驱车回家。在Z老师的分享中,平时一般没什么事情,每天吃了晚饭回到家是六点多,此时家人都还在吃晚饭,Z老师一般会自己休息一下或者陪家人吃饭。如果觉得比较累,那么Z老师会先去洗个澡,洗漱完了有时间就陪伴孩子。如果孩子有作业,Z老师还得先陪孩子把作业写完。现在大多数情况下Z老师只需要询问并提醒孩子,孩子自己会自觉完成作业,Z老师只需要在孩子完成后进行检查,这给Z老师留下了自己的个人时间。检查完孩子作业后她可能还会带领孩子回顾上课学的东西。

因将有限的教师宿舍让给了其他教师,L老师每天往返于学校与圩上(农村集市)家里。L老师认为作为乡村寄宿制学校的教师,生活是比较规律的,一般日常是"家"——"校"两个点。"其实寄宿制学校的老师生活基本上比较固定,三点一线,在校的老师就是宿舍——教室——食堂。我是因为之前学校的宿舍不够,所以我就将我的宿舍让出来给其他老师了,然后我在圩上住,所以我就是家里——学校——食堂。其实我们的生活是比较有规律的。"(L-FT20230613)

(二)回归家庭的周末

Z老师来自城区,距离LB小学有较远距离。在姐姐ZY老师未婚没有车之前,Z老师姐妹俩都是住在学校,电动车是老师们的主要代步工具。"她是2014年来的,我是2014年结婚的,然后我开车来回。在这之前我们大多情况下都住在这儿。原来是骑电动车,基本上礼拜一来,礼拜五回……"(ZY-FT20230413)在从前没有车交通不便的情况下,Z老师一般在周末才回家,每周一来到学校,每周五返回家中。如今Z老师开车往返于城区家中与农村学校,从城区家里到 LB 小学大概半个小时的车程。

对于 XF 县的老师们来说,周末是从乡村到城里赶集的机会。"这里的老师基本上一般不下城的,周末才会,除非有事要出差。"(L-FT20230613)自去年 L 老师爱人考进城工作、父亲退休、孩子上学,家人都搬去了城里,L 老师一般在周末回到县城家中与家人团聚。"因为我家里人都在城里,周末我一般会回家,除非学校有什么特殊的事情,比如要值班的话我就不回。没什么特殊情况我都会回家。"(L-FT20230614)

Z 老师与 L 老师往返于乡村与城镇,力求在其中找到平衡点。对于 Z 老师而言,一周两天有晚自习的晚上在学校住并不是不太顾家的行为,自己在这两天可以集中精力来完成工作上的一些事情。Z 老师认为不能完全把时间放在家庭当中,在校居住其实也是一定意义上的协调,可以帮助自己调整状态。对于 L 老师而言,每周末才返家是自己的主动选择,如果想要每天回家无非是多耗一些油费,但这在 L 老师看来是没有必要的。"有的时候天天在一起会发现彼此很多缺点,这样与小孩的关系反而会远离。所以有的时候家长和小孩天天在一起,如果不注意方法的话,更加鸡飞狗跳。"(L-FT20230605)因此,对于 Z 老师与 L 老师而言,自身合理调节与规划缓解了城乡家校空间转变可能带来的困难与消极影响,他们反而从中找到了帮助自身调整工作状态、利于家庭关系和谐的平衡点。

二、渴学于学校内外

乡村优秀青年教师专业生活进行的主要场域是学校,但是学校并非其专业生活进行的唯一场所,其教研活动、培训活动等专业生活内容既发生于校内,也涉及校外空间。

(一)校内教研与校外教研

1."去各个学校试教"

谈及平时与同事同行的专业交流探讨,Z 老师表示主要通过教研进行。比如区教研员会带着 Z 老师一起去参加区里其他老师的课,会有听课、磨课、观摩研讨的机会。此外 Z 老师也曾体验其他教师帮助自身磨课的经历:"2021 年参加市里的教师素养大赛,那个时候区教研员是我的指导老师,所以也集结了很多区里的老师帮我磨课,去各个学校试教,我试教都试了超级

多次。"(Z-FT20230426)

  这段经历对于 Z 老师而言印象深刻。她仍然记得那一年希沃课件记录的次数非常惊人。她辗转于各个学校试教,"最少有四个学校,到四个学校去试教,然后请了很多老师来听课,还有区里的老师帮忙来磨课"。试教后便需要修改,将近两个月的时间里 Z 老师一直处于"试教——改课——再试教——再改课"的循环往复过程中,但此过程也是螺旋上升的,Z 老师在此过程中逐步得到提升。

  教研是乡村青年教师提升自己的重要、有效且迅速的活动。听课、备课、磨课、试教、改课、竞赛等活动充满了 Z 老师的专业生活。这一系列活动既有发生在本校校内的,也有在其他学校进行的。个人的思维远远比不上多个人的思维碰撞出的火花,集结各个学校的老师有利于弥补本校教师资源有限的弱势。

2."我就是一个人"

  关于教研,Z 老师表示自己在 LB 小学作为唯一的专业英语教师,没有像其他学科教师能够共同参与的校内教研组活动,Z 老师参与教研一般要走出本学校。"去中心小学参加镇里的活动,然后要么就是参加区里的活动,要么就是区教研员会带着我一起。比如说,她会带我去参与某个老师比赛的磨课之类的。一般是没有校内的(其他老师),我就是一个人。"(Z-FT20230518)

  LB 小学作为一个村小,只有 Z 老师一位专业英语教师,这使得 Z 老师的专业生活"战斗"在多数时候都是"个人战",要去到 SS 中心小学或是其他城区学校进行教研学习。在 Z 老师看来,教研是自己要去参加的一个活动,也是一个任务,但并不是能随随便便应付的。每次教研 Z 老师都会认真听、认真记、认真反思。Z 老师由衷地认为,教研活动的意义就在于让自己学到东西,因此她总是认真对待教研活动。每周三下午是 Z 老师常规的教研活动,Z 老师在每周三吃完午饭后从 LB 小学开车前往举办教研活动的学校。研究者有幸跟随 Z 老师前往 SS 中心小学、ZG 第二小学等不同学校旁听学习。教研活动在 Z 老师眼中既是任务也是学习的机会,是需要认真对待并从中有所收获的体验。从 Z 老师的听课习惯中也可以反映出其学习态度。Z 老师的微信朋友圈中有着前往其他城市参与研讨的记录,Z 老师表示:"那是市里的研讨会,我当时是去听市里研讨会,结果我去得有点晚,我明明觉得我还挺早的,结果坐在后面。"Z老师总是会提前去往听课地点,她无法接受迟到,并且总是习惯于坐在靠前的座位。

3."一般的教研是校内教研"

校内教研是L老师专业生活的常规活动之一,一般是每周四在校内进行。研究者有幸在调研期间旁听了一次联合教研,校内一位新教师上八年级的物理新授课,一位城区老师为九年级带来一堂物理复习课,也是名师工作室的送教活动。

明天有县里面的工作室会送教过来。明天上午第二节跟第三节。八年级由另外一个新老师上,然后工作室会有城区的一个老师送教,上的是九年级的复习课……这一次相当于是县里面跟我们联合进行。平时一般的教研是校内教研,我们理化组轮流,轮到哪个老师上课就是哪个老师,然后所有的老师都去听,听完之后评课。(L-FT20230531)

名师工作室的送教活动使学校各位物理老师见识到优秀教师的上课风采,也在评课交流中互相切磋,虚心听取名师专家的指导意见,取长补短,丰富了乡村青年教师的专业生活。

(二)校内培训与校外培训

1."校内培训是老师学习这些东西最直接的一个方式"

培训有校内的培训。比如说我们这个设备的应用,设备配下来老师不会用,那一定要有培训。我觉得校内培训是老师学习这些东西最直接的一个方式,因为可以面对面,而且就算培训的时候有一些不懂的地方,培训结束之后交流马上就可以学会,可以马上得到练习。(L-FT20230605)

校内培训,尤其是校内老师给其他老师培训,具有低成本、效率高等优势。L老师以设备学习为例,认为校内培训可以让老师们直接面对面交流不懂之处,现学现用。

2."那次是我第一次走出去,以前都是在本校晃晃荡荡"

用他们的话来说我是比较乐意在群里帮助他们解答问题的,而且解答得很到位,所以电教室的领导发现了我。然后2016年开始,全县的电教检查就带着我去。那次是我第一次走出去,以前都是在本校晃晃荡荡,然后那一次就是走出去各个学校看。我能够看到其他学校电教方面的现状以及问

题,然后在检查的时候还要给他们指出问题。这样的话我自己也能得到改正。(L-FT20230531)

L老师主动向电教室领导请教不会的问题,并且能够在领导"点拨"后参悟一些其他问题。L老师在与负责人核实正确与否后,非常乐意在组建的电教群里帮助其他老师解答疑惑难题。得益于"不耻下问"的好学态度以及"举一反三"的高悟性,L老师受到领导赏识,获得"走出去"的机遇,不再仅仅是"在本校晃晃荡荡"。

3."去外面培训能够开阔视野"

第一次去省里面(南昌)培训,当时是参加电教管理人员的培训。那是我第一次去南昌。那一次培训也让我看到了去外面培训能够开阔视野。当时一起去的还有我们县里其他乡镇学校的老师,让我认识到了更多的同行,后面我们会保持联系,我也经常跟他们学习。(L-FT20230605)

表2-6　L老师参与培训汇总表

时间	培训主题内容	地点
2016年7月	"国培计划(2016)"初中物理骨干教师培训	江西南昌
2018年10月	XF县2018年初中物理、初中化学骨干教师(湖北)培训班	湖北武汉
2018年11月	全国教育装备展示会	江西南昌
2019年5月	全省教育技术装备管理信息化平台应用培训	江西井冈山教师培训中心
2019年6月	XF县教育技术装备管理信息化平台应用培训	江西XF县
2019年8月	2019年全省中小学图书馆骨干管理人员培训班	江西井冈山教师培训中心
2019年11月	2019年全省教育装备标准化建设培训班	江西井冈山教师培训中心
2020年7月	2020年赣州市"网络学习空间人人通"应用骨干培训班	江西XF县
2020年10月	"国培计划(2020)"赣州市中小学幼儿园信息技术县级专家团队研修培训项目	江西赣州
2020年11月	江西省中小学实验教学政策解读及业务培训班	江西抚州

续表2-6

时间	培训主题内容	地点
2020年12月	全市信息技术教学研讨培训会	江西赣州
2021年12月	江西省中小学教师智慧作业应用培训班	江西南昌
2022年7月	2022年赣州市"网络学习空间人人通名师网络工作室"应用骨干培训班	江西赣州
2022年9月	江西省中小学(幼儿园)教师心理健康教育辅导能力培训班	线上培训
2023年2月	"国培计划(2022)"江西省中小学幼儿园管理团队信息技术校本应用能力提升培训	江西南昌
2023年4月	2023年乡村优秀青年教师教育装备应用技能提升研修活动	江西南昌
2023年5月	"国培计划(2022)"江西省乡村中小学幼儿园教师培训师(兼职)研修班	江西南昌

L老师第一次前往省会参加省里的电教管理人员培训，认识到去外面培训能够接触到更多学习资源，包括更广阔的平台供给以及更多的同行交流，以此开阔视野。此外，还有与武汉市的对接，县里派人去往武汉学习，相当于帮扶XF县的教育和医疗。L老师认为，武汉的学校教育理念领先，对其有很大的促进作用。"当时我们去培训的时候看他们的校园文化建设、校园学生的管理，以及听他们的教学课还有教研。其实我觉得更主要的(帮助)是使我们的思维打开。"(L-FT20230605)长期在乡村，如果不抓住机会拓宽视野，难免会局限在当下所持有的认知里，导致实践也缺乏创新性。而视野的拓宽、领先教育理念的熏陶与感染，有利于促进乡村青年教师思维的转变与发散，一定意义上指导着其专业生活的创新发展。

三、跨越于学科之间

以往的教师专业学习一般局限于自身所学所教学科，但当今时代发展迅速，学生核心素养的培养目标也给教师提出了更高的要求。乡村优秀青年教师的学习不仅在单一的学科领域中发生与进行，不同的学科学习空间也是乡村优秀青年教师过有意义专业生活的空间。Z老师与L老师积极地跨越于学科之间探索专业生活的更多可能。

(一)思维的碰撞与融合

1."我去请教语文老师"

　　我那次参加比赛犯了一个"老套"的错误,然后就被别人PK下来了。当时我就认识到自己存在没有与时俱进的问题,专业素养不足。所以后面我自主自发研究了这个课型,并且录制了一个课例。我去请教语文老师,请教我姐:"你们语文的这个阅读课是怎么上的?"……我会去问语文老师,向他们请教像这种课他们会怎么上,会用哪些问题来引导。(Z-FT20230508)

　　在比赛失利后,Z老师既受到打击,也觉察到自身不足,反思后向语文教师们寻求帮助以获得启发。同样是阅读课,在语文学科与英语学科中会有不同也会有共通之处。于是Z老师向ZY老师请教语文的阅读课如何进行教学。在学习了语文阅读课的"套路"后,她再结合细节处理从英语学科角度进行摸索。"经过她的帮助,好像效果还不错。我记得那篇课文是讲机器人和蚂蚁的,是全国的一个入围课例,相当于三等奖,是一个电教活动。"(ZY-FT20230517)在将英语阅读课与语文阅读课结合思考探索后,Z老师琢磨的课例在电教活动中取得了成果。正是英语学科与语文学科阅读教学方面的融合,英语老师与语文老师之间思维的碰撞,让Z老师的尝试性探索取得了成功。

2."我从他们身上学到了很多东西"

　　2018年时我因为参加电教的比赛组建了一个团队。当时组建团队的时候我并不知道参与的人有哪些,过了大概一个星期,我才知道里面有正高级教师,还有省学科带头人,当时还有几个省骨干、市骨干,我从他们身上学到了很多东西。这里面的老师有各个学段的,高中、初中、小学,甚至幼儿园都有。然后学科跨了语文、数学、英语、物理、化学等。通过这个团队群进行交流,我学到了很多,包括班级管理,以及专业方面的。(L-FT20230607)

　　因参加电教比赛的机缘,L老师组建了团队,团队中涵盖各级职称、各个学段、各个学科的教师,通过团队交流,在一定程度上实现了跨学段、跨学科的教师交流。借助团队群交流实现思维的碰撞与融合,老师能够学到很多本学科中缺乏的东西。

3."我们确实要跨学科"

可能性来源于不断"试误"过程中思维的交流,碰撞与融合在其中发生。"我觉得人跟人有思维的交流才有碰撞,才有更多的可能性。所以我也会想:历史跟物理有什么关联?好像很难相互联系上。倒还别说,我们上次的历史考试题目真的有物理相关的,有'做功'。虽然我不太懂,但是我觉得这也是从另一方面要求我们确实要跨学科。上次遇到这个问题后,我就问他们物理老师这是什么意思,所以会有相互交流。"(WXJ-FT20230612)WXJ 老师认为思维定式是不可取的,WXJ 老师与 L 老师等物理老师的相互交流,也说明了"跨学科"的必要性与重要性。

由此可见,乡村青年教师的专业生活不仅发生于本学科范围内,跨越学科与学科,是突破思维定式的尝试,也是当前趋势所向。在交流过程中可能促使乡村优秀教师产生更多奇妙想法,激发其进行更多创造性的尝试,从而形成更多创新成果以丰富其专业生活的意义程度。

(二)技术的联结与贯通

ZYK 校长认为 Z 老师对于新技术的敏感度非常高,在其他人不以为意时,Z 老师能够积极学习并将新技术用在自身专业教学中。"那个信息化一出来的时候,她立马就意识到了这个重要性。当时很多人还拘泥于原来的习惯,不管是希沃白板也好,还是教学通 2.0 也好,都不习惯用,还是习惯拿本书或者下载一个课件,但是没有想到可以自己去做……Z 老师的这个敏感度就很高,她很快就抓住了核心的东西,促进了自己的教学,提高了效率。"(ZYK-FT20230522)在谈及学科融合时,ZYK 校长提到英语学科更多的是与信息技术的融合。Z 老师对前沿的一些科技也非常敏感,不仅仅是玩一些"花招",更是借助技术将其实实在在转化成了提高教学质量、获得教学成果的手段。

L 老师作为物理教师,对于信息技术的使用以及指导方面也颇有心得,得到许多老师的赞扬与感激。"虽然跟他不同学科,但是我们有任何网络上的问题,还有其他一些技术上的问题,包括我们一些竞赛类的问题,他都会帮我们指导。因为这涉及很多网络资源和应用。"(WXJ-FT20230612)

如果说学科之间可能存在壁垒,那么信息技术就是打破壁垒形成联结的重要工具之一。英语学科与信息技术、物理学科与信息技术形成奇妙的联结,在教育教学过程以及教育教学成效中得到彰显。此外,尽管 Z 老师和 L 老师与其他教师可能不属于同一学科,但能够将信息技术的应用与专业敏感的理念分享给更多其他教师,信息技术使学生与教师、教师与教师联结起来,并且使技术贯通于不同学科的教育教学、交流共享等专业生活中。

(三)素养的关注与学习

1. 关注教师素养与细节

在 LB 小学的"初心杯"教师集体备课活动中,Z 老师会作为点评老师进行评课,尽管和其他教师不属于相同学科专业,但是教师应当具备的素养有共通之处。

我觉得其实她通常指导我们的时候,都是说专业上的自己不太懂,她也不会去说,她主要是从教师的表现、教师的素养方面去说。比如说举手投足间的一些动作,她说如果不太自然,我们就要对着镜子练习。其实我觉得她更多关注我们课堂细节方面的东西。(LFP-FT20230419)

Z 老师也会在试讲中对其他教师提出一些小建议,对于手势使用、站姿站位等教态方面,以及语速、音量等语言方面的细节,Z 老师总是能够敏锐地捕捉到,并且及时提醒其他教师。"之前我无生试讲的时候,她其实会教我应该做什么手势,会达到什么效果……我觉得她虽然没有办法从我们语文专业的角度去教,但是她能够从教态、语言等等其他方面给我们建议。"(ZY/XF-FT20230517)这些敏锐感知、真诚建议得益于 Z 老师平时较多观看优秀示范课、自身多次练习与揣摩,从中积累经验形成自身的专业敏感并拓展迁移至其他教师的专业生活中。

2. 拓宽学生知识与眼界

Z 老师的英语课堂上不仅有英语学科的学习,在同学们印象深刻的课堂中保留有 Z 老师给大家讲述地理知识、西方文化等内容。"讲西方文化试卷的时候,我们有很多都不知道,那一节课就上了很多关于地理的内容,Z 老师说她差不多把她学到的知识都给我们讲了。"(XS-FT20230522)地理是在初中学段才有的学科,但其实生活中已有相关内容涉及,当出现在英语试卷中时,Z 老师将其作为一个拓展内容展示给了同学们,引起了同学浓厚的兴趣并留下了深刻印象。尽管并非本专业学科,也非此学段的内容,但是 Z 老师并没有将其忽略,而是尽己所能与同学们分享了英语学科教学之外的丰富内容。

像我们作为老师，不仅仅要会书本上的东西，还要关注本学科甚至跨学科的动态。比如说我们物理这个学科，国内国际上有很多新的研究，就像近几年我们国家在军事方面出现了比较大的突破，而这些也是物理学上的重大突破。所以不管是在考试还是在平时教学中，我都会总结、梳理所看到的这些讲给学生听。其中有一些在初中阶段能够理解的物理知识，我会给他们分析一下，也相当于是引导学生要关注科学界的动态。(L-FT20230607)

L老师认为，教师的眼界绝不能仅停留在书本上，也不能只停留在本学科领域，要拓宽学生的眼界，这就要求作为教师的自身将目光也放置于本学科之外的空间。跳出书本，跨越于学科之间，找到学科之间的关联与融合以开阔视野，从而引导学生更广泛地学习，这是作为乡村优秀青年教师所注重追求的。

四、钻研于网络空间

在丹尼·卡瓦拉罗的观点中，"空间并不是人类活动发生于其中的某种固定的背景，因为它并非先于那占据空间的个体及其运动而存在，却实际上为它们所建构"①。由此，乡村优秀青年教师作为能动的个体，不仅生活于空间之中，还能够创造空间。Z老师和L老师善于借助网络建立交流群、开展线上会议以及建立教师教研共同体，这些群组打破了传统时空的限制，从一定意义上来说是Z老师和L老师与其他教师共同创造的学习空间，有利于丰富教师专业生活。

(一)线上学习："这其实是一个很好的学习机会"

包括我昨天开那个线上会议，其实我觉得也是我的学习，我觉得还是挺有用的。我跟上课很厉害的两位老师一起沟通交流我们要上的一个展示课……跟优秀的人一起能学到更多东西。所以这种虽然说是额外的任务，但我从来不会觉得它是一个负担，我会觉得这其实是一个很好的学习机会。其实在这个过程中，我学到很多那些老师很好的想法。(Z-FT20230508)

---

① 丹尼·卡瓦拉罗.文化理论关键词[M].张卫东,张生,赵顺宏,译.南京:江苏人民出版社,2006:187.

教研是 Z 老师的学习内容之一,线上会议也被 Z 老师视作一个学习机会,尤其和优秀的人一起学习,会有许多不同想法的交流与碰撞。所以尽管是额外的任务,但是 Z 老师并未将其视为负担。在与其他老师交流与思考的过程中,Z 老师一边记录一边反思,发现每个老师的教学设计侧重点与倾向性不一,那么此时可以结合各位老师的优势去进行学习和改善自身不足,Z 老师表示"这是一个很棒的机会"。

(二)答疑解惑:"就像一个客服一样"

他说:"我们省馆还组建了十多个群,能不能麻烦你到我们其他群一起去指导?"我说可以啊,我说我有时间我都会回答。然后他就把我拉到了几乎所有的群里。然后进了群之后也是一样,每个群提了问题,我都会去解答。那个时候我记得最多的时候是加了 14 个群。在群里面,用他们的话来说我就像一个客服一样,不停地回答,而且基本上都能解决老师提出的问题。(L-FT20230531)

L 老师在电教交流群里一直热心回复老师们提出的问题,并且回复准确、指正到位,基于此得到省电教馆技术部主任的注意,并且受邀到其他群里进行指导。L 老师进入各个群后由于一如既往热心、准确地回复而被其他老师形容为"客服",热心、耐心、细心且周到,帮助其他教师解决了问题,在启迪他人的过程中也使自己增长了知识与才干,获得了领导的赏识。

(三)网络教研:"建立跨区域的教师共同体"

我觉得老师可以通过网络教研,包括通过钉钉或者微信群来建立跨区域的教师共同体。我们可以认识不同的、比我们优秀的,或者在各个方面值得我们学习的老师,可以进行互补、互相学习。(L-FT20230607)

L 老师经常通过网络教研的形式学习,从 2018 年开始比较热衷于组建团队。据 L 老师分享,网络教研团队中的老师们来自全省各个地方,有赣州的、抚州的,还有宜春的、九江的,有城区的,也有乡村的。L 老师往往就自己遇到问题困惑向各位老师请教,各位老师都会不遗余力地为 L 老师答疑解惑。由此可见,网络研修借助网络开展教研工作,有利于弥补传统教研模式的不足,能够拓宽不同地域、不同学段、不同学科教师间交流的渠道,使城乡学校教师都平等地获取教育资源以及进行交流和对话。

热衷于组建团队的 L 老师从跨区域的教师交流群中弥补校内由于同频

教师较少而导致的交流不足。在网络空间的教师共同体中进行深入交流与补充学习,突破传统时空的限制,能够低成本、高效率实现跨区域、跨学段、跨学科的专业交往活动,有利于弥补校内教研的不足,结交更多志同道合的教师伙伴。老师们在网络空间中与同行教师交流教育教学以及生活中遇到的问题,并且相互分享经验,丰富专业生活内容与形式。

Z老师和L老师充分利用便捷发达的网络创造了属于教师团队的学习交流空间,可能是一次线上会议,可能是一个微信群,这都被两位老师视为学习交流的机会。这有利于实现教师团队成员之间的互动与经验共享,教师们借助所创造的网络空间追求自身专业生活的进一步完善与充实。

第三节 乡村优秀青年教师专业生活的关系联结

"人的本质不是单个人所固有的抽象物,在其现实性上,它是一切社会关系的总和"①。人的关系包括人与自然的关系、人与社会的关系、人与他人的关系以及人与自我的关系等。Z老师与L老师作为关系性的存在,其专业生活发生于人际网络中,关联着多方主体和多种情境。本节基于具体故事情境,根据Z老师与L老师交往的主要对象展现其专业生活中的关系联结故事,主要涵盖与学生的相处故事、与同伴的交流故事、与学生家长的沟通故事、与家人共处的故事,以及与自我和解的故事。

一、学生:相长与共处

(一)教育与指导,胜似亲人

在教师的职业角色之外,Z老师对于学生而言还充当着"姐姐"的角色。"有时候其实感觉我带他们,给他们上课,就像一个姐姐在带着他们一样。"(Z-FT20230420)当学生毕业升学时,分别的场景令Z老师感到不舍。

他们一批批毕业了,我感觉自己带的弟弟妹妹一下就长大了。包括现在的六年级,估计等他们毕业我也舍不得。去年那一届毕业的时候,他们就

---

① 马克思,恩格斯.马克思恩格斯选集:第1卷[M].北京:人民出版社,1995:56.

写请假条——"因毕业特向您请假",然后还让我们老师签名。(Z-FT20230518)

L老师也表露,初为人师迎来初三学生毕业离开的分别场景,心里感到十分难过,但是随着教龄变长,L老师逐渐学会自我调节,将不舍转换成动力,接力教育指导下一届学生。

时间长了呢,看着学生上了高中再上大学,其实就像看到自己的孩子不停地、慢慢地成长一样。虽然有不舍,但是这个鸟大了肯定是要飞的,不可能一直在保护之下。所以看着我们对学生成长的积极的影响,我觉得这是我的动力之一。(L-FT20230612)

回忆自己16年来与学生相处的情景,L老师表示自己对学生的态度和感情一如既往保持活力以及热情。"我始终是把自己当作刚出来的老师去跟他们交往。然后很多学生私下都叫我'哥',这是一个亲切的称呼。他们会问我问题,不管是学习上的还是生活上的问题,包括成长中一些选择我也会给他们建议。"(L-FT20230605)在学生眼中,L老师既是威严不失风趣的教师,也是能够亲近的兄长,在遇到学业上的困难时会及时请教,在遇到人生的重大抉择时也会请L老师给予意见。

乡村寄宿制学校留守儿童居多,家庭教育与关爱在一定程度上有所缺失,因此学生会在老师身上寻找替代性的爱。而Z老师与L老师也能够感受到并且尽力回馈给予学生缺失的情感体验,他们将学生视作弟弟妹妹或是自己的孩子,有时充当着姐姐或哥哥等亲人角色。

(二)分享与交流,亦师亦友

与三年级小朋友"告状"居多的分享不同,六年级孩子更加成熟,他们更愿意和Z老师像朋友一样分享与交流,Z老师也乐于与大家分享一些故事,寻找和创造自然的教育契机。六年级学生表示Z老师下课会和大家交流,大家会像朋友一样聊天。学生们向Z老师分享周末做些什么,Z老师向学生们分享自己女儿写名字的故事:"记得她说她女儿会写自己的名字,就是想鼓励我们要像她女儿一样。因为她女儿名字中有一个字是司马懿的'懿',很难写。我们都不会写,但她自己就写出来了!然后她爸爸教她写,她不要,她就要自己写,有一种坚持不懈的精神。"(XS-FT20230518)

六年级的孩子随着身心逐渐发展更加有自主、独特的想法,与Z老师的相处过程中倾向于相互分享。Z老师关注到学生的变化,不仅倾听学生的分享,也乐意与学生分享自己的故事、自己家庭生活中的小故事,期望从中给学生带来些许启示意义。

从"坐在讲台下"转变为"站在讲台上"的角色,L老师心情激动,也感受到学生的新奇感——由于以往师生年龄差距较大,而L老师与学生们年龄差较小,这使得学生们感觉在接受同龄人的教育,因此有一种新奇感。刚成为正式教师的L老师为树立教师威信,特意伪装成熟。"刚开始可能会装出一副比较老成的样子,不能让学生觉得我'好欺负'。我表面上很严肃,内心其实是在笑。但是相处时间长了,学生跟我熟悉了之后很尊敬我,我们在课余的时候像朋友一样无话不谈。"(L-FT20230605)随着与学生相处时间增长,也由于受魏书生教育观点影响,L老师与学生保持着亦师亦友的关系。

(三)创新与拓展,教而有方

1. 一个"思维导图"

Z老师的课堂不是仅仅停留在课本上,而是善于创设主题情境,借助思维导图帮助学生进行拓展。Z老师的创新尝试是有目共睹的,不少老师对其教学方式印象深刻。"我们上课都是讲完课本上的知识就算了,她上课一定会整一个思维导图,她是(我们学校)最早做这个思维导图的。她很喜欢把学过的知识整理成一个思维导图,然后有一些没有学过的,她也会尽量去引导学生说出来。"(ZT-FT20230428)

Z老师创设的派对情境是拓展学生思维的实例之一,不同于课本中仅有的派对中的场景内容,Z老师将派对场景分为派对前的准备工作、派对中的活动,以及派对后的整理与反思。在派对前,学生可以先打扫教室,准备一些零食,买一些气球装扮教室,以及准备好道具,排练好节目。派对后还需要打扫卫生,整理总结,然后反思此次派对计划与实施的不足之处。Z老师带领学生一起学习与反思,搭建了一个比较完整的主题框架,在主题情境中培养学生的整体思维。在ZT老师看来,完整的体系对于很多学生来说其实是有难度的,打扫、买东西等准备工作看似很普通,但是学生自己很难想到,而Z老师能够引导学生,她的学生就能想到。善于引导学生,在主题情境中培养以及拓展学生的思维,是Z老师课堂的特色。实际效果也表明学生能够在引导中发散思维,这让ZT老师印象深刻,也令ZT老师对比自身的教学方式与侧重点,"她很擅长用这种方式去发散学生的思维。我就没有,我做不到,我比较倾向走基础"。

2.一堂"故事表演课"

当研究者问及学生关于Z老师的上课内容与形式,六年级同学们还分享了一些印象深刻的方式,其中也提到故事表演:"Z老师会让我们每个小组分一个角色,然后去前面演故事,演得好的可以加分。"(XS-FT20230519)

在Z老师三年级的英语课堂中,研究者有幸体验到一节故事表演课的热烈氛围,感受到了Z老师的课堂魅力。Z老师引导同学们加上动作和表情,夸张地将大熊Zoom和小松鼠Zip的情绪、神态以及动作表演出来。

师:好,现在它们开始摘苹果比赛了啊!首先看到,Zoom来到一棵树下,因为Zoom怎么样?它可以?它摘的是哪里的苹果?

生:树上的!

师:×××!(点名)

×××:树上的。

师:为什么它能摘树上的水果?

×××:因为它想吃。

师:因为它想吃,而且因为你看Zoom和Zip它们的个子比较起来?

生:Zoom更高!(齐答)

师:对,Zoom长得更高,所以它可以摘更高的。那小Zip可以吗?

生:不能!

生:它可以爬树!

生:它可以摘低一点的!

师:所以你们觉得小Zip能不能摘树上的苹果?

生:可以!

生:不可以!

师:认为可以的同学你们的理由是什么呢?××!

××:松鼠它会爬树!

师:对,松鼠它是会爬树的,虽然它个子小,但它会爬树,所以它也能爬到树上去摘苹果。Yes or No?

生:Yes!

师：所以别小看个子小的啊，有些个子小的说不定爬树还更厉害！但是Zoom能不能爬树？

生：不能！

师：熊不能爬树，因为它太——

生：太重了！

师：Right！但它个子高，它可以伸手去够树上的苹果。好，我们来看看它数了多少个苹果！准备！小Zip先数。1,2,ready go！

生：1,2,3,4……

师：注意小Zip的动作啊！它是怎么样？它是捡地上苹果！来，准备！

师生：1,2,3,4……（师生一边数，一边加上捡苹果的动作）

师：接下来是Zoom，它的一只手抱着它的苹果！来，准备！

生：5,6,7,8,9……

师：咦，这苹果怎么掉下来了？

生：因为装不下了！

师：因为它的手臂能抱到的只有多少个？

生：三个。

师：那这样你猜猜最后它只有多少个苹果？

生：三个！

Z老师一边帮助同学们梳理故事情节，一边帮助同学们识别故事人物的体型特征、情绪情感、动作神态等，力求将故事完整、有逻辑并且丰满地呈现给学生，也为接下来学生的故事表演做好了铺垫。Z老师扮演起了故事人物之一——Zoom，邀请一学生来配合扮演另一故事人物，一方面给同学们做了示范，另一方面在表演片段的过程中提醒同学们注意一些细节，比如当Zip在捡Zoom掉落的苹果时，Zoom并没有发现。Z老师还进行了拓展，请同学们帮忙给输掉摘苹果比赛的Zoom提建议，以弥补错误重新赢得比赛，引导学生学会解决问题。

师：那针对Zoom犯的这个错误，你有什么好的建议呢？如何做它才能不会只得到三个苹果？怎样来帮助它赢得比赛？

生：老师，我来！

师：×××！

×××:拿个篮子!

师:噢,你会给它提个建议,像 Zip 一样拿个篮子,那摘了苹果就放进——

生:篮子里!

师:那这样它会不会掉了?

生:不会。

师:OK! Good! 还有吗? ×××!

×××:拿一个大脸盆来装。

师:为什么你会想到让它拿一个大脸盆来装?(重读"大")

×××:因为可以装更多。

师:和 Zoom 的身材有没有什么相关?其实你们想一想,Zoom 和 Zip 如果按身高、体型大小优势,你们觉得谁应该会是摘苹果摘得更多的?

生:Zoom!

师:对,因为 Zoom 个子高、力气大,它可以一下摘很多对不对?那小 Zip 因为个子小、力气小,可能它摘得没有那么多,那它这次为什么能赢呢?

生:因为它捡了 Zoom 掉落下来的苹果。

师:噢,因为它捡了 Zoom 掉落下来的苹果,所以它赢了。按常理来说应该是 Zoom 要赢得这场比赛的,结果却是 Zip 赢了,那这个故事告诉我们什么道理呢?

生:不能粗心大意。

师:对,不能粗心大意,当你发现自己的问题的时候你可以怎么样?

生:改正!

师:对,改正,及时弥补,还记得我们学过的一个成语吗?

生:亡羊补牢!

师:亡羊补牢,为时未晚。如果 Zoom 前面就发现苹果在掉,你猜猜它会怎么做?

生:捡起来。

生:拿个篮子。

师:对,把它们捡起来,并且还会想办法像 Zip 一样拿个篮子来装它的苹果。那它会不会输了?

生：不会。

师：好，你们都是善于提建议的好帮手！（Z-GC20230523）

在课前朗读中被表扬的学生十分积极，一直高举着手，喊着："老师，我来！"其他同学也十分踊跃，想要表达自己的看法。在学生回答的时候，Z老师都予以肯定，并试图追问，引导学生继续深入思考。三年级学生回答问题通常比较简短，几乎是短语和词，Z老师有意识地帮助学生将回答补充为完整的一句话，理清楚前后逻辑，然后再重复一遍。这不仅有利于全班同学理解，而且能够帮助学生学会连贯地表达自己的观点。Z老师还引导同学们思考这个故事告诉大家什么道理，融入了语文学科中的成语"亡羊补牢，为时未晚"，同时也渗透了德育，教育大家知错并及时改正。

3. 一个"鸡蛋撞地球"实验

"高空掷蛋"的实验也被L老师称为"鸡蛋撞地球"。受师范学习时期的物理老师影响，L老师将自己师范生学习时期学过的这个实验改进后用在初中物理教学中，这令学生们感到新奇，对此兴趣浓厚。

我原来基本上每一年都会做一个实验，叫"高空掷蛋"。一个鸡蛋，学生自己想办法把这个鸡蛋保护好，不管用什么材料，给它做好保护措施。然后从三楼走廊上水平放下去，哪个组的鸡蛋到了地面不会破碎，并且它的装置重量也更轻，这个组就赢了。要体积、质量小，然后又能起到保护作用。材料、方法设计就由学生自行选择。（L-FT20230530）

学生的设计各种各样，有的使用统一发放的手工材料包制作鸡蛋保护装置，还有用海绵、棉花等材料来达到减震效果的。L老师回忆，当时班上分了九个组，刚开始的期待是能有一两个组成功。为此L老师特地买了三盒鸡蛋，每个组首先发了3个鸡蛋来进行试验，做好尝试。后面正式比赛时L老师又买了一盒鸡蛋作为备用。最后九个组当中有五个组设计的巧妙保护装置成功保护了鸡蛋，这让L老师深深感受到学生们的创造力。为丰富学习教研形式，之后"鸡蛋撞地球"的实验也由班上的活动升级成为学校物理教研活动。

当时在教研组搞了一次这样的活动，每个班选两个组来做这个实验，效果很好，学生很感兴趣……最后让学生来分析：失败的哪些地方可以改进？鸡蛋它为什么会碎？哪些方面没做到位？然后成功的小组也思考能不能再

优化,让它的体积、重量再次减小。(L-FT20230530)

日常中能够找到材料进行的物理实验操作增强了学生对物理的兴趣,不管是学生们的动手实践能力,还是理论知识储备,都有一定程度的提升。正如 L 老师所说:"仅仅学习理论但不动手尝试终归是不够的。"实验过程中的学生从观察者转变为实际操作者,教师则作为辅助指导者,学生在实验中收获乐趣,学习到实验原理,即"寓教于乐"。教师在实验结束后不忘引导点拨学生进行分析以及反思改进,此过程对于师生而言都是印象深刻的记忆。

(四)奖励与惩罚,评而有法

前面我一直只表扬获胜组,但没有惩罚。但是我发现这到高年级慢慢就不管用了,所以我又反思要再更换。因此后面有奖励,也有惩罚。综合所有人的表现,表现好的可以加分,但表现差的,比如说上课不认真听讲就对应扣多少分,还有作业没完成对应的扣多少分……然后衍生出了我的一个秘密武器——免罚。免罚神器是他们最想要的东西。当他们有免罚神器的时候就可以用来免那个惩罚,所以他们很喜欢,很期待。然后慢慢一步一步到现在,等于更新了自己对他们的评价方式。(Z-FT20230522)

教师对学生的评价是教师专业生活中不可或缺的内容,教师恰当的评价能够给学生带来激励、指向、调节等正向作用。Z 老师对学生的评价方法一直在对应变化改进。从最开始的手画小红旗,到后面的写数字算分,再到如今借用"班级优化大师";从先前只有表扬,到如今奖惩结合,以及慢慢衍生出"免罚神器"。对于高年级小学生而言,仅有表扬却没有惩罚不足以约束规范他们的言行。"奖""惩"结合以及"免罚神器"的出现,调动了高年级学生的积极性,使其在课堂上更加配合、更加活跃。由此,合理利用奖惩、更新评价方法、恰当评价学生有利于提高课堂实效。

根据 L 老师的管理经验,要让学生"动"起来是要有奖励的,因此在其班级管理细则中,小组积分与奖励相关联。"当时我想了个办法,买了很多中学生感兴趣的科学探索类读物。因为那个时候学校的图书室没有真正利用起来,里面甚至有一些比我还老的书!学生一点兴趣也没有。然后我就买了一些书。每个星期积分排前两名的小组都可以过来我这里借书。每个组是 6 到 8 个组员,每个组员都可以来借书。"(L-FT20230531)

对于初中高年级学生而言,奖励是能够起激励引导作用的。但是,纯粹的物质性奖励不如情感性的奖励有吸引力,并且精神性的奖励意义远大于物质奖励。由此L老师决定采用奖励借阅书籍机会的方式激励学生。在L老师的观点中,学生愿不愿意看书可能不是最重要的,他们会觉得有借书看书的权利也是一种荣耀,至少相比其他同学具有选择权。并且学期结束时总积分最高的9个人可以直接奖励一本书,此时书籍"借阅权"升级为了书籍"所有权"。此外,L老师还把相机给半个学期里积分最高的小组录像拍照,并将学生自己拍摄的相片、录像做成视频,借助刻录机器和光盘刻出奖励给每个组员。新颖的奖励方式带给学生独特的感受,也给师生彼此留下了特别的美好记忆。

二、同伴:互助与成长

(一)作为共建者:和身边同事分享分担

我觉得她是一个很有大局意识的人。比如说我们在一个活动当中,不管这个活动是不是她负责,她都会去主动承担。上次一个书画的活动,那次跟外面老师对接的是我,然后那个时候她问我有没有规划学生参观书画的路线,我说没有,她就马上去承担起了这样的组织职责。(LFP-FT20230419)

因为我们办公室其实还有其他老师在帮忙,有时候我在忙的时候,他们会分担更多一些。比如说有一些事情,可能那个时候本来应该是我做的,但是校长他会考虑到我那个时候在准备比赛,或者准备上课之类的,他就会安排给别的老师分担。(Z-FT20230420)

Z老师在LB小学感受到强烈的归属感,各位老师都是学校这个大家庭的共同建设者。无论是Z老师出于大局意识帮助LFP老师规划参观路线、组织参观活动,还是其他老师在Z老师有比赛时进行任务分担,都体现出各位教师互相帮助,共同分担,为学校发展贡献自己的一份绵薄之力。

在其他教师有需要时,L老师总是耐心地指导、无私地帮助,尽量发挥自己在学校中的作用。"我们所有老师在业务等方面需要寻求他的帮助时,他都会无私地、很爽快地答应我们这些老师。特别是关于职称评定,有很多老师不懂,尤其是年纪更大一点的老师,他都尽力去帮助。我也看到很多老师时不时会来找一下他,他都没有不耐烦或者是很烦躁,都是很耐心地去跟这些老师说怎么做,或者是有时候帮他们做好。"(WJ-FT20230615)

教师之间互相交流分享管理班级经验是一件有趣的事情,在这个过程中能够有些许不一样的体会与收获。"我们也会互相聊,聊带班啊,因为他之前也当班主任,我也当班主任,所以经常会聊一聊班上的一些有趣的事情,包括班上一些比较调皮的学生,互相交流一下挺有意思的。"(NJ-FT20230615)

L老师与身边同事是共建者的关系,对于力所能及之处,L老师总是尽力给予同事帮助,希望学校教师队伍能够向好发展。互相的交流与分享是输出的过程,也是输入经验启示的过程。

(二)作为引领者:带后辈教师共同成长

我第一次参加的是农村优质课竞赛,那个是农村片区的……那个时候也是她帮我改了一下,给了一些意见。那次也还不错,得了第一名。然后这一次也是,多亏了她帮我。(ZT-FT20230428)

对于暂时处于上升期的年轻教师,Z老师希望能够在学习他们身上亮点的同时,也给他们一些改进建议以助力其成长。"对于像ZT这种可能还处于上升期的一些老师,可能会想要给他们更多的好建议。当然也会学习他们的亮点。如果我觉得他们可能有哪些地方可以改进的话,我更多地会希望给他们一些建议,帮助他们更好地成长。"(Z-FT20230508)

无论是在年轻教师的教育教学方面,还是其专业成长方面,Z老师站位于管理者的层面希望学校的老师能有机会去面向更大的平台,并且Z老师总是尽力尝试去与领导提建议,争取并创造帮助教师们提升的机会。因而在年轻教师眼中,她是一个会去为老师着想的领导者,引领着学校年轻教师们成长。

L老师认为自己能够从新进年轻教师身上看到自己当初的影子,他们在活力方面能够给自己带来积极影响,使其重新找到向前奋斗的动力。

我想我既然参加过,那我就可以带他们,至少他们会做县级课题,以后就可以再往上做市级课题,然后再往上做省级课题。所以我觉得自己应该尽最大的努力去帮助我身边的一些老师同事,让他们能够走向这个教研或者信息化之路。(L-FT20230531)

作为有较多经历的乡村优秀青年教师,L老师尽力发挥自身榜样示范作用,给予年轻后辈教师们指导,解答老师们的疑惑,希望带领着这些年轻教师深入教研,走上信息化之路。

(三)作为同行者:与不同教师交流共享

Z老师为自己所遇到的老师们、所交流的圈子感到庆幸和满意:

(我)通过之前去比赛、上课等各种形式认识了很多来自其他不同学校的老师。很多时候我们一起出去出差学习,一起沟通、交流,都还是蛮顺畅的,还挺好的。(Z-FT20230515)

4月底当时在南昌举行全国教育装备会的时候,教育部和中国教师基金会一起组织了我们邻近4个省200多名入选的乡村优秀青年教师参观全国教育装备,然后也进行了论坛讲座交流等。然后其实我们也有交流群,大家可以互相了解一些跟乡村教师有关的文件政策。(L-FT20230613)

在专业成长道路上,会遇到各色各样的教师,教师们来自五湖四海,来自不同学校、不同学段、不同学科,每个人具有不同的思维方式,有不同的优势,因此专业交往具有广博性。积极顺畅的专业交往有利于乡村青年教师结交同行伙伴,在交流共享中向着更远的前方迈进。"独学而无友",寻找志同道合的伙伴一起前行才能走得更远。

三、家长:磨合与共育

(一)无助与困难:"也会碰到比较'刺'的家长"

对于刚成为正式乡村青年教师的Z老师而言,由于自身经验的缺乏,面对咄咄逼人的家长,她无法做出及时正确的应对。"我很无助的一次是在第一年。有个小朋友和另一个小朋友打架,这是我刚去上班的第一个月,我很慌。家长直接找过来了,说小孩怎么在学校被打了,然后就跟我联系。当时我也不知道怎么处理,那我就跟另一个家长联系,我说明天早上我们一起来协商一下。结果来了就咄咄逼人。"(Z-FT20230417)这给Z老师带来了无助与慌乱的情感体验,她不知道怎么面对,这种体验是其专业生活中的拦路虎之一。

在LB小学这一乡村学校工作多年,Z老师认为乡村老师和城区老师工作还是有些区别的,这体现在城乡家长对于教师工作的配合度上。她说:"在城区,老师请家长配合,他们的配合程度非常高,在乡村可能就没有。在乡村,第一个是因为可能要谋生计,有一个环境的因素,然后还有一个就是

（家长的）文化程度。这些因素导致乡村家长没有办法很好配合。虽然说慢慢地他们的意识变强了，但是做不到像城区家长那样。所以应该说乡村家长给不了这么多的支持和配合。"(Z-FT20230417)受限于生计忙碌以及文化认知水平有限，乡村学生家长能够给予的支持与配合有限。此外，英语学科专业性要求对于他们而言，纵使"有心"也可能"无力"。因此，Z老师需要花更多的时间和精力争取在校帮助学生解决疑难困惑。

在这里处理事情的时候，也会碰到比较"刺"的家长，L老师在这方面还是比较理智的。一般我觉得有"吊儿郎当"的学生必然有"吊儿郎当"的家长。但是这方面，我看到他好几次处理都还是非常得体的。平时跟家长沟通交流方式比较恰当，效果比较明显。(WQ-FT20230614)

政教处被学校各位老师笑称是处理"吊儿郎当"的学生犯事的场所，对于在政教处任职的L老师而言，除去上课的时间，他不是在处理事情，就是在处理事情的路上。他每天都要处理大大小小的摩擦与矛盾。学校的政教处除了是老师的办公室，也是学生和家长常常光顾的地方，有时还会迎来协调处理并做记录的派出所工作人员。正如WQ老师所言，有时也会遇到比较"刺"的家长，这在一定程度上给教师工作带来难度。但是得益于班主任工作经验丰富，L老师都能较好地与家长沟通并协调处理。

（二）尊重与认可："很多家长能感受到你教得好"

我能感到的就是很多家长能感受到你教得好，那家长见到你就会跟你说。有个家长见到我就会说："Z老师，那个时候小学把我女儿的英语教得很好，现在在初中都考得很好。"他反馈说那个时候我教得很好。包括还有一些家长也会说，听说我英语教得很好，很负责任。(Z-FT20230412)

乡村学生家长对于教师"教得好"的直观认识就在于成绩的提升。有家长反馈孩子升学后在初中英语学科也学得很好，Z老师的教学成效受到乡村学生家长好评。其实这得益于Z老师为孩子的英语奠基做出了努力，没有让英语学科成为乡村孩子拖后腿的学科。有家长在自家大孩子小学毕业后还希望Z老师也教教自己的其他孩子，质朴的愿望流露出家长对Z老师的认可。这也表明，乡村学生家长其实也能体会到老师对孩子的关心与负责。

"生于WL，长于WL"的L老师与部分学生家长还有一层"同乡人"的身份关系，与学生家长比较熟悉，见面机会也较多，在散步以及回家路上都会遇到学生家长,会和家长聊学生情况。并且 L 老师在与家长沟通以及给予建议时会辩证对待,根据家长不同性格给出相应建议。"我们在跟家长交流的时候,除了会反馈学生的问题,也会根据家长的不同性格给予相应的建议,通过家校合力让小孩改正坏习惯。大部分沟通过的家长都会听取我们的建议,效果也还好。整体来讲,我们这里的家长对我印象都还好,这一点我还是有把握的,家长评价基本上都很高。"(L-FT20230605) L 老师基于自身与家长的沟通,以及家校共育工作所做出的努力,对于自身在家长心目中的形象与认可度表示有较充分的信心。

家长对两位老师的尊重与认可给其带来一定的成就感,使其能够在其中体验到获得感与满足感,找到自己的意义与价值。家校合作共育有利于家长掌握孩子在学校的动态、教师掌握学生在家的表现,全面动态的情况掌握有利于教师的教学与管理成效的提升,激励两位教师在今后持续提升专业生活质量。

(三)换位与共情:"有个家长马上就站在我的角度"

Z 老师成为母亲后也解锁了家长的角色,关注到女儿的老师能够了解女儿的性格与脾气,能够记住女儿的小名,一些小细节反映出老师是真的爱孩子,作为家长的 Z 老师很庆幸自己的女儿遇到这样的好老师。"我希望自己的小孩能遇到好老师,那其实别的家长也是。我也想自己能够成为我教的孩子心目中的好老师,或者是家长认为的好老师。我觉得我自己也有这样一个目标。"(Z-FT20230412)

当 Z 老师扮演教师角色时也能够站在家长的角度考虑问题,女儿遇到的好老师也加深了 Z 老师想成为优秀的好老师的目标——希望能够具备关注孩子、关心孩子、细心等品质,渴望得到学生及家长们发自内心的认可,就像自己作为家长认可女儿的老师一样。通过许多学生及家长的反馈,Z 老师也的确成了孩子与家长心目中的好老师,Z 老师享受这种被理解、被认可的感觉。

为人父母后的 L 老师在与学生家长进行沟通时会"亮"出自己同为父母的角色。"我们现在新来的老师也有很多没有结婚的,他们在当班主任跟长交流时,有的时候体会不到教育小孩有哪些要注意的地方。我们作为亲身经历过的人来谈不一样。我们跟家长交流第一句话就是'我们都是有小孩的人''我们都是为人父母的'。"（L-FT20230605）基于共同的父母角色，L老师拉近了与学生家长之间的距离，与学生家长共情，从而增进彼此理解。

我们现在教的学生有很多是以前我们教过的学生的弟弟或妹妹，我们同家长以前有过交流。上个星期在七（2）班群里有一些家长发了一点牢骚，我在群里有理有据进行了分析，表达了我的观点，有个家长马上就站在我的角度，告诉大家要静下心来支持老师的工作。（L-FT20230612）

在微信群中与家长交流时，L老师很庆幸有家长能够站在教师的角度为教师"发声"，这一定意义上彰显着对教师的认可与尊重，也在一定程度上缓解了其他家长的情绪。这种信任与换位思考源于教师以往教育教学过程中的负责与用心，家长曾切身体会过。由此可见，"种瓜得瓜，种豆得豆"，真心真诚能够换来共情与理解。

家校协同共育对于乡村学校而言是一大难题，对于乡村青年教师而言更是一大挑战。幸而随着Z老师与L老师阅历与经验的增长，解锁为人父母新角色后也能够站在家长角度考虑问题，并且通过自身教育魅力得到了家长的认可与理解，家长也愿意站在教师的角度尽力支持与配合教师的工作。

四、家人：妥协与平衡

（一）拼凑的亲子时光

1. "其实这不公平"

有时候回家很累，Z老师其实更习惯自己待着，也不会太去管自己小孩的事情。"一天下来很累，回到家面对自己小孩其实没有很好的情绪，其实这不公平。但有时候真的是觉得很累。然后小孩一旦闹着要干什么的时候，其实相对来说语气会有些不耐烦……然后从我回到家洗漱完到他们最后十点睡觉，其实也就3个小时。这3个小时她们可能也要洗漱，也要去干其他的事情。"（Z-FT20230508）贫乏的亲子相处时间由于Z老师的劳累更加缩短，并且她可能会带着不耐烦等消极情绪面对自己的孩子。在Z老师看来，这对自己的孩子其实是不公平的。对此Z老师在话语中流露出些许愧疚与无可奈何。Z老师遗憾地表示，如果自己相对比较轻松的话，回到家其实会教孩子更多东西,可能不只是辅导写作业。但是学习以外的事情可能就没有那么多的精力去陪伴孩子。Z老师回忆起近期的周末和"五一"假期,都是孩子自己在那儿玩。而寒假那段时间她则是全身心在家,每天有规划地带着女儿画画、写字、完成寒假作业等。但上班后她就很难坚持对孩子的陪伴。

我觉得作为老师在陪伴自己学生的同时不要忘了自己的小孩。我们也看到很多新闻,老师把一切都献给了学生,但是自己的小孩没有教育好,我觉得这是老师的一个遗憾。而这,我们其实是可以避免的。我们在学校就付出精力给学生,我们周末在家里就陪伴好自己的小孩。平时放学之后、晚上也多跟小孩沟通,就算不在面前也可以电话沟通,小孩能够感受到你一直在他身边。(L-FT20230605)

平衡好教育学生与教育自身孩子的时间与精力是L老师希望自己能够做到的。把一切都献给学生固然精神可贵,也值得钦佩,但是如果忽略自己孩子的成长对教师个人家庭而言将是一大遗憾,这是人之常情。L老师也曾听学校里几位年龄偏大的老师说过,他们没有教好自己的小孩,真的感觉很遗憾。为尽可能避免这种遗憾,L老师认为可以利用放学后的时间,以及周末的时间与孩子多交流相处,让孩子感受到陪伴。

2. 视频电话缓解想念

一周有两个晚上不回家住的Z老师会提前告知孩子们,而孩子们也能很好地接受。"我会提前跟她说,我说妈妈今天晚上不回来,妈妈要在学校陪哥哥姐姐。她就会理解,她不会觉得有什么。所以一般这样跟她说,她会说好。如果说她爸爸也没时间回来的时候,那她就会说:'我晚上就跟奶奶一起睡。'"(Z-FT20230426)

在Z老师的感知中,孩子对于自己回不回家没有表现出特别在意的情绪。其实Z老师自己也没有特别在意。Z老师认为自己每天并不一定要早点回家。回忆起准备课的经历,甚至有一个星期都不回家的情况,那一个星期都是住学校的。随后研究者问及孩子是否会想念时,Z老师回应道:"有视频啊!"据观察,每当Z老师晚上住在学校不回家时都会给家里打视频电话,或者接到来自家里的视频电话,在与孩子们进行简短的交流后又重新投入到自己的工作中。

  L老师的家庭在去年发生重大变化。父亲退休,爱人通过考试进城工作,孩子在县城上学等,给L老师带来了一定的困扰。由于家人不在身边,初时L老师觉得很不习惯,也十分希望能够陪伴在家人身边,尤其不希望自己孩子成为留守儿童,因此甚至产生想要离开的想法。但是随着时间推移,一学期后L老师也逐渐适应周末回到县城家里的生活。L老师表示对目前的生活状态比较满意,唯一的遗憾是孩子不在身边,但是也可以借助发达的网络进行视频电话沟通缓解思念。

  我父亲去年退休了,我老婆她是去年考进城了,然后小孩就刚好去城里读一年级,另外一个读幼儿园大班,然后我们全家人都去了县城,在县城买了房子。这里就实际上只剩下我一个人。小孩子从出生到现在一直都是有我陪伴着的,去年他们走的时候,我感觉很不习惯……(L-FT20230530)

  3.周末时光充实陪伴

  周末是Z老师与爱人和女儿相处的时光。"星期六上午我女儿去上兴趣班,然后我也去上舞蹈课。所以我们的时间基本上是星期六和大女儿一起上兴趣班。如果我们在自己房子住的话,孩子爸爸就带着小女儿在家里。"(Z-FT20230426)

  L老师周末的常规也是陪伴孩子们。"周末我的常规基本上固定的就是带小孩去外面走一走,不管是去超市还是去看电影。如果天气好的话就带她们去河边、去公园,带她们去外面玩,也算是弥补一下平时不在家错过的亲子时光。"(L-FT20230614)

  在L老师的亲子相处时光回忆中,三月份天气比较好的时候,每个周末L老师都会带孩子们去县里面沿河的公园,每一次都去一个不同的地方游玩或者野炊。所以其实孩子们非常期待周末。这段时间天气比较热不适合出去,L老师就在周末带孩子们去看看电影,逛逛超市,孩子们也很感兴趣。L老师还分享道:"昨天就带她们看了那个宫崎骏的动画片——《天空之城》,他们很喜欢看。"

  对于Z老师与L老师而言,平时更多的时间与精力都投入到了学校学生教育当中。尤其对于L老师而言,他只有周末回到家中,周末是难得的亲子相处时间,是"拼凑"而来的"补偿性"时光。

(二)父母的理解尊重

我妈没有对我提过要求,只对我姐提过。理由是我姐家的小男孩要读一年级了,她觉得我姐必须进城去才能管好他。她说外婆现在也管不好,所以必须要我姐经常管着他,他才能够更好。所以我妈只对我姐提过。可能她觉得她左右不了我的想法。(Z-FT20230424)

从小就很有主见的Z老师想法很难被左右,Z老师妈妈曾希望姐姐ZY老师为更好教育孩子而离开乡村学校进城,但是暂时并未对Z老师提出类似希望。在Z老师婚后,公公出于Z老师进城离家近的考虑,也曾多次提出希望Z老师进城。但是在Z老师的坚定想法下也决定妥协并选择尊重Z老师自身意愿,后面便不再提起。

L老师的家庭是教师之家,环绕着多位教师家庭成员,对于L老师的选择,父母更多的是支持与理解。他说:"我的父亲也是老师,他从教42年之后退休,是去年退休的。我做的这些他都理解,他从来不会指责我。"(L-FT20230605)

(三)爱人的迁就配合

Z老师的爱人希望Z老师能够不上晚自习回到家来照顾孩子。她说:"我老公他不喜欢我上那么多晚自习。他觉得如果我上晚自习就没有办法回到家照顾家里。所以我一跟他说有老师建议我进城,他就很开心。"但是作为爱人也能够与Z老师进行有效沟通:"很多时候他也会迁就我,会考虑我的想法,我们彼此更好沟通。"(Z-FT20230424)Z老师的爱考虑到Z老师的想法与意见也做出改变,最终迁就Z老师,并且在Z老师不在家或生病的日子里也会承担更多的一些职责。

L老师的爱人也提出过希望L老师进城的想法。"我老婆她跟我提出过,如果能够的话最好就到县城。不过因为我们之间关系很好,她也知道我跟其他人不太一样,所以不会太强求我。如果说非要在一起的话,我完全可以每天晚上开车回家,不就花点油钱吗?但是没必要。有的时候天天黏在一起,包括小孩也是,天天在一起会发现很多缺点,这样关系反而会疏远。所以有的时候天天在一起,如果不注意方法的话,会更加鸡飞狗跳。"(L-

FT20230605)

距离产生美,每周周末才回家对于 L 老师而言既有对家人难耐的思念,但另一方面也形成了一定的积极影响——加深了与爱人、孩子的情感。"孩子在我每次回家的时候就黏着我,说很想我。"因此 L 老师认为,"我觉得我跟他们不在一起,这也不是一个非常大的障碍。算是有一点小小的(障碍)吧。我觉得对我来说没有很大的影响。"这在一定程度上得益于 L 老师爱人的支持与配合。

五、自我:调适与激励

(一)全力以赴:"我要做就要努力做到最好"

在受到比赛落选的打击后,Z 老师通过研磨课例参赛,获奖后重拾了信心。"我觉得我是可以的,我觉得我是可以把一个课型研究透,并且把它上好的老师。所以我对自己又有自信了……就是不服输吧。因为我觉得做一件事情,我要么就不做,要做就要努力做到最好。"(Z-FT20230412)

"努力"是 Z 老师很喜欢的一个词,也是 Z 老师身上所具有的品质特征,Z 老师的行事准则一直是"要做就要努力做到最好",这也是 Z 老师在专业生活中践行的。对于学校一些乡村教师"躺平"的现象,Z 老师觉得难以理解以及感到困扰,尤其身为学校管理层的话会觉得很困扰。在 Z 老师看来即使不做教师,做任何工作都应当有对工作的责任心。所以"躺平"是没有做到最基本的分内责任,更不必谈变得优秀了。

Z 老师的优秀是通过一些"代价"换来的,各位老师都有目共睹。无论是日常备课,还是比赛准备、公开课准备,Z 老师都对自己有很高的要求,并且尽最大努力去做好。"其实她这背后的努力我们是看得到的。比如她有什么课的时候,她会熬夜到很晚。其实我觉得她是很能够把握机会的人。比如她一有机会去比赛,就会全力以赴去展现最好的自己。"(LFP-FT20230419)

(二)接受困难:"对自己的心性也是一种锻炼"

L 老师一直在 WL 中学工作,在这里经历了四任校长,每任校长的风格都不一样。第二任校长"不做就不错"的管理理念与 L 老师的价值观念背道而驰,使得L老师对自己的奋斗目标产生怀疑。

他的理念是"不做就不错"。他"在其位不谋其职"。学校第二任校长上任时是我工作的第六年,我已经不是最初的那个什么都不懂的老师了,也想为学校效力,但是碰到这样的校长,我觉得我对我的奋斗目标产生了怀疑。我这样奋斗下去值得吗?后来我爸爸开导我,他说:"你不是为校长效力,你是为整个学校、学生和整个WL乡的家长。"(L-FT20230614)

经过父亲开导及自我调适,L老师自学校更换校长后"想通了",尽管这四年无甚成就,但是经历了心性的磨砺,学会了自我调节,也是技术的积累与准备时期。"我觉得这就像孟子说的'天将降大任于是人也',这些事,我觉得对自己的心性也是一种锻炼。至少我知道,人不可能一帆风顺。所以要学会调节自己的心态。"(L-FT20230614)当产生不良情绪、消极懈怠时,L老师通过转移自身注意力、发展兴趣爱好进行调节。L老师在空闲时间里培养了自己的摄影爱好,通过看网上相关教程自学了拍照、摄像,以及图片处理、视频剪辑等技能。这些在空闲时间学习获得的技能为L老师之后走上信息化之路奠定了技术基础。没有前期的积累与沉淀,便没有后期的成长与蜕变。L老师自此之后心性更加坚定,面对专业生活中的困难更加坦然。

(三)迎难而上:"想办法去解决它"

在Z老师自身的认知中,自己逃避的更多是家庭生活中的一些问题,比如说不会做饭。但是在工作中遇到困难,Z老师一定会想方设法解决,迎难而上。"工作上真的来了问题,那我一定是要解决的,无论多难我都会想办法去解决它。"(Z-FT20230417)在他人眼中亦是如此。"我们很多老师碰到困难会'破罐子破摔'或者有畏难情绪,要么说'算了',得过且过,要么拖延。但是Z老师不会,她想到这个问题就会当成自己的事情,她会跟我讲什么有问题,哪里可能又存在着问题,她也会思考要怎么解决,而不会说没办法。"(ZYK-FT20230522)Z老师发现了问题会把要解决的问题放心上,想办法把它解决,也会在需要时积极寻求学校帮助,能在自身能力范围内解决的则独立解决。

L老师"不要怕事""大不了再来一次"的专业生活态度给各位老师留下了深刻印象。"印象中他的态度表达就是'不要怕事,无论是什么问题,只要解决不了,大不了再来一次'——无论是教学方面,还是技术方面。他要服务我们六七十人,每个人遇到的难题不一样,但他基本上每一个难题都能解决。有时候我问他是怎么解决的,他告诉我:"一是通过经验积累;二是不懂就问喽。"他说要么就问电脑,要么就问其他省份的行家。这个工作态度确实值得学习!我们有时候遇到困难可能就想敷衍一下,解决不了就搁置在那里。"(WXJ-FT20230612)

　　积累经验、虚心求教、不耻下问等是 L 老师解决问题难题的"法宝",L 老师依靠这些法宝激励着自己过沉浸式成长的专业生活,同时也热心为其他乡村教师服务,答疑解惑,在无形中影响着其他教师。

第三章 乡村优秀青年教师专业生活的影响因素

在马克思看来,生活世界内容和内涵丰富,是由物质生活、精神生活、家庭生活、政治生活、生态生活、道德生活等构成的有机整体。作为生活在鲜活生动生活世界中的乡村优秀青年教师,其专业生活不可避免与各个维度生活的内容和环境产生互动与关联,在互动的过程中形成个人的专业生活。立足于生活世界理论及广义专业生活内涵,并且根据收集的丰富资料,本章对乡村优秀青年教师专业生活的影响因素进行尝试性探讨,从物质生活体验、精神生活质量、职业生活境遇、家庭生活场域以及个人教育魅力等维度展开。

第一节 物质生活体验影响

物质生活是最重要的生活形式,物质生产实践是生活的基础,人们通过物质生产实践认识和感悟世界。衣、食、住、行、医、旅等物质资料的生产是人们生存的基础。以物质资料为基本内容的物质生活,以物质生产为基本活动的物质生活,既是人类社会存在和发展的基础,也是其他生活内容的根据和决定因素,同时是生活世界最重要的内涵[1]。"个人怎样表现自己的生命,他们自己就是怎样。因此,他们是什么样的,这同他们的生产是一致的——既和他们生产什么一致,又和他们怎样生产一致。因而,个人是什么样的,这取决于他们进行生产的物质条件。"[2]由此可见,人们的生活方式由物质生活的生产方式决定,其他生活生产方式的性质、状况和发展水平等也

---

[1] 周新原.从马克思的生活观到新时代美好生活:理论逻辑与现实路径[J].东南学术,2021(4):36-45.

[2] 马克思,恩格斯.马克思恩格斯文集:第1卷[M].北京:人民出版社,2009:520.

由物质生活的生产方式决定。乡村优秀青年教师过有意义专业生活的基础保障是物质生活水平与物质需求的平衡。工资福利待遇、交通设施建设、食宿条件、办公环境等直接影响着寄宿制乡村学校青年教师对物质生活的满意度,从而影响着其专业生活。

一、工资待遇影响留任意愿

(一)"为什么我一定得走?工资太低了"

校际、地区之间教师收入差距较大,相比于大城市学校,乡镇学校工资待遇偏低,同一城市的不同乡村学校工资也存在差别。较低的工资待遇使得 Z 老师和 L 老师对物质生活质量感到不太满意,当基础物质资料、基本生存需求无法得到满足时,乡村青年教师的留任意愿产生了极大动摇,更不必谈专业生活质量的提升。最初的 Z 老师便产生了逃离当前乡村学校的想法。"为什么我一定得走?工资太低了,我一个月工资才 2003 块钱,每个月拿的是 2003 块钱。那个时候同时期我姐在 LB 小学拿两千六七,我才拿 2003 块钱。"(Z-FT20230412)同时 Z 老师也付诸了行动,不惜赔上违约金从 SD 中心小学重新考取新的教师岗位。

WL 中学的 LL 老师谈及困难时坦言:"主要是生活待遇这一块还是比较低。"(LL-FT20230613)当"清贫"成为标签贴在乡村青年教师身上,所劳与所得无法匹配平衡,乡村青年教师会丧失专业生活热情,甚至产生"逃离"的想法和行动。正如 L 老师所言,待遇问题是乡村留不住老师的一个主要原因:"我觉得主要是待遇问题,所以大部分人会选择往城区去……待遇会影响乡村学校整个教师队伍,比较优秀的老师很难留得住,就会导致教师队伍缺乏高素质的教师。"(L-FT20230612)尤其对于乡村优秀青年教师而言,"教而优则逃"似乎屡见不鲜。教师队伍稳定性难以保证,乡村教师队伍缺乏高素质教师,这也为高质量乡村教师队伍建设带来困难。

从 2009 年开始,义务教育学校率先实施绩效工资,保证义务教育教师平均工资水平不低于当地公务员平均工资水平。《中共中央 国务院关于全面深化新时代教师队伍建设改革的意见》等文件也进一步作了强调,要求"健全中小学教师工资长效联动机制,核定绩效工资总量时统筹考虑当地公务员实际收入水平,确保中小学教师平均工资收入水平不低于或高于当地公务员平均工资收入水平"①。但在部分地区还存在未能按规定落实到位的情况。因此,根据要求,教育部深入调研分析各地保障情况,积极会同有关部门研究完善政策,明确义务教育教师与当地公务员工资的比较口径,全面督查各地落实情况,约谈保障不力的地方政府,指导督促各地依法依规切实保障教师工资待遇②。而督导检查也使得 Z 老师所在地区的乡村教师工资发放得到了落实和保障。"2019 年开始好一点。国家的督导来了,督导查出了我们这里一直没有做到教师平均工资水平不低于公务员。之前这里是一直没有落实的。"(Z-FT20230426)

（二）"其实乡村是有一些补贴的"

其实乡村是有一些补贴的,比如说会根据我们距离区政府的距离,每个月给一定的远郊津贴。像我们学校是 300 元,因为我们学校属于偏远山区。(Z-FT20230417)

乡村教师相对来说的话可能工资比较少一点,但是有一个乡镇补贴。(WJ-FT20230615)

2015 年,人力资源社会保障部、财政部印发《关于乡镇机关事业单位工作人员实行乡镇补贴的通知》,对包括乡村教师在内的乡镇机关事业单位职工实行乡镇工作补贴,补贴标准不低于月人均 200 元,并且补贴标准可根据乡镇情况和在乡镇工作时间等适当区别,并向条件艰苦的偏远乡镇和长期在乡镇工作的人员倾斜。在中央政策的引领下,多数地方进一步扩大了乡村教师生活补助政策实施范围,使更多艰苦边远地区的乡村教师从中受益。江西补助对象为全省范围内的山区、库区、湖区等地区的农村中小学③。各项关注乡村教师生活和工资待遇的政策在一定程度上缓解了乡村教师"下不去""留不住"的问题,乡村教师职业吸引力增强,乡村教师们基本物质生

---

① 中共中央 国务院关于全面深化新时代教师队伍建设改革的意见[EB/OL]. (2018 - 01 - 20)[2024 - 06 - 10]. http://www.moe.gov.cn/jyb_xxgk/moe_1777/moe_1778/201801/t20180131_326144.html.

② 全力保障义务教育教师工资待遇 不断提高教师职业吸引力[EB/OL]. (2018 - 11 - 15)[2024 - 06 - 10]. http://www.moe.gov.cn/jyb_xwfb/gzdt_gzdt/s5987/201811/t20181115_354859.html.

③ 各地全面落实乡村教师生活补助政策[EB/OL]. (2017 - 10 - 10)[2024 - 09 - 15]. http://www.moe.gov.cn/jyb_sjzl/s3165/201710/t20171010_315993.html.

活水平得到保障。

(三)"大家进城的愿望没有这么强烈"

身处乡村学校的老师们能够深切感受到党和政府对于乡村教师的关怀。"国家在近几年对乡村教师的这个倾斜政策,不管是职称还是津贴补贴等方面,应该是花了非常大的力气。这点我自己也能切身体会到。"(L-FT20230531)直观体现就在于各种津贴补贴、职称等方面对相对处于弱势的乡村学校教师的倾斜,尽可能地在改善乡村教师的待遇,稳定乡村教师队伍,提升乡村教师职业吸引力。"现在乡村的发展确实比原来好了很多,然后再加上一些政策上的支持,补贴也好,评职称也有所倾斜,所以大家进城的愿望没有这么强烈。"(ZYK-FT20230522)尤其对于乡村青年教师而言,国家政策倡导"拿出务实举措,帮助乡村青年教师解决困难,关心乡村青年教师工作生活,巩固乡村青年教师队伍"。尽管还存在一些问题,但是乡村教师们的生活得到改善,乡村青年教师离开乡村学校进城的愿望相较于之前没有那么强烈。

二、食宿条件影响居住体验

(一)"一餐只有两个菜"

每个人都要准备好自己的盆、自己的米放到食堂,所以就很麻烦。一餐只有两个菜,而且不一定好吃。(Z-FT20230417)

在 SD 中心小学的 Z 老师对于学校的饮食情况并不满意。一方面,要自行准备好餐具以及大米放去学校食堂,颇为复杂麻烦;另一方面,菜品种类少,并且并不一定美味。这对于爱好美食且喜欢吃肉的 Z 老师来说属实体验不佳。与理想期待中相差颇远的基本条件使得 Z 老师并未体验到 SD 中心小学物质生活层面带来的舒适感与满足感。

(二)"厕所就是这个条件"

你知道我去 GX 失落有多大!说到这我还要继续"吐槽"。那个厕所!天哪,是烂的!很烂!那个蹲坑都是烂的,冲水的时候水会喷出来。用一个砖在那抵着,砖挡在那儿就不喷水了。厕所就是这个条件。(Z-FT20230417)

SD 中心小学恶劣的卫生间条件令 Z 老师感受到极大的落差,时隔多年 Z 老师想起还是忍不住"吐槽"。这也是 Z 老师离开 SD 中心小学的重要因素之一。据来自城区的 NJ 老师回忆,他刚入职的时候住在泥砌成的宿舍,晚上还有老鼠的声音,从城市到乡村居住条件强烈的对比着实令 NJ 老师一时之间因巨大落差而难以接受。

(三)"现在这个条件也改善了很多"

在 Z 老师看来,学校硬件设施非常重要,直接影响着教师们的居住等物质生活体验,而 LB 小学之所以可以留住许多老师,原因之一便是学校改善了环境与设施。学校出资安装了浴霸,学生寝室、教师寝室的浴室都能够在冬天供应上热水了。"冬天我们洗澡就不会再冻得瑟瑟发抖,现在我们洗手都有热水了,原来是没有的。之前我们冬天用了粉笔之后洗手,手冻得不得了……现在这个条件也改善了很多,然后还有我们学校的食堂,它是配有小菜的,还有水果,早餐也提倡尽量丰富,其他学校都眼巴巴地羡慕。原来我们的宿舍下面有蚊子,学校还统一购买了门帘。"(Z-FT20230424)学校能够考虑到教师们在吃、住等方面的细节感受,照顾教师们的生活居住体验,使得教师们切实感受到学校条件的改善。

WL 中学也解决了教师房间的热水与吊扇等问题,致力于给教师们相对舒适的居住体验。"像我们现在校长过来,解决了老师房间里的热水问题等等。这些虽然看起来是小事,但都是涉及老师切身体验的。虽然我们老师房间里面由于线路原因不能安装空调,但是学校在每个老师房间都统一安装了吊扇。"(L-FT20230613)

相比之前,LB 小学与 WL 中学教师的食宿条件得到了较大改善,冬天的热水、夏天的风扇等关乎乡村教师居住体验的物质资源供给得到保障。向好的居住体验感受使得 Z 老师、L 老师以及更多乡村青年教师不会因食宿等物质条件离开乡村学校。乡村学校提供的食宿条件改善反映了政府部门对乡村教师生活的关注,为其解决了物质生活层面的后顾之忧。

三、交通设施影响出行体验

(一)"我要出去教研就不方便"

谈及乡村地区的变化,Z 老师认为得益于新农村建设与乡村振兴战略,乡村更加干净整洁,道路更加平整宽阔,带来更加舒适的环境和稍显便利的往来出行。

原来外面的路超级烂(崎岖不平)，现在铺了柏油所以很好走。原来我老公送我上班就说这边路太不好走了，晚上又没灯，不安全。后面他给我买车首选是SUV。他说这里这么远，路又这么烂，不好开。其实那个时候路修好了，但他的印象里还是那种很烂的山路，他觉得应该要买SUV。所以这个应该是外在的道路交通方面的。(Z-FT20230426)

此外还有交通工具的变化。偏远的乡村学校公共交通不便，老师们只能去外面省道等班车，在经过努力争取之后才有了公交车，但是那时的公交车只有"逢圩"才到村里来，现在是每天有三趟，对于老师们而言尽管有所改善，但还是不方便。"没有车的老师们也不方便，只能去外面省道等班车。因为原来学校买车的老师很少，我刚毕业来的时候只有校长一个人有车，其他人还没有，大家都骑电动车上下班。然后我要出去教研就不方便，只有坐班车，辗转要很久，也要等很久，班车是没有定时的，不像公交车。反正那个时候是很不方便的。"(Z-FT20230426)从前因为没有方便出行的交通工具给Z老师的外出教研带来了不少阻碍，辗转候车既耗费时间也消磨老师出行增长见识的意愿。

(二)"最早的时候我也比较讨厌培训"

其实最早的时候我也比较讨厌培训，不管是县级、市级还是省级，因为那个时候交通不方便，不像现在有车。那个时候在县里也没房子，我去培训一般要两天，去了培训以后当天要回来，这里到县城比较远，来回很折腾。去外地培训就更麻烦了。比如说去井冈山培训，从这里坐车到XF(县城)，再到赣州，然后还要坐车，当时的路也很不好走……(L-FT20230619)

交通是影响乡村教师外出培训的重要因素，从乡村学校到县城距离颇远，对于没有车的乡村青年教师而言，来回太过"折腾"。"我们这里离县城30公里，班车客车只到车站，车站距离去培训的进修学校也还有很远。所以有些人就不太愿意折腾。"(L-FT20230531)由于交通道路不便，出行代步工具缺乏，公共交通也还不便利，耗费的时间成本加上住宿的资金成本，让乡村青年教师们对于外出培训"望而生畏"。而缺少培训活动，乡村青年教师们的专业生活难以得到丰富与完善。

四、设备配备影响教学体验

(一)"原来我们很挤"

原来我们很挤。原来我们也是有这么多张办公桌的,但是我们座位的桌子排在一起,很挤,中间只有一个比较窄的过道,后面也有柜子,所以东西会比较满。现在的话也是四个老师,但是换了桌子和大柜子,储物空间更多。原来那个柜子装不下多少东西,我有两个柜子都装不下,现在一个柜子还有空余。(Z-FT20230518)

LB 小学教师们的办公环境也得到较大改善,办公空间更宽阔,桌椅更新换代,给老师们带来更愉悦的办公体验。WL 中学的教师办公室硬件设施变化也比较大。"以前办公室根本就没有空调,现在有,我们每个老师办公室都有空调,会议室也是新的。"(L-FT20230613)

(二)"很多老师没有电脑"

其实我觉得一些信息化的硬件还是要跟上,包括老师的办公电脑。我们政教处是每个人都有,但是学校里还是有的老师没有。按照上面的要求,在 2015 年考评时就要求每个老师要有一台电脑。但是可能是经费各方面的关系,一直没有达到 100% 配备,一些老师还是没有电脑。(L-FT20230613)

在倡导教育信息化、提升教师数字素养的当今社会,办公电脑是教师的必需品,然而在 WL 中学还不能达到每个老师一台办公电脑的设备配备要求。LB 小学则在这方面得到了改善。"我们现在每个老师都配了一台电脑,原来也是没有的。原来只有我们行政办公室有,然后他们那边只有一台电脑,是大家公用的。"(Z-FT20230424)

(三)"老师上课还是很方便的"

原来我们的讲台很破旧,有些教室都是没有讲台的。原来是那种下面装电脑、上面放投影的老式的讲台,很差,现在换成统一的就更好了。桌子现在也基本上换新了。但我觉得墙是那种水泥的,很旧的样子,那个就不好,包括后面的黑板也是,相对比较破旧……每个班都有配备一体机,所以这些配备很齐全,老师上课还是很方便的。(Z-FT20230518)

LB 小学教室中设备的配备改善,尤其是班级一体机等的配备给教师教学带来了便利。在 Z 老师看来,尽管教室墙面与后面黑板等还比较老旧,但不至于对教学带来消极影响,只是有些影响美观。

国家相关部门对乡村学校设备的配备与完善日益重视,并且相关支持政策落到实处,L老师能够切身体会到各个学校的设备配备得到了大力度的支持。从原来整个学校只有一间多媒体室,到每个教室都配有投影仪;从仅有一块黑板,到如今每个班级都有"班班通"……这对于教师们将信息化设备应用于教育教学带来极大帮助。借助各种设备,学生可以直观感受到在乡村日常中见不到的场景与事物。投影使得物理实验操作得以呈现给全班同学。"像以前我们一些常见的实验,我们在讲台上做的时候,下面的学生其实他观察不到,最多是叫一两个学生在上面观察,不可能四五十个一起来,也不方便教学。这种情况现在我们可以使用手机拍摄,然后投影到电子屏幕。如果没有这个投影的设备,那就没办法呈现。"(L-FT20230531)在L老师看来,得到了设备支持,乡村教师应当花时间学习设备的使用,适当在教育教学中使用以提高教学成效。

第二节 精神生活质量影响

教师发展的实质是教师成长,而教师成长指向生命,尤其指向教师的精神生命。相较于乡村教师关于当下与物质相关的需求,他们对精神生活满足的向往和对未来的期盼是更深的羁绊[1]。由此,乡村优秀青年教师的专业生活深受其精神生活质量影响。基于Z老师与L老师的故事,具体体现为榜样教师的教学风格与教育魅力对专业理想与信念的影响、闲暇文娱活动对专业生活趣味性的影响、社会大众的认知与认可程度以及学生的慢成长带来的专业情感变化影响。

一、榜样教师影响专业理想与信念

(一)榜样教师的教育魅力影响

孩提时代的Z老师曾被其小学老师给予成长机会,在老师的引导和帮

---

[1] 高怡楠,李静.从"职业境遇"到"生活场域":乡村教师研究的转向与重构[J].云南师范大学学报(哲学社会科学版),2021,53(6):123-130.

助下走出学业迷茫期,这种对学生的赏识、关爱也在年幼的 Z 老师心中留下了浓墨重彩的一笔。如今 Z 老师女儿的幼儿园老师给 Z 老师带来很大感触,关注孩子、负责任、爱孩子等美好品质使得 Z 老师深受感染。"我觉得人的一生遇到一个好老师太不容易了!就像我小时候经历的那样,能遇到一个赏识我、给我机会让我去成长的老师,真的很不容易。"(Z-FT20230412)Z 老师表示自己还在努力成为一个能够尽可能关注孩子、给孩子机会成长、给孩子带来积极影响的好老师。正是生命中遇到的榜样教师使 Z 老师在自己的专业生活中也潜移默化地树立了专业信念——成为给他人带来些许正向影响的好老师。

对于 L 老师而言,身患疾病仍然坚守教育岗位的教师给其带来很大影响。"我七年级时碰到的班主任对我的影响很大,他身患疾病还一直坚持在教育一线,我觉得这个老师就像'春蚕到死丝方尽'那句诗写的一样。有时老师确实能够从身边生活点滴对学生造成很大影响。"(L-FT20230530)此外,身边环绕着正能量、尽心尽责的老师,使 L 老师耳濡目染。"因为我身边看到的老师绝大部分都是正能量的而且比较尽心尽责的,所以我对这个行业一直很尊重,也希望能成为其中的一员。"(L-FT20230531)L 老师不仅形成了对教师行业的敬重态度,还希望成为教师行列中的一员,从小便萌发了朴素的从教意愿。

(二)榜样教师的专业态度影响

Z 老师在专业生活中遇到了许多优秀教师,其中在城区有个教师就非常突出。据 Z 老师描述,他还有几年就退休了,尽管年纪比较大了,但一直很认真负责。而且他已经评得高级职称,仍然保持着认真负责的态度,这令 Z 老师不禁感慨与反思:"我有时候会想,等我到那个时候能不能做到像他这样——非常认真、负责、敬业,不断地去学习。他自己年纪那么大了后面还开了个工作室,还非常积极去组织活动。我觉得他应该是真的对教学有热爱。"(Z-FT20230424)从这位老师一如既往的爱岗敬业以及终身学习中,Z 老师读出了对教育的热爱。

团队交流群中,L 老师与一位正高级别的物理老师结识,由于学科相同,因此双方交流较多。L 老师认为该教师教了自己很多东西,尤其对于当时还只是一个二级教师的自身来说,正高级教师是他望尘莫及的,其丰富的学识,尤其是孜孜以求的专业态度深深影响着作为青年教师的L老师。"我从他那里学到很多,不仅仅是教学方面,包括对待教学的态度。可能评到正高的人很多都处于'躺平'状态了,因为已经达到顶级,没有什么可以追求的了,但是从他身上我看到了不一样。他已经到了这么高的层次还在不断地学习,那我觉得我们作为刚出来的老师更加需要不断学习。"(L-FT20230607)

已经取得较高成就的高级教师仍然耕耘在教育事业广袤的土地上,并且还在不断学习以充实自身,真正做到了"活到老,学到老",也还在发挥自身辐射带领作用,吸收并影响着更多青年教师。这促使Z老师与L老师反思自身,畅想未来自己是否能坚持这样孜孜不倦、终身学习的专业态度。榜样教师持续学习、爱岗敬业等专业态度激励着Z老师与L老师保持积极向上的态度,持续追寻有意义的专业生活。

(三)榜样教师的教学风格影响

教师的教学风格影响学生的学习兴趣,从而影响学生的学业状况。学生时代的L老师并非一开始便对物理感兴趣。"其实我八年级的物理老师是另外一个,那个时候我对物理的兴趣不太高,因为他讲课其实是灌输式的,也从来不举例,就拿着书来讲。所以八年级的时候,我对物理兴趣不高,那个时候基本上是考六七十分,后来九年级换了一个物理老师之后,因为老师的讲课风格吸引了我,我后来的物理成绩就一直很好。"(L-FT20230530)得益于九年级物理老师的讲课风格吸引,L老师形成了对物理学科的兴趣,学习成绩也得到提升。并且这位老师给L老师留下深刻印象,仍然影响着如今已然成为初中物理教师的L老师。

另一位给L老师留下深刻印象的榜样教师是其初三时的语文老师。语文老师在当时也是刚出来工作的青年教师,与众不同的教学让L老师惊奇于原来"课还可以这样上":"以前我们写作文,因为没有亲身经历,很多时候是看作文书然后'编'一篇作文出来,这样没有真实感。然后他给我们上了一堂在室外的课,还自己花钱买了西瓜、饼、饮料之类的。大家先游玩,然后再集中在一起吃东西。他先告诉我们要注意观察山的特征、细节,之后布置写一篇游记。那一次因为亲身经历过,所以当时写的作文比较有真情实感。以前我是很怕写作文的,但是那一次游玩之后的作文,我是根据亲身经历来写的,他看我写得很好,就作为范文在班上念了。然后我就想:'原来我的作文老师评价这么高！'后来他也经常会带我们到校外，不局限于课堂上讲课，有一次是在后面的树林里面带着我们上课……我也是受原来老师启发，带学生去外面上过物理课。"（L-FT20230530）

初三语文老师让学生亲近自然、切身体验的教育方式给L老师留下了深刻的印象，扭转了L老师对写作文的抗拒，使他学会从自身真实体验中写作，也为今后L老师的教育教学实践与研究写作打下良好基础。并且受这位语文老师启发，L老师也会带领自己的学生体验教室之外的教学。

由此可见，成长历程中遇见的榜样教师，其教育魅力、专业态度、教学风格对Z老师与L老师的教育理想、教育理念、专业态度、教学风格等都有一定影响，也充分彰显了教育初心的赓续，师者精神的传承，优秀青年教师努力接过榜样教师的"接力棒"，将"优秀"持续贯穿于专业生活中，从而影响更多的教师。

二、闲暇文娱影响专业生活趣味性

（一）"少了生活的一些趣味"

对于WL中学的青年教师而言，身处乡村学校，贫瘠的文化娱乐休闲活动使得青年教师失去原本应有的活力，课余生活趣味不高。"说没困难是假的。有还是有。一个是作为青年教师，我们内心的一个平衡度（调整问题）。有的时候感觉一直待在乡镇里，好像失去了年轻人的活力，一眼望到头，少了生活的一些趣味。我们的课余生活不丰富。因为我们是两点一线，应该说是只有'一点'——我们乡镇老师基本上住在学校，吃在学校，工作在学校。好在现在网络资源比较发达，比较无聊的话，可以通过网络看一看（外面的世界）。"（WXJ-FT20230612）网络是排解乏味的途径之一。此外，女教师有健身的活动房，男教师更多是篮球、乒乓球等运动项目。但是活动主要依靠教师自行寻找和组织，尽管有活动场地，但活动设施器材等需要自费，总体而言，活动项目十分有限。

不完备的娱乐休闲设施、不完善的文化精神活动、有限甚至缺乏的活动经费等制约着乡村青年教师的生活丰富程度与精彩程度。乡村青年教师缺乏高质量的精神生活体验，专业生活支撑情感动力不足。

(二)"会想着举办活动"

很多时候会想着举办活动,书法、画画和瑜伽等。原来有一个老师练瑜伽,她给我们开了一个瑜伽班,虽然后面没坚持下来(笑笑)。包括过节的时候我们会有一些教师团建的活动,也是增进感情的一种方式。(Z-FT20230424)

学校每年会在三八妇女节的时候组织女教师或者全体教职工一起去外面散散心,去外面走一走,放松一下。应该说我们老师的工作性质其实使我们一天到晚都待在学校这一小块地方,确实要多去外面走动。(L-FT20230614)

开设兴趣班、节日团建活动等有利于丰富乡村青年教师的精神文化活动,增进教师与教师之间以及教师与学校之间的情感联结。乡村青年教师的活动范围不应只局限于乡村学校这一方境域,适当的休闲放松活动有利于教师身心健康发展。

(三)"我也觉得我阅读不够"

当研究者问及 Z 老师关于阅读的情况时,Z 老师表示自己很少阅读书籍,更多是借助一些 App 来查阅检索相关内容进行浏览学习。"我也觉得我阅读不够,写作也的确是偏少。"(Z-FT20230515)

ZYK 校长深刻感受到看书的重要性。他认为由于小学生的认知水平还不太深,因此对于小学教师而言,可能知识不用特别精深,但是一定要广博,所以各种内容都应当有所涉猎。据 ZYK 校长回忆,有几年招了一批素质确实更显不足的老师,他们的课漏洞百出,比如学生组词他们都不能辨别对错。作为老师不能判断和评价,这是行不通的。校长认为这跟教师个人的综合素质有关,因此鼓励年轻教师通过多看书来提高自己的能力与水平。

L 老师表示自己早期会看一些教育类的著作,例如魏书生的《班主任工作漫谈》、苏霍姆林斯基的《给教师的 100 条建议》,以及吴非的《不跪着教书》。L 老师受父亲对于魏书生推崇的影响,断断续续看完了家里的一整套魏书生教育著作。其中魏书生的《班主任工作漫谈》对 L 老师影响比较大,L 老师班主任工作当中的许多措施便来自此著作,经过 L 老师学习领悟以及结合所带班级的实际情况进行调整。苏霍姆林斯基的《给教师的 100 条建议》是 L 老师刚出来工作时常看的书籍。L 老师认为书中有很多东西对新教师教学以及班级管理有帮助和启发。此外，吴非的《不跪着教书》也给 L 老师留下了较深的印象，他首先便是被这个书名所吸引。L 老师并不完全认同此书作者的某些观点，但是 L 老师认为对于新老师而言，作者吴非在书中所用的一些方法还是很有用的。总而言之，阅读这些教育类的著作对于 L 老师的教育教学，尤其是在班级管理等方面有着积极的影响。

专业阅读、专业写作、专业交往是新教师的"吉祥三宝"。阅读经典名著可以与名家名师进行思想对话，从而丰富精神层面的专业生活。当前 Z 老师与 L 老师较少进行阅读活动，更是缺乏持续、广博的阅读。然而"一些优秀教师的教育技巧的提高，正是由于他们持之以恒地读书，不断地补充他们的知识的大海"[1]，缺乏专业阅读影响教育理念的更新与吸收，从而导致专业写作缺乏理论支撑，并且专业交往也易受之影响而缺乏深度。

三、社会认知与认可影响职业认同

乡村优秀青年教师的有意义专业生活离不开积极的社会心理氛围。但社会大众对于教师的认知与评价褒贬不一，尤其对于教师群体中特殊的乡村青年教师而言，由于社会阅历和教育经验尚不够丰富，教育信仰尚未坚定，容易受到社会外界声音的影响，带来复杂的心理体验，从而影响其职业认同感以及自我专业发展意识。

（一）"这也是一种认可与尊重"

ZYK 校长作为本地人，与乡亲们非常熟悉，在参与当地活动时遇到学生家长，经常能够收到他们对 Z 老师满意和赞赏的反馈。

他们说："那个 Z 老师非常好！对孩子很关心！"因为只有一个英语教师，有的人还说能不能让 Z 老师教他们的孩子。经常会有这种情况。各个家长都想让她教自己的孩子，对她都是非常满意的，都是"竖大拇指"的。（ZYK-FT20230419）

在与家长沟通时的 L 老师得到家长的共情与理解，这得益于 L 老师之前尽心负责教育该家长的另一个年长的孩子，家长看到了 L 老师的付出，因此如今能够带动其他家长一起全力支持与配合老师的工作。这在 L 老师看

---

[1] 苏霍姆林斯基.给教师的建议[M].杜殿坤，译.北京：教育科学出版社，1984：8.

来这也是一种尊重与认可:"她说她女儿以前也在我班上,知道我是一个非常负责任的老师……所以其实家长会站在我们的角度来说话,跟她女儿当时在我班上接受的教育是有关系的。这也是一种认可和尊重。"(L-FT20230612)

此外还有国家和社会对乡村教师在乡村的辛勤付出、教育成就与社会贡献的肯定和赞扬——乡村教师荣誉①。研究发现,荣誉具有激励教师热爱并积极从事教育事业的重要作用②。Z老师与L老师曾获得"优秀班主任""先进教育工作者""学科带头人""骨干教师""优秀教师"等各级各类荣誉称号,这些都是对其教育教学、教育研究、师德师风等方面突出表现以及卓越贡献的肯定与褒扬。

表 3-1　Z老师、L老师近年所获部分荣誉表彰

时间	人物	荣誉	颁布单位
2018年9月	Z	被授予2018年ZG区"优秀教师"称号	ZG区人民政府
2021年2月	Z	被评为ZG区第七批小学英语骨干教师	ZG区教育体育局
2022年9月	Z	被评为2022年赣州市ZG区"最美园丁"	ZG区人民政府
2017年3月	L	2016年度赣州市教育信息化工作先进个人	赣州市教育局
2019年9月	L	在2018—2019学年度教育工作中成绩显著,表现突出,被评为先进教育工作者	WL乡人民政府
2020年3月	L	2019年度赣州市教育技术装备工作先进个人	赣州市教育局
2021年3月	L	被评为赣州市第十批中小学信息化教学应用骨干教师	赣州市教育局
2022年6月	L	被评为XF县第八批初中物理骨干教师	XF县教育体育局
2022年6月	L	被评为赣州市第八批初中物理骨干教师	赣州市教育局
2022年12月	L	2022年全国乡村优秀青年教师	教育部教师工作司、中国教师发展基金会

---

① 陈玉义,万明钢.公共视域下乡村教师荣誉制度的实践困境与对策:基于甘肃、山东等6省区的调查分析[J].中国教育学刊,2019(4):28-33.

② 罗明煜.美、英、新加坡国家教师荣誉制度的共性研究[J].教师教育研究,2014,26(5):107-112.

Z老师与L老师从所获得的荣誉表彰中体悟到相关部门给予的对能力与品质的权威认可及肯定，其责任感和使命感更加强烈，激励着他们持续热爱乡村教育事业，继续走向卓越。

正向的评价往往能激励乡村青年教师坚守且卓越，社会大众的认可及教育部门对于乡村青年教师所做贡献的认同与赞扬激励着乡村青年教师继续过更加有意义的专业生活，激励其坚守且卓越。负面的认知则容易使乡村青年教师酸楚并懈怠。社会大众对于教师群体、对于乡村教师、对于乡村青年教师也存有不同程度的消极态度、刻板印象以及偏见。"乡村的教师在大家理念和印象当中就是比较轻松、比较落后。"（ZYK-FT20230419）不恰当的认知、负面的评价消解着乡村青年教师的自豪感和自信心。

（二）"普遍不受待见"

1."老师的正面新闻报道不多，但是负面新闻到处都是"

L老师回忆起25年前，周围老百姓对教师是很尊敬的，而如今整个社会的尊师重教氛围不如以往浓厚。从总体趋势来看，教师地位与所受到的大众尊重和认可是下降的，但是与5年前或者10年前对比，又是有所进步的，这与国家战略相关，得益于国家对于典型优秀教师的宣传及引导激励。近年来教师地位是在逐步提升的，但是在提升的同时仍然存在一定问题。"其实我觉得还有一些问题。好比最近我们看到的一些现象，老师的正面新闻报道不多，但是负面新闻到处都是，不管是捏造的谣言或是其他什么……所以我觉得社会上部分人对老师其实还是有一定的恶意。"（L-FT20230607）个别教师的负面形象对于整个教师行业形象的消极影响非常大，教师职业名誉受损，社会大众对于教师群体的信任感也可能降低。由此可见，对社会舆论的管控及引导还比较有限，积极正向的教师形象需要持续树立以带动社会舆论。

2."老师心里面有一些辛酸和落差"

对比当下与以前的教师社会地位、幸福感等心理体验，研究者访谈的大多数乡村教师认为，社会大众对于教师群体的认可度和敬重感没有以往年代高。LRF老师认为如今社会尊师重教意识淡薄；WQ老师感叹自己还是学生时感受到教师更高的社会地位，刚出来工作时尽管待遇差——555元的工资，但是教师社会地位较高，如今尽管物质待遇得到提升，但是社会地位大不如前;WJ老师在与家长的沟通交流过程中感受到的随意态度说明社会大众对于教师的敬重感逐渐降低。"现在不管是乡村教师还是什么教师,这个地位都不怎么好。"(WJ-FT20230615)

鲜明的对比使得多数教师们不免体会到强烈的落差感和酸楚感,从而可能对于自身从事教师行业产生一定程度的动摇。而这种消极的心理体验影响着教师专业生活的态度。"'上辈子杀猪,这辈子教书。'现在老师普遍不受待见,学生在学校里面有什么事都是往老师身上推。我相信绝大部分的老师都是尽心尽责的、爱岗敬业的,都是爱护学生、保护学生的,但是总是有一些现象……(停顿)可能老师心里面有一些辛酸和落差。"(LL-FT20230613)

根据社会交换理论,在整个社会交换过程中,交换对象都试图从对方那里获得某种回馈,如果在交换过程中获取了预期中的回馈,那么这种社会交换关系就具有延续和发展的可能性;若没有预期中的发展,那么交换行为将被终止。社会交换的资源不仅包含社会物质资源,还包含了社会情感资源,如社会认同、爱慕以及幸福感等。如果将教师的教育行为看作社会交换行为,教师付出精力和时间进行体力、脑力等劳动为教育事业服务,政府相关部门给予相应的工资待遇等作为回报。而当前看来,尽管教师的物质待遇随着社会经济发展而提升,但是在大多数教师眼中无论是乡村教师还是其他教师,其地位都不太高,即其社会情感资源并未得到相应的置换。缺乏职业尊重、认可、赞誉,这将影响教师继续进行教育这一社会交换行为的积极性,而教育场域中的教师专业生活也受到影响。

(三)"整个社会大环境对乡村教师不太友好"

对于乡村青年教师而言,他们可能并未将自己的乡村教师身份与城市教师身份做很大区分。乡村青年教师都满怀着热情投入教育事业,在他们的积极认知当中,乡村教师也是教师,如果热爱教育,无论在城还是在乡都是潜心育人、静心教书。

其实我没有太把自己当乡村教师,我觉得这就是我的工作、我的职业,我没有去做区分和对比。只不过是我工作地点在乡村而已,我并不觉得我就是个乡村老师。(Z-FT20230424)

其实我没有很明确地把自己定义为乡村教师,不管是乡村教师还是城区教师，职业都是一样，只是我们的学校和我们的学生所处的地理位置和家庭情况不一样而已。乡村的孩子可能普遍在家庭教育和见识方面比城区的孩子弱一些，对待乡村的孩子可能就要有更多的耐心。（LDM-FT20230524）

我觉得教育这个行业应该不用给它挂上地域的一个偏见吧。因为说实话，在乡镇教育可能生活方面更艰苦一点点，但是我觉得更主要是个人适应能力问题吧。如果说非要跟城区对比一下的话，我觉得乡镇可能更让人安静一点。因为在城区我感觉会让人更浮躁，静不下心来。在乡镇的话，如果喜欢这份事业，那都是潜心育人、静心教书。（WXJ-FT20230612）

如果要对乡村教师与城市教师进行区分，那么城乡教师所处工作地域不同，所面对的学生群体能力基础不同，所面对的学生家庭情况不一，以及存在某些物质条件等方面的差异。尽管乡村青年教师尽力积极看待自身与城市教师间的差异，但是社会环境及大众认知可能给其原有的积极认知带来一定冲击。正如NJ老师所言："我起先想到的乡村教师可能仅仅是在生活条件方面会有些差异，后来发现，整个社会大环境对乡村教师不太友好。"（NJ-FT20230615）

1. 刻板印象："你在乡下也能成长成这样"

处于城市的教师对于乡村教师并没有身份上的轻视，但是在其潜意识当中认为，乡村教师整体而言可能受限于乡村学校机遇、平台等往往表现出能力偏弱的特征，因而在遇到Z老师这样的乡村优秀青年教师时，他们会表现出伴随着惊讶的认可与赞誉。"因为我是乡村教师，我出去教研，我感觉他们没有因为我是乡村教师就对我抱有什么特殊的态度。但他们一直告诉我的是：'你好厉害，你在乡下也能成长成这样！'可能在他们的认知当中，乡村教师群体其实是偏弱的。"（Z-FT20230417）对于乡村青年教师而言，当其自我专业发展意识还不够稳定时，这种认为乡村教师"偏弱"的刻板印象不利于乡村青年教师专业生活中自我效能感的培养与提高。

2. 社会偏见："家长心中就是觉得城里的老师更好"

作为社会大众成员的家长也有对乡村教师的偏见，认为城里的教师就是比乡村的教师好，具体表现为他们极力将孩子送往城市学校就读。"我觉得可能有偏见的老师或者家长心中就会觉得城里的老师更好。他们就会觉得我小孩在城里上学就肯定能得到更好的教育。"（LFP-FT20230419）在LFP

老师看来,每个学校都有优秀的老师以及暂时不那么优秀的老师。身处 LB 小学,LFP 老师认为学校的老师都是很好的,并且不觉得这里的老师们不如城里的老师。但是避不开社会上存有的一些偏见、有些声音认为乡村教师没有城里教师好,甚至发出质疑:乡村教师如果好的话怎么不到城里教呢?因此,尽管在一些乡村青年教师眼中,城乡教师并没有什么大差距,自我认知当中自己并不比城市教师差,但家长的不认可、社会的不信任使其怀疑自己留在乡村学校任教的意义,并且动摇其专业自信。对于暂时不那么优秀的乡村教师而言更易影响其专业获得感。

3. 亲友劝说:"你可以进城到我们学校来啊"

身处乡村学校的 Z 老师,其优秀也为城市教师所认可,因此曾收到城市学校老师、校长抛出的"橄榄枝",希望 Z 老师能到城里学校任教以发挥更大的作用。"我的确是近几年有很多机会。我前几年(2016 年)参加比赛的时候,城里面的老师说:'像你这么优秀的老师,不要在乡下浪费了。'然后我当时考虑了觉得没有必要。近几年我去参加比赛,也有一些老师、校长说:'你看像你这么优秀,你可以进城到我们学校来啊!'"(Z-FT20230412)

还有的乡村青年教师也面临家人、朋友的劝说,在他们眼中进城离家近,可以更加兼顾家庭。有的声音还认为年轻教师不应该一直待在乡村,似乎年轻教师在乡村便是一种虚度光阴、不上进的表现。这在一定意义上归结于乡村青年教师日益增强的专业成长需要与不充分、不完善的乡村学校发展空间之间的矛盾。

有时候同学聚会一起吃饭,他们讲:"你怎么还不考进城?"……包括家里的亲戚长辈也会说,因为他们是站在我妈妈的角度:"小孩子大了,你也要回来啊,近一点。"毕竟这里也挺远的,回来上班近一点。(ZY-FT20230413)

有时候有些朋友会(用可惜的语气)讲:"哎呀,这么年轻,你一直待在这个乡村!"(WJ-FT20230612)

亲友更多站在"小家"的角度考虑,基于个人家庭和谐和个人成长发展来进行劝说。同行、领导还考虑到优秀的乡村青年教师来到自身学校可以充实提高师资力量。而这些更多的"利己"考量,可能使得乡村学校教师队伍青黄不接,乡村教师队伍年龄结构失衡。不稳定、不合理的乡村教师队伍难以为乡村青年教师专业生活提供积极的组织支持和有利的心理环境。

四、学生慢成长影响教师专业情感

教师劳动具有迟效性,即教育具有滞后性,如果要追求教育对象立竿见影的改变,那教育便不成教育了。教育真正带来的是影响,这种影响就好比种下一颗种子,但是不知道这颗种子何时能够发芽,多久能够开花,又在哪一年可以结果。教师只是种下这颗种子,期待着却并不过分期待着它的成长。因此,教师真正需要关注的是学生的"慢"成长。教师劳动带来教育对象的思想信念、科学知识和劳动技能等增长,使教育对象终身受益,同时也使教师自身收获情感价值。对于乡村学校教师而言亦是如此。乡村孩子相比于城市孩子可能在知识能力基础以及家庭教育方面处于弱势,总体而言他们的成长可能更为缓慢,但也更显珍贵。乡村青年教师暂时略显单薄的阅历因学生的慢成长而得到丰富,其使命感、成就感、满足感等专业情感也在学生慢成长中得到充盈。

(一)带来影响,唤醒特殊的使命感

ZY老师收到带的第一批学生的感谢信息,颇有感触。她回忆当时的自己,只是刚出社会的"小丫头",没有什么社会阅历和教学经验,但是能够用心做好每一件事,因为教育是一份良心事业。孩子们所接受的影响可能在当时只是被种下了种子,要在若干年后才能绽放出美丽的花朵,而作为"无心插柳"的老师也能收获一份惊喜的果实。ZY老师表示自己更应该感恩和感谢教过的每一个学生,他们就是自己的弟弟妹妹、儿子女儿。用真心真情换真心真情的过程,让其真切感受到了作为一名人民教师的价值感和幸福感,更是给人生注入了许许多多的能量,也不断给自己和孩子们赋能。

相比个人荣誉,Z老师更希望自己能够给学生带来影响,因为给学生带来积极向上的影响往往比自己个人获得荣誉带来的成就感意义更加重大及深远。"我觉得我的荣誉只能证明我个人。但是学生的成长证明我影响了他人。我更想带来的并不是对我自己的影响,我更想给他们带来能够帮助他们积极向上的影响。"(Z-FT20230424)在Z老师看来,教师这个职业给自己带来使命感,既然成为教师就必须履行好育人的职责,对孩子们负责。但是乡村教师与一般教师所面对的教育对象不同,具有一定的特殊性,乡村的孩子受限于教育资源,虽然乡村学校已经有越来越多比较好的教师留下,但

是由于家庭环境差异、家庭教育缺乏,家庭层面能够给孩子的经济资本、文化资本有限,因此乡村教师还肩负着不一样的使命——需要付出更多的时间和精力,来帮助学生尽可能弥补家庭教育方面的薄弱。

(二)配合进步,带来教学的成就感

对于 Z 老师而言,在 SD 中心小学的一年经历中,所带班级的孩子是其最大收获之一。"我觉得我收获最大的应该是那一个班的孩子。他们真的很乖。我也不知道是不是因为他们基础好,还是因为我后面抓得严,交给他们的各种任务都能完成得比较好。所以我觉得我带班还蛮有成就感的。"(Z-FT20230417)当他们能够配合自己较好地完成任务时,Z 老师能够从中收获成就感。此外,Z 老师认为:"学生对英语的喜欢,英语成绩的进步,我觉得都是成就感来源。"(Z-FT20230424)

"充满激情地教"是教师有意义专业生活的重要诠释。这也是 L 老师一直努力坚持在做的,但这种激情的维持需要学生的配合。"老师教需要学生的配合,不然就是对牛弹琴。"(L-FT20230607)教育教学互动是双向的过程,如果仅是教师唱独角戏,那么学生难以从中获得知识,教师也无法从中获得成就感。

帮助学生成长是 L 老师对于教师职业存在目的的定位。"我们这个职业存在的主要目的就是帮助学生成长。我们可以通过自己的努力跟教学经验,帮助学生掌握更多的知识以及技能,培养他们独立思考、创新以及实践的能力。说实话,看到我们教的学生一步步成长起来,我觉得这跟我们打下的基础有很大的关系,这也是一种成就感。"(L-FT20230612)作为基础教育阶段的乡村教师,L 老师通过自身学习与教学的经验在一定意义上在为学生的知识、能力、品格、价值观等"筑基"。当学生慢慢成长,并且这种成长与老师的教育影响相关联时,老师能够收获成就感。

(三)仍然记得,收获内心的满足感

"一朝沐杏雨,终身念师恩"是身为教师能够获得的来自学生真诚感念的满足感。当自己曾经教过的学生还能够记得并回来看望自己,那种内心的满足感溢于言表,更加激励着教师成为给学生带来积极影响的好老师。

我想努力成为孩子们在人生中遇到的好老师。就像我女儿遇到的那样。我希望等他们小学毕业也好,或者是以后长大也好,他们再提起我的时

候觉得小学时的英语老师是很好的,很负责任,教得也很好。(Z-FT20230420)

我们当老师可以获得内心的满足感。其实我们的要求不高,我们教的学生很多时候能够记得我们,至少他在以后成长的过程中能回忆起当时老师说过什么、鼓励了他什么,其实这就很满足了。(L-FT20230612)

关注学生慢成长的教师并不期待着学生在多短的时间内取得多大的进步或以后取得多大的成就。正如Z老师与L老师内心的满足感来自学生以后的成长与仍然记得的惦念。在他们眼中,只要学生能够在自己的影响下,按他们自己的步调在某个擅长的方向慢慢往上爬、向前进,当回忆起自己的校园时光,仍然记得老师说过的某一句话或做过的某一件事,作为"过来人"看曾经的老师能够对老师是持认可态度的,那对于教师来说便是满足感。

那个幸福感的话,不仅是说政府部门有多重视、教育部门投入有多大,更是看到一届一届学生健康成长,然后有一些学生还记得这个老师曾经教过他、教了物理,他们大学毕业以后还记得我这个老师。像去年有一个考上江西财经大学的学生过来看我,我觉得这就够了。(LL-FT20230613)

很多原来的同事也好,同学也好,朋友也好,他们都会问道:"你为什么不考虑进城?"其实这个问题我不是没考虑过,但是我觉得待在这个乡村也挺不错的。这里的学生其实也挺好的。我觉得当老师其实是有幸福感的……很多人都会回来看我们。比如说前几天刚高考完就有一拨学生来找我,那个时候我就觉得这个不是物质上的东西,而是在精神上比较有收获。其实这就是幸福感。(WQ-FT20230614)

以前的孩子也很感激我,时不时会回来看看我。我觉得这是我最大的一个满足感。(NJ-FT20230615)

政府的重视、教育部门的投入等给乡村青年教师带来物质层面的满足,是基本生存需要;学生的成长、惦念、看望等带来的满足感是精神层面的激励,与乡村青年教师幸福感息息相关。具有满足感、幸福感等情感体验的乡村青年教师内心是富足的,而内心富足的乡村青年教师往往具有更积极的专业情感,更乐意寻求过上有意义的专业生活。

第三节 职业生活境遇影响

教师的职业生活是作为教师的人在学校等场域中从事着教书育人的持续性的活动,在此过程中付出脑力劳动与体力劳动,获得报酬、个人能力或特长发挥的机会与平台,并且能够对社会做出一定贡献。Z 老师与 L 老师处于乡村学校场域,其职业生活中的任务性质与数量、发挥自身能力的机遇与平台、领导支持以及同事相处氛围等支持性条件都不同程度地影响着两位老师的专业生活。

一、身兼数职与多重角色

多项事务性工作、多重角色给乡村青年教师带来较大压力,这既是乡村青年教师过上有意义专业生活的消极影响因素,也是乡村优秀青年教师持续发展进行有意义专业生活的阻滞因素。时间的消耗、精力的分散给乡村青年教师带来劳累的身体体验以及疲惫的心理体验,专业获得感以及自我效能感在重压之下大打折扣,影响着专业生活质量。

(一)"真的没那么多时间和精力"

多重角色使 Z 老师感到疲惫、劳累、分身乏术。刚接任教务主任工作时,整理材料、迎检等学校事务占据了 Z 老师的大部分时间和精力,Z 老师原本正在准备考研,但是接手教务工作使其无暇顾及。"2015 年那个时候当班主任,在班上改作业、备课,我还在看考研的书。但是后面九月份的时候校长让我来接管这里(教务处),我的精力几乎全部被学校事务分散了。"(Z-FT20230417)由于烦琐的事务和大量的精力分散与消耗,Z 老师没能考研成功,后来因为忙碌于政教事务,缺乏精力,再没有考研的想法了。

"一专多能"要求下,Z 老师作为专业的英语老师要从事非专业的音乐教学,这让 Z 老师很苦恼。"让非专业人士来从事专业的任务,真的没有办法操作。我们的老师自己专业都还没研究明白,自己的专业都还要去研究和琢磨,哪有这么多精力?城里面老师要研讨,我们乡下老师也在研讨。城里面老师只要研究自己的专业,我们除了研究自己的专业,还要研究别的专业,真的没那么多时间和精力。"(Z-FT20230426)据了解,Z老师对于"一专多能"的抗拒主要来自自身音乐教学知识与能力的匮乏,容易给孩子带来错误的认知,这是Z老师十分难以接受的;此外,她也缺少时间和精力来研究自身专业之外的其他专业。

"一专多能"的初衷是缓解乡村学校结构性缺员,但实际上,尽管是接受能力较强的乡村青年教师也难以做到。从能力上来说,其大学期间接收的教学模式较为单一,难以匹配当前形势下乡村教师"一专多能""全科教学""本土化教学"等要求;从时间上来看,尽管乡村优秀青年教师可能具备学习其他学科以及乡土文化知识等的能力,但是他们有非常多其他的任务,而一个人的时间和精力是有限的,他们没有充足的时间去学习并胜任非专业的教学,反之还可能影响他们的本职专业教学;从心理上来说,乡村青年教师,尤其是刚入职不久的乡村青年教师,面临这样的困难任务极易出现畏难心理,一方面影响其身心健康,另一方面也给其他工作的开展带来阻滞。

(二)"我也产生了辞去行政职务的想法"

2019年9月,L老师从教务处调到政教处,职务调动使得L老师的主要工作内容发生变化,也影响着其投入于专业生活的时间和精力,更影响着其心理体验。"身兼数职"是L老师对自己当前角色状态的描述,由于政教处的工作与教务处的工作很不一样,打交道的对象不一样,精力花费与投入重心也发生改变。"其实有很多时候,我也产生了辞去行政职务的想法。我现在是身兼数职,既是政教处主任,又是七年级的分管领导和年级组长,还是九年级两个班的科任教师。可以说我现在最多的不是教学工作,而是教学之外的事务性工作。"(L-FT20230607)譬如要前往或者组织人员前往进行防溺水宣传,以及加强重点学生的教育等等,L老师认为这些方面要耗费大量时间与精力。

在L老师个人想法中,在教务处工作更加单纯,自己还是更愿意待在教务处。政教处除去常规性的事务工作外,还需应对很多突发情况。例如学生发生打架等冲突情况需要L老师等在岗老师立即处理。在政教处要经常性地与各种调皮学生打交道,总是处理问题学生间的各种突发矛盾以及各种检查等烦琐事务,这会令L老师产生哭笑不得以及烦躁的情绪体验。"没课时基本上在这里处理这些杂事,做一些迎检材料,像安全这一块太多材料了！我现在桌面上一堆都是这几天要报的材料。"(L-FT20230613)有老师调侃道:"除了畜牧局没有给一线教师安排任务,剩下所有的都有任务。"表明当下教师所面临的专业生活阻滞困境——当前时间投入最多的不是作为任课教师的教学工作,而是作为其他职务承担的教学之外的事务性工作。

"教师是履行教育教学职责的专业人员",但是伴随学校功能的扩展,教师职责被动随之扩充,教师通常被迫面临着来自多方问责和督导的压力,最终外化为无休止的评比考核、行政任务摊派,降低了教师的工作效率[①]。职业生活与专业生活存在交叉融合,但并非所有的职业生活都是专业生活,职业生活中烦琐的、不可预计的事务性工作挤占了教师们进行有意义专业生活的时间,耗费了他们投入专业生活的精力。

二、机会难得与平台有限

各种培训、比赛、教研活动是乡村优秀青年教师专业生活的重要内容。有的老师认为各种活动挤占了自身日常生活时间,但在乡村优秀青年教师眼中那是难得的机会,身处乡村学校,他们培训机会与发展平台有限。尽管相比于其他乡村青年教师,Z老师与L老师具备更多的机会,获得了更多的支持,但相比城市大学校的机会与平台,乡村优秀青年教师持续发展的机会与平台仍然有限,一定程度上影响着其专业生活意义程度的持续提升。

(一)"在乡下的确是机会很少"

ZYK校长认为城区教师承担着更多任务,因此相应的机会与业绩会更多。"城区毕竟承担的各种任务更多,所以机会也更多,资源也更丰富。因为乡下承担任务更少,所以同等条件下,乡村教师获得业绩的机会会更少一些……城里面发展得快,机会还是更多一些,尤其是对年轻老师来说这个需求可能会有所影响。"(ZYK-FT20230522)城乡发展差异使得城市学校所集中的各种资源比乡村学校要更多,因此城市教师所面临的任务与活动比乡村教师更多。对于乡村青年教师而言,其更加渴求机会以求专业进步,相比于年长教师,其精力更为充沛,愿意承担更多任务以换取专业成长机会。因

---

① 蒋帆,虞梓钰.教师减负政策执行效果研究[J].教师教育研究,2023,35(5):43 – 50.

此,乡村青年教师的"向城性"更加突出。

对比城乡条件,Z老师坦言:"我觉得乡下条件更差,然后成长的环境、学校能给予的一些条件的确是没有城市学校能够给予的多。我觉得城里面老师会更优秀,而且也的确有更多机会……"据Z老师回忆,她刚来的几年学校每年都有老师申请调动,原因就在于许多老师都认为:"在乡下的确是机会很少,没有什么机会。然后要出去外面才有更多机会,才有更大的平台,才能更好地成长。所以基本上每年都有老师走,那个时候留不住人。"(Z-FT20230424)

在Z老师看来,"农村优质课"比赛相当于是给予乡村教师一个绿色通道,即单独的一个赛道去参加比赛。"其实也的确是因为各种资源的不足,乡村教师难以与城里的老师竞争。其实这相当于单独给乡村老师进行匹配,有另外一个赛道,能给乡村老师更多机会。乡村老师可以站到舞台上去展示,然后获得一些东西,这个还挺好的。"(Z-FT20230426)

表3-2　Z老师"优质课""教师素养"比赛获奖汇总表

时间	奖项内容
2016年5月	在SS镇小学教师"能力提升"优质课竞赛中,荣获英语组一等奖
2016年6月	在2016年全区农村小学英语优质课比赛中,荣获一等奖
2018年1月	在2018年全区小学英语优质课例比赛中,荣获二等奖
2020年1月	在2019年秋SS镇农村优质课竞赛中,荣获二等奖
2020年10月	在2020年秋SS镇小学英语优质课比赛中,荣获特等奖
2021年9月	在2021年秋SS镇小学英语教师综合素养大赛中,荣获特等奖
2021年10月	在2021年全区农村小学英语素养比赛中,荣获一等奖
2021年12月	在2021年全市农村小学英语教师素养大赛中,荣获一等奖
2022年12月	在2022年秋SS镇小学英语优质课比赛中,荣获特等奖

乡村教师优质课评选活动、教师素养比赛等是加强乡村教师队伍建设,提升乡村教师教育教学水平的重要活动途径,也有利于乡村基础教育高质量发展。Z老师积极参加镇里及区里的优质课比赛,在比赛中提升自身能力,争取崭露头角,从而抓住更多发展机遇。

机会与挑战总是并存的,要有收获首先得"只问耕耘,不问收获"。相比其他缺乏更多机会的老师,L老师正因为承担了电教相关工作,辛苦负责之余也有更多机会参加培训。"我个人能够得到比较快的成长,一个是因为我有比较多的机会参加培训,我负责电教,电教一旦有培训我就要参加。第二个是因为我个人比较热心给别人解答问题,所以得到了县里面和省里面电教部门的赏识,然后提供了一些平台,可以有更多展示自己的机会。"(L-FT20230531)L老师将自己的快速成长归因为有较多机会参加培训,在其眼中,培训不是负担,而是丰富专业生活的重要内容。此外,得益于个人热心帮助他人解答问题,L老师得到了领导的赏识,也因此拓宽了自身的发展平台,获得了更多展示机会。

(二)"没有专业的人指导"

受工学矛盾以及地域关系等影响,乡村学校与外界名校、名师接触交流的机会少,因此缺乏权威的专业引领。作为"走出去"到过比较多地方的老师,L老师认识到大城市、大学校的老师跟乡村教师相比确实大不相同,在专业素养方面,总体而言乡村教师远不及城市教师。并且在培训过程中L老师也见到城市学校的教研,发现乡村学校教研存在的难题。"他们那边的教研其实是真正能够让这个上课的老师知道自己课的长处、短处,以及以后应该怎么做。这一点对青年教师来讲是很重要的,一定需要有人指出你的错误,并告诉你怎么做。而我们这里作为乡村的学校,很可能比较多的情况是,因为没有专业的人指导,所以不一定能发现课堂的不足之处,能够发现的其实都是问题比较大的,就算发现了也不一定有人能够指导。所以我觉得缺乏专业的教研指导也是我们乡村的青年教师当前面临的一个比较大的缺点(问题)。"(L-FT20230607)

教研活动作为乡村青年教师专业生活中的重要内容,其有效性的发挥程度关乎着乡村青年教师专业成长发展的速度与质量。然而缺乏兼具中小学教学经验、教育学理论的高职称、高学历的学科教育专家的指导与支持是其专业成长之痛[1]。由于缺乏专业指导,乡村青年教师的教研往往流于形式,并未发挥其在专业生活中应有的效用。L老师认为扎实有效的教研是能够促进老师提高较快的方式,因此期望着乡镇学校的教研也能够跟市里面

---

[1] 张恩德,王小兰,曾辉.基于名师工作室的乡村教师专业成长:影响要素与成效分析[J].黄冈师范学院学报,2022,42(3):7-12.

的教研一样，切切实实起到引领的作用，让乡村青年教师有地方可以学，能够学到有需要的东西，让教研真正发挥作用。

作为领导者的 ZYK 校长看来，Z 老师近十年一路走来，通过她的努力、按照她自身的节奏在一步一步向上发展，但是在提高的同时也存在一定困难。"我觉得她如果再有一些名师或者大家带一带可能会更好，要有这样的机会更好。"（ZYK-FT20230522）因此，乡村青年教师通过成长态的专业生活来提升自己，既需要独立自主的探索，也需要专业引领与指导，只有二者结合才能走向深度的自我发展。

（三）"到更远的地方去可能平台更大"

我觉得乡村老师想要在外面变得很优秀，真的很难。最近我们区里的英语教研员建议我进城，她跟我说过两次。其实她想推我去参加省里的比赛，但是因为我一直在乡下，能得到的支持更少。这需要很多方面的支持——校长的支持、学校的支持、资金的支持，还有人脉资源的支持。所以她觉得如果我想要往更大的舞台或平台上走，那建议我还是要进城。（Z-FT20230420）

其实人有大能力、有大的平台，不一定是坏事，到更远的地方去可能平台更大，可能做出的事情会更有价值，更能体现一个人的价值。不一定说这么优秀就一定要待在这个乡村。我觉得哪里的平台适合，就应该去哪里展现价值。反正都是为教育。（WQ-FT20230614）

其实作为个人发展来说的话，长期待在这儿，确实大环境并没有把优秀乡村教师的这种优势给体现出来。所谓"人往高处走"。我觉得像 L 老师现在这种情况如果留在乡村，屈才了。（NJ-FT20230615）

可能这个能力越强，这个志向也会越大。但是我觉得 L 老师在这里这些年生活得也比较开心。他有能力去其他学校。可能在乡村学校不能完全体现他的作用，如果去其他更好一点的学校，他的作用就更大了。（WJ-FT20230615）

个人的发展离不开组织支持，积极的组织支持包括提供充足的发展平台。人要寻找与自己能力相匹配的平台才能最大化、最优化发挥其理想价值。在大多数乡村青年教师的认知观念以及实践中，乡村学校能够得到的各方面支持十分有限，发展平台也因此受限。如果暂时放下奉献情怀，基于

Z老师与L老师个人发展角度出发,无论是教研员还是同事都认为乡村学校可能难以提供充分的发展平台,难以让两位老师发挥更大的作用。

三、领导支持与坚强后盾

对于Z老师和L老师等乡村优秀青年教师而言,所在学校领导的管理风格与支持程度在其专业生活中起着至关重要的作用。马林诺夫斯基的学校文化理论认为,强有力的学校文化能够加深教师对乡村学校价值体系的认同,促进乡村教师形成稳定的共同体[①]。乡村学校领导管理风格与管理理念作为乡村学校文化的一部分,关系着能否营造稳定的支持性学校文化,影响着乡村教师的教育价值观和行为,从而影响着乡村教师的归属感和乡村教师队伍的凝聚力。

(一)管理风格与管理理念

学校和学校系统构成的组织环境对教师职业生涯有重要影响,学校规章制度、管理风格等是其中起影响作用的重要变量[②]。因此,乡村学校领导的管理风格和管理理念影响着乡村青年教师的留任意愿与自我专业发展积极性。Z老师在SD中心小学只待了一年就离开的原因之一还在于领导未能听取诉求反而"嘲讽",因此Z老师决心离开。

来到LB小学,校长在"一家人"的管理理念指引下切实做到关心教师,尤其是关心青年教师的生活以及发展,这使得学校教师感受到人文关怀以及产生归属感。"我个人比较赞成大家是'一家人'的理念。平时的工作就是按照规章制度(开展),同时也辅以人性化管理,在大家自觉遵守各种规章制度的前提下,建设一个比较人性化的'家庭式'集体。这样全体老师就能像一家人一样,以'校'为'家'。这样各方面的相处也更好,工作的开展也更顺畅,使这些老师,尤其是一些外地的老师更有归属感与幸福感。"(ZYK-FT20230419)

有关挪威城乡教师幸福感的一项调查发现,乡村学校因为小规模以及

---

① MASLOWSKI R. A review of inventories for diagnosing school culture[J]. Journal of Educational Administration,2006,44(1):6-35.

② 费斯勒,克里斯坦森.教师职业生涯周期:教师专业发展指导[M].董丽敏,等译.北京:中国轻工业出版社,2005:38-40.

工作环境带来的归属感使得乡村教师对工作环境产生积极的情绪体验,从而获得更高的职业幸福感①。能够带来归属感的学校不是教师上班应付工作的地方,而是过有意义专业生活的温暖大家庭,能够给乡村青年教师们带来职业幸福感。"我觉得学校要给老师一个归属感吧。如果没有这个归属感,可能在这里只是上班,其实只是应付工作……我们校长的理念是'一切以教师的需要为出发点',所以他会在平常生活中仔细观察我们老师需要什么,从细节处照顾和改善老师的生活,既有人文(精神上的)关怀也有物质上的关怀。"(Z-FT20230424)对于 Z 老师而言,LB 小学不仅是自己工作的地方,"这个学校应该是我的归属"(Z-FT20230426)。

　　L 老师历经了四任校长,每个校长都有不同的风格。"第二任校长在这里任职四年的时候,我觉得是我成长最慢的时候……可能风格不一样吧,每个校长他注重的点不一样。"(L-FT20230605)L 老师经历的第二任校长主张"过得去就行",不追求什么,如此"不做就不错"的理念与价值观使得 L 老师对自己的奋斗目标产生了怀疑:"我那个时候觉得跟校长的理念、价值观完全不同,所以当时在这里待得很不舒服。但是那个时候我也没有想过调走。不过还好,他只在任四年就走了,换了一个校长,新校长很重视这些,所以我的成长也很快。"(L-FT20230614)

　　与 L 老师的第二任校长不同,第三任校长尽己所能引进了许多保障资源,激发了学校教师们的积极性。"他请人,拉各种赞助回来,相当于提供后勤资源以支撑教学质量。所以那个时候大家积极性也比较高。"(L-FT20230605)

　　美国管理学家罗伯特·布莱克和简·穆顿创立领导方格理论,根据领导者"对生产的关心"和"对人的关心"不同比例相结合,划分出五种基本类型的领导方式:任务型管理方式、贫乏型管理方式、乡村俱乐部型管理方式、中间型管理方式(中庸之道型)、战斗集体型管理方式②。不同的领导有不同

---

① BURNS R A, MACHIN M A. Employee and Workplace Well-being:A Multi-level Analysis of Teacher Personality and Organizational Climate in Norwegian Teachers from Rural, Urban and City Schools[J]. Scandinavian Journal of Educational Research,2013,57(3):309–324.

② 毕蛟.布莱克和穆顿的管理方格理论[J].管理现代化,1990(6):43–44.

的管理风格和管理理念。Z老师在SD中心小学的领导更多表现为"任务型管理方式",关注任务的完成,通常采用单向的指令方式,作风专制,并未适当听取意见;对人关心少,忽视教师作为自然人的需求。LB小学的校长则采用"战斗集体型管理方式",既关注教师作为教育者的工作职责与专业发展,同时也关注教师作为自然人的感受与需求,给予充足的人文关怀,重视群体归属,在管理过程中将学校任务需要与个人需要结合起来。而L老师的第二任校长则更多体现出"贫乏型管理方式",对于工作以及人员都不太关心,未能尽到应尽的职责。总体而言,学校领导不同类型的管理方式反映着其不同的管理理念,对于乡村青年教师自我专业发展意识有着不同的影响作用。如果领导秉持以人为本、积极向上的理念,在其影响下乡村青年教师专业生活中则表现出积极的情感体验与行为倾向。

(二)支持力度与赏识程度

支持性学校文化下领导具有更多的支持性举措,尤其对于乡村青年教师而言,更多赋权增能的举措有利于增强乡村青年教师的主人翁意识,增强其参与学校事务的积极性,能够助力其有意义专业生活中的专业成长价值。由此,领导的大力支持与认可赏识是乡村青年教师提升专业生活的底气和强有力后盾。反之,缺乏领导支持的乡村青年教师专业生活将会贫乏,其自我专业发展意识将遭到阻碍甚至扼杀,产生自我怀疑甚至自我否定,从而导致完全"躺平"。

如果说Z老师成长为如今的乡村优秀青年教师,可以称之为"千里马",那么LB小学校长可以说是Z老师的"伯乐",校长的赏识与支持给Z老师带来了成长机会。"我觉得也是感谢遇到了'伯乐'。'千里马'其实需要'伯乐'。其实我是遇到了'伯乐',遇到了我人生中的'贵人'。第一个是给我'开门引路'的校长,他帮我牵引,然后给我支持。然后第二个是教研员。之前的教研员和现在的教研员都是我的引导者,她们给我机会成长,跟着她们能学到很多。"(Z-FT20230417)借助校长引进的资源,并通过自身能力素质证明,获得教研员的认可与赏识,从而获得更多机会,Z老师从校内走向区级舞台,再到达全国舞台,一步步站在了更大的舞台上,丰富和充实了自身专业生活,为专业发展奠定基础。

在Z老师看来,领导在其专业生活中起着重要影响作用。校长的大力支持是 Z 老师强有力的后盾,使得其有自信放心大胆去尝试、去发展。"我非常放心在这工作是因为我们校长绝对是百分百支持我的。他是非常坚强的后盾。很多时候我要出去学习,我只要跟校长说,他都说:'好,你去!'他都放手让我去学、去做。他都很放心,然后也愿意支持。"(Z-FT20230424)典型鲜明的实例之一在于,当区里的教研员给 Z 老师发消息说有培训的机会,想带 Z 老师一起去,询问 Z 老师的意向,Z 老师有底气直接给予肯定的答复:"好,我去!我们校长肯定会同意的。"领导的赏识与大力支持被 Z 老师归为自己留在乡村继续教育事业以及自身专业成长的重要正向影响因素。

基于专业性强及热心肠,L 老师在给大家解答问题的过程中得到领导的认可与赏识。"我们全县有一个电教群,我遇到的问题可能他们也会遇到,很多人会在群里问,他们问了之后我就会回答。然后在这个解答过程中,领导看到了,觉得我专业性很强,我个人因此得到了领导的赏识。"(L-FT20230619)在此过程中 L 老师也收获了专业自信。

如果缺乏领导支持,乡村青年教师的专业生活丰富程度与意义程度将大打折扣。在 L 老师的专业生活中,培训活动是出现频率较高的,并且如今的 L 老师有强烈的意愿参与培训,但是由于很多培训时间可能会占用平时常规教学时间,会对课务产生影响,因此校长对此支持程度可能发生变化,也影响着 L 老师参与培训的意愿与心理体验。"每一个校长对培训的支持程度不一样。我能够感觉出来上一个校长不太支持我去培训,他认为会影响正常的教学……我们现在的校长上个学期其实很支持我去培训,但这个学期我去省里培训了三次,所以我感觉他有点不太高兴,觉得会有影响。"(L-FT20230605)因此,L 老师认为学校在教师培训支持与保障力度方面应当加强。

L 老师认为乡村青年教师成长缓慢甚至停滞的主要制约原因之一是学校领导不支持。"学校校长作为一把手,如果他不支持,老师是很难有成长的。"据 L 老师了解,有些乡镇以下甚至包括县城的学校领导有着共同的思维定式:"他们会认为把老师培养好了之后,教师就会往更高处走。乡镇尤其明显。所以很多校长不希望老师成长过快,因为他认为老师成长之后就会'远走高飞',考进城往城市里面走。而正是这个思维导致很多校长可能开始会支持,但是一旦发现老师有比较快的成长,就会出现打压的情况。"

（L-FT20230607）

"教而优则逃"是乡村学校场域中可能发生的现象,其原因在于乡村学校现有的有限平台与乡村教师寻求更进一步发展的需求之间的矛盾。在 L 老师看来这其实可以理解,"良禽择木而栖",没有相应的待遇其实是留不住人的。乡村教师留任应该由国家政策来吸引,而不是让老师迫于舆论等压力而"无奈坚守"。但是乡村学校部分领导并未从"拉力"角度吸引优秀的乡村教师留下,而是采取阻止成长的错误方式反而将优秀的乡村教师"推走",甚至打断乡村教师向着卓越方向成长。因此,领导支持匮乏甚至打压不仅不能留住乡村教师,反而给乡村教师专业生活带来消极影响,损伤教师寻求自我专业发展的积极性。

四、工作氛围与相处情谊

乡村教师的职业生活在乡村学校场域中进行,乡村学校条件影响着乡村教师的职业生活,尤其是学校条件中的心理条件,对于任职时间不长、还未与乡村学校建立稳定联结的乡村青年教师影响重大,在无形之中影响着乡村青年教师的专业生活。

乡村学校同事之间积极、友好的氛围是吸引乡村青年教师留下坚守的"拉力",乡村学校物质条件较差在一定程度上是乡村青年教师离开的"推力"。在 LB 小学,这种"拉力"带来的影响比"推力"更加重大,当"拉力"作用大于"推力",乡村青年教师能够克服"推力"带来的消极影响而选择留下。"尤其是我们大家在这边工作的氛围比较好,所以虽然部分条件会差一些,但是也没有成为致使他们离开的重要因素。"（ZYK-FT20230417）

美国一项调查发现,乡村教师相比城市教师时间压力大一些、工作环境差一些,但工作压力较小且拥有更和谐的同事关系[1]。"温暖""团结""友爱"是 Z 老师对 LB 小学这个"大家庭"的形容,老师们之间整体是团结的,虽然不可避免偶尔会有一些矛盾,但是整体相处是非常融洽、愉悦的。"其实我觉得我们学校还蛮人性化的,同事之间挺为别人考虑和着想。在这里,大

---

[1] ABEL M H, SEWELL J. Stress and burnout in rural and urban secondary school teachers[J]. The journal of education research, 1999, 92(5):287-293.

家能够跟同专业的老师相互学习。"(Z-FT20230515)这种和谐的氛围影响教师的内在工作动机,作为内在因素比外在激励更能影响乡村教师的入职与留任[①]。

对比城市学校及非寄宿制学校的老师们上完课就回家,WL中学作为寄宿制乡村学校,这里的乡村教师们互相沟通、一起相处的时间更多,L老师认为老师之间关系融洽。"大家平时就像邻居一样,有问题都会互帮互助。但是像城里的学校,他们说很多时候去那里几年了,除了本办公室的,其他人都还不认识,因为大家都是下班后就回家。我们这里因为大家都在学校,互相沟通联系的时间更多,所以像家人一样的氛围更浓厚。"(L-FT20230613)和谐融洽、互帮互助的氛围、同事朋友间的情谊等是吸引L老师留下的"拉力",在各种"拉力"作用下使得L老师坚守乡村学校,并且正向影响着L老师的专业生活。来自外地的乡村青年教师LL老师也感受到同事朋友间的情谊:"身边的这些同事朋友间的情谊有些不舍。"但是LL老师也坦言:"如果有好的机会、好的方向的话肯定会走。"(LL-FT20230613)同时朋友间的情谊是吸引LL老师其留下的"拉力"之一,然而来自其他地方的"好的机会""好的方向"是另一个"拉力",对于LL老师来说,"走"的"拉力"比"留"的"拉力"更具吸引,因此LL老师留任意愿并不强烈。

综而观之,和谐融洽的相处氛围、互帮互助的相处情谊等积极心理条件有一定的心理向心力,在无形中增强乡村教师的归属感和凝聚力。但是,这种吸引程度与增强程度因人而异,在乡村教师的专业生活中起着不同程度的积极影响。

[①] ASHIEDU J A, SCOTT-LADD B D. Understanding teacher attraction and retention drivers: addressing teacher shortages[J]. Australian Journal of Teacher Education, 2012, 37(11):17-34.

第四节　家庭生活场域影响

个体总是在一定的社会生活之中,如家庭生活。在家庭中建构的社会联系或社会网络对于个体成员的意义在于提供社会支持,家庭成员的支持是最普遍也是最基础的社会支持,这种社会支持可以为个体提供社会资本、经济资本和情感资本[①]。纵观Z老师与L老师生命历程中的求学、就业与成家等关键事件,原生家庭以及与配偶组建的家庭中,家庭成员在他们的选择中起着重要作用,最终对其专业生活产生影响。

一、求学:家庭资源的限制与激励

家庭是个体重要的社会化场所之一,对于个体生命历程中关键事件的抉择有着较强的影响。对于乡村青年教师而言,这种影响来自家庭资源的限制与激励,既包括经济资本的影响,也包括社会资本和文化资本的影响。

家庭经济条件在一定程度上制约着乡村青年教师从教前期文化资本的获得。Z老师原本有选择外地学校的机会,但是在母亲的"强制"要求下,被"守"着报考本地G学校。"她当时怎么样都不肯留在赣州读书。去外面的话,成本肯定要更高,所以家里人不同意。然后她又是个很有个性的人,在她填志愿的时候,我老妈硬守着她,害怕她又不听,填到外面去。"(ZY-FT20230413)受母亲期望和抉择影响,也受家庭经济水平制约,Z老师做出了妥协与让步。另一方面,相对贫乏的家庭物质资源环境在一定意义上激励着Z老师努力改变自身不利的家庭境遇,也在无形中使Z老师为家庭考虑。她虽然颇具个性,但在大事上也不任性,而是具有责任感,能够顾全大局,并且致力于提升自身能力,奋发图强。这与Z老师专业生活中责任意识、大局意识的个性品质的形成,以及面对困难总是迎难而上的精神相呼应。

L老师父亲丰富的学识与阅历是L老师家庭文化资本的一部分。在面

---

① 廖绣渺.乡村教师生命轨迹与留任逻辑:一个生命历程视角的分析[D].北京:北京工业大学,2023:41.

临求学选择时，L老师父亲选择了民主的方式——让L老师自行选择重点高中或是师范，父亲并没有再为他"指路"。"当时我就问我爸爸选哪个好一点，是选重点高中，还是师范？其实当时我的分数线两边都可以选择，绰绰有余。当时我就想，因为以前很多时候都是父亲给我指好了路，然后我问他，他就跟我说：'你自己考虑一下，你以后想走什么样的路。'"（L-FT20230530）父亲在大事的抉择上放手将自主选择权交还给了L老师本人，这对于L老师而言也是一种锻炼，激励着L老师在今后的抉择上都自主、果断、坚决地选择并坚持走下去。

二、就业：家庭成员职业经历影响

代际传递是个体生命与社会联系在纵向维度上的表现，乡村青年教师的职业选择在一定程度上受家庭成员职业的影响——可能是直接影响，可能是间接影响；可能是主动选择的影响，可能是被动接受的影响。

在没有稳定工作的Z老师母亲眼中，教师职业是稳定的"铁饭碗"，有了它就有个保障，所以妈妈希望两姐妹都成为教师。"我们两个当老师，是因为妈妈没有一份稳定的工作，所以他们这一辈人，特别是他们这种没有单位的人，就觉得我们要有'铁饭碗'，觉得我们这一辈子要有个保障。反正你要发财也发不了，但是有最低的这些保障就好了。而且她觉得女孩子当老师有寒暑假，比较好顾家。所以从母亲的角度，她是希望我们往这方面走。"（ZY-FT20230413）基于母亲求稳定的期待以及姐姐ZY已然成为一名乡村青年教师，Z老师也在此影响下迈入乡村教师行列。

L老师生活在一个"教师之家"。"我爸爸是老师，其实我爷爷也是，然后受整个家里的影响，我姐姐也是老师。我读初一的时候，我姐姐当时初三，之后她就考师范出来当老师。"在身边环绕着多位教师家庭成员的环境下，L老师在初中毕业后选择读师范时就已准备着成为一名教师。"应该说我身边都是老师，言传身教，我自己也觉得以后当老师是一个很好的选择。"（L-FT20230530）一直在学校生活的L老师对于学校环境以及学校的教师和学生都有一种亲切感与熟悉感。受家庭成员教师职业的影响，L老师较早地对教师职业具备了一定程度的认知，并且形成了对教师的敬意，也因此造就了其简单朴素的从教的初心。

由此可见，家庭长辈对于个体就业选择的影响不仅在于认知观念的直接影响，也在于行为示范的间接熏陶。对于未能有一份稳定职业的 Z 老师妈妈来说，期待着女儿能够争取到教师这个"铁饭碗"，得到一份生活保障；对于同样是教师的 L 老师父亲而言，成为一名乡村教师是 L 老师在周围教师潜移默化影响下的自主选择，他也为 L 老师多年一路走来的成长而感到满意与自豪。"我父亲虽然不表现出来，但我也能感受到他其实是很满意的。"（L-FT20230605）

三、成家：角色变化形成角色分工

根据生命历程理论，人在不同的阶段会扮演着不同的角色。在家庭生活中，"成家"这一关键事件使得个体主要生活环境可能经历从与父母共同生活的家庭到主要与配偶共同生活的家庭的转变。与此同时可能增添了妻子或丈夫、父亲或母亲等角色。成家也伴随着相关家庭事件的发生以及家庭分工的产生，这些都可能对专业生活产生重大影响。如果家庭事务分工不当，则容易形成矛盾与摩擦，从而对专业生活产生负面影响；如果能得到家人的理解与支持，形成和谐的家庭氛围，则有利于专业生活顺利进行。

比赛是 Z 老师专业生活中的内容之一。Z 老师曾将做课件、改课件等任务带回家里，这引发了她爱人的不满，认为 Z 老师回家"加班"是没有尽到家庭教育职责的表现，于是在协商之后双方达成一致——都尽量不把工作带回家。这个学期 Z 老师晚自习安排从一个晚上变成了两个晚上，因此 Z 老师一周有两天晚上不在家，于是 Z 老师爱人"有点意见"。但在 Z 老师自身看来，回家还要照顾小孩，还要做一些其他的事情，其实在家里更加缺乏属于自己的时间。烦琐的家庭事务以及不明确的家庭分工将会挤占专业生活时间。因此，多一个晚自习反而多了属于自己的时间。

总体而言，Z 老师对成家后的家庭事务分工逐渐满意。由于和老人（公公婆婆）住在一起，平时工作的时候孩子就是老人在照顾，不需要 Z 老师和爱人操很多心。并且爱人还给了自己很多的支撑，在不和老人一起住时，能够和她一起分担家务。"我觉得我老公的家庭责任感是很强的。目前的状态我觉得还比较满意。因为两个人是相互分工的，如果是在老人身边住的话会依赖老人家，然后夫妻两个人一起去承担的话事情就不多。现在我们

周末就是去自己的房子住,我们两个人带两个小孩,两个人是相互分担着去做事的。"(Z-FT20230515)

在L老师的家庭分工当中,他自身承担了孩子的启蒙教育工作,爱人主要负责平时的功课辅导和孩子的照顾。"其实小孩的教育除了启蒙教育,像现在平时的功课,一般是我老婆负责。还有一部分是我父亲承担,我父亲原来也是老师,包括我妈妈也会辅导,我妈妈原来是幼儿园的老师。"(L-FT20230614)得益于父母支持以及他们曾经作为老师的经历,他们也承担了一部分孩子的教育事务,这给L老师很大程度的支持。

L老师的家庭生活在去年发生了许多"关键事件"——父亲退休,爱人也考进城了,一个小孩就刚好去城里读一年级,另外一个去城里读幼儿园大班,因此全家人都从圩上去了县城,这里实际上就只剩下L老师一个人。L老师表示家人刚走的时候自己感觉很不习惯,所以就产生了离开此处乡村学校的想法。但是随着时间过去,一个学期之后他也从不习惯到习惯了。L老师的爱人希望他能够进城。"她是希望我能够进城,但是我也跟她说过,我有我的规划,我会找到最适合我的路,当然我肯定会兼顾家里。但不是她想我过去我就能过去的。所以她也理解。"(L-FT20230614)对于L老师的职业规划和选择,爱人和父母都给予了理解和尊重。

除去情怀,L老师认为自己这么多年没有离开很大程度上是因为一家人都在这里。而如今家里人都由于退休、工作岗位变动以及上学等原因搬去了县城。谈及未来,L老师表示如果因为子女的教育问题需要离开乡村学校,那么自己可能也会走上这条路。"可能自私一点的话,这个学校离开了我照样可以运行,还有更优秀的老师会来。但是对于孩子来讲,如果我在她最需要的时候没有去帮助她,那可能就是一辈子的遗憾……"(L-FT20230612)由此可见,成家后子女的教育问题是影响乡村青年教师就业地点的重要因素。

综而观之,由于社会文化对性别角色的一般定位,女性往往被要求承担更多的家庭职责[①],因此Z老师相比于L老师在专业生活中更多地面临着来自家庭生活的压力。传统的家庭职责会给Z老师的专业生活带来压力与阻

[①] 程妍涛,徐鸿.幼儿教师专业生活论[M].济南:山东人民出版社,2010:99.

碍,幸运的是家庭成员的分担减轻了这种压力。L老师爱人在家庭生活中也分担了许多,让L老师得以全身心投入其自身专业生活。相同之处在于,对于Z老师和L老师而言,自身家庭都是一个积极的支持体系。爱人对于其工作尽管偶有意见,但总体是理解并支持的;长辈(父母、公公婆婆)在一定程度上分担了家务、照顾孩子、辅导孩子的任务。这些都为Z老师和L老师的专业生活留出了更多时间和空间,使他们得以集中心力投入自身专业成长中。因此,和谐的家庭生活是乡村优秀青年教师取得高专业成就的重要支持系统。

第五节 个人教育魅力影响

王卫东认为,教师的教育魅力是指教师在实施教育专业的过程中,技巧性、创造性地运用各种教育要素,驾驭各种教育条件,使教育活动达到精湛的艺术境界,从而形成能够对学生产生独特影响的艺术吸引力,其具体构成有师爱魅力、人格魅力、学识魅力、形象魅力以及才能魅力[1]。本节借鉴其构成分类分析乡村优秀青年教师的教育魅力,但各维度包含不同意义的具体内容与乡村优秀青年教师个体的鲜活故事。乡村优秀青年教师的教育魅力是其学、思、教的有机结合,是乡村优秀青年教师多方面品质的综合表现,既能对学生形成影响,也能对同事同行产生一定触动。乡村优秀青年教师的教育魅力在其专业生活中形成和凝聚,同时又是影响其专业生活的重要因素。

一、师爱魅力

对学生倾注的"爱"是Z老师与L老师坚守乡村、卓越成长的个体心理因素。这种"爱"首先是由教师职业带来的爱,是广泛的、无私的、不求回报的,表现为对每个学生的关心、关切、尊重、理解、宽容、帮助以及期待等。

---

[1] 王卫东.教师专业发展探新:若干理论的阐释与辨析[M].广州:暨南大学出版社,2007:154-156.

L老师看到全体学生,可以一视同仁将这样的"爱"献给全体学生。"我觉得我们要用尊重和理解的态度去看待每一个学生。每一个学生都是独特的个体,他的家庭背景、学习兴趣以及学习方式等都有不同的情况。所以我们在教学过程中应该更注重发掘以及尊重每一个学生的长处,要挖掘出他们的优点,再根据每个人的情况帮助他们克服遇到的一些困难。"(L-FT20230612)同时,老师也看到每一个学生独特的家庭环境以及精神世界,主张采用多元的、动态的、发展的眼光与教学策略与学生互动。

　　学生也能敏感地觉察到师爱并总是用爱来回应。"我觉得学生就跟自己的小孩一样。其实有时候我会批评我女儿,但批评了她之后她依然会很爱我,依然会说:'妈妈,我很爱你!'她会去表达这样的思想和情感。因为其实她内心知道这件事做错了,然后你批评她,她也可以从很多方面感受到你对她的爱。所以我觉得可以同理来看学生给的一些反馈。"(Z-FT20230508)"爱"在师生之间流淌,这使Z老师享受与学生的相处与互动,她对待学生就像对待自己的孩子一样。尽管师爱在性质上是没有血缘关系的爱,但学生胜似亲人,Z老师对自己的孩子以及对学生都是严慈相济的,"爱之深,责之切"。在师爱的给予与回应中,Z老师愈加享受与学生互动,在沉浸式的师生互动中获得专业生活意义。

　　有研究基于师范生经验文本进行情景框架分析,发现"关怀和助益"是其共同的底层结构,在追求经济发展、乡村疏离的大潮中,部分乡村学生的父母在孩子的成长过程中缺位,或关怀无力,或关怀不当,幸得遇上乡村好老师,促成了其自我塑造与继续发展[①]。作为乡村寄宿制学校的孩子,来自家庭的血缘之爱可能有些许缺失,由此他们更加渴望教师的爱以作替代性补偿。乡村优秀青年教师通过其热情与活力给予孩子们无私、广博的爱,这对于乡村孩子而言更具吸引力与影响力。这种吸引与影响同时也反作用于乡村优秀青年教师,使其更加坚定留任信念,更渴望多弥补一些乡村孩子缺失的爱。"我觉得在乡下的话,能给乡下孩子带来一些什么,也挺好的。"(Z-FT20230412)Z老师也希望尽已所能缩小城乡差距带来的教育质量差距。

---

① 耿涓涓.师范生心目中的乡村好老师形象:一项案例研究[J].全球教育展望,2020,49(1):89–102.

"她是一个有教育情怀的老师,她想让乡村的孩子可以有更多机会接受和城里孩子一样高质量的教育。"(LDM-FT20230606)

师爱在 Z 老师与 L 老师的"虚拟关注"阶段便产生萌芽,在后续成长阶段更进一步得到生成与深化,激励着 Z 老师与 L 老师成为学生的亲人、朋友以及成长路途上的引路人。

二、人格魅力

教师人格是教师作为教育专业活动的主体,在其专业活动中形成的优良情感、合理的智能结构、稳定的道德意识和个体内在的行为倾向性,人格魅力是人美好情操与品德的反映[1]。乌申斯基曾说:"在教育工作中,一切都以教育者的人格为基础。"教育本身即一种信息传递、情感交流的过程,教师的人格魅力对于促进学生发展、提高教育成效具有十分深刻的意义[2]。同时在专业生活中与同侪交往时展现出来的人格魅力对同事同行亦有所触动。对于人格魅力完善的追求也激励着 Z 老师与 L 老师步履不停。

Z 老师与 L 老师的人格魅力突出表现为对教育事业的热爱,坚守在乡村教育岗位,以强烈的责任心担负起教书育人的职责。正是出于对教育事业的热爱,他们希望能够为乡村教育做些力所能及的事情,由此坚守乡村教师岗位,以极大的热情以及活力投入专业生活中,在奉献中寻求个人价值与社会价值的统一。

我觉得她很好的一点是,她很热爱她的这份事业……我觉得她最令我佩服的就是她对于教育的热情。因为我跟她本质上的区别其实是我比较喜欢英语,但是我并没有那么喜欢教育。但是我觉得 Z 老师真的很喜欢教育。当然她也喜欢英语,但是我觉得她喜欢教育大于英语。(ZT-FT20230428)

在 ZT 老师心目中,Z 老师对学生、对于教育教学的研究非常用心,并且不觉得累,其原因就在于 Z 老师对教育的热爱,正是因为喜欢所以才能够坚持沉浸式地投入,并且这份热爱令人钦佩。

---

[1] 王卫东.教师专业发展探新:若干理论的阐释与辨析[M].广州:暨南大学出版社,2007:155.

[2] 王梅,杨鑫.角色理论视域下卓越教师形象研究:基于 100 位教书育人楷模事迹的内容分析[J].当代教育科学,2020(5):30-36.

他不仅仅是态度端正,还真正地做到了爱岗敬业,并用十多年很好地诠释了这一点。我们要向他看齐……除了对于自己工作岗位的信仰,可能更多的还有对教育这份事业的热爱,真的是极其热爱。(WXJ-FT20230612)

他作为一名年轻教师,凭着对教育事业的强烈责任感,把自己的这个愿望和抱负都倾注在他所热爱的教育事业上面。(LL-FT20230613)

L老师用16年的时光充分诠释了"爱岗敬业"。因为热爱,所以坚守。这份热爱与强烈的责任感为其他乡村青年教师所感知,并且起到榜样引领作用,带动其他乡村青年教师"见贤思齐"。

三、学识魅力

"学高为师,身正为范",知识广博、学业精深、情感丰富的教师能够指点学生,也能够引领同行教师。学生在教师的指点中得到求知欲的满足从而形成仰望之情,教师同行在指导中获取自身专业疑难的解答从而形成认可与钦佩。Z老师与L老师被相当一部分学生比作"字典",无论什么问题都难不倒他们,有疑问时翻阅他们这本"字典"便能得到解答。在同行教师眼中,Z老师与L老师是各自学校所在区域的"领头羊",带动着更多乡村青年教师以积极进取代替"躺平",寻求有意义的专业生活。

Z老师与L老师的学识魅力并非仅体现在其现有知识储备的广博与深厚,或是目前专业领域的精深,更在于其持续不断、孜孜不倦地扩充着自己的知识容量,根据时代发展变化更新自身教育理念,在专业领域不断深耕钻研。

我原来有个很好的习惯——只要是我外出学习了,我就会去整理一个美篇,我会把我学到的东西罗列下来。后面如果需要更新我自己理念的时候,我就会去看。我还发了好几篇。及时学习,然后去反思。(Z-FT20230417)

表3-3　Z老师美篇汇总表

标题	发布时间	学习内容
Learning! Improving!	2016年5月19日	第十届全国小学英语教师教学基本功大赛暨教学观摩研讨会

续表 3-3

标题	发布时间	学习内容
Keep Learning, Keep Teaching, Keep Loving!	2016年10月31日	"滕王阁之秋"全国小学英语名师经典观摩研讨会
2016年终总结	2016年12月31日	专业成长回顾、家庭生活回顾
南海，名师荟萃，大咖云集，沉浸名师魅力，浸染教学素养！	2017年5月6日	学谷论坛之基于核心素养的全国小学英语新课程建构与教学转型研讨会

美篇是 Z 老师记录专业生活的重要形式，既是一种整理与记录，也是一种回顾与反思。这些材料常看常新，是 Z 老师更新自身理念的重要养料。这个过程既是学习的过程，也是研究的过程，是专业生活的重要组成内容。

我当时的读书经历是初中毕业读师范，再直接读到大专，也就是其实我没有经历高中这个层次。所以就专业知识来讲，我跟那些全日制本科毕业的物理专业老师相比，在知识储备这一块肯定是有差距的，这也没办法避免。我也在这十多年的教学中借高中的书过来看，也有观看相关的教学视频，或者通过网络收集相关的知识来进行学习。(L-FT20230607)

"吾生也有涯，而知也无涯。"当有限的生命面对无限的知识，需要我们在自己的兴趣领域中尽力探索充盈自身，而不是抱着消极懈怠的心态止步不前。L 老师积极扩充自身专业知识积累、参与培训等活动是其好学的体现。L 老师还善于借助网络获取学习资源，并将教育教学实践与自身爱好的信息化领域相结合，在重复性的生存中也能有创新性的活动尝试。

求知若渴的态度彰显 Z 老师与 L 老师的学识魅力。具有学识魅力的教师不仅具有广博深厚的学科知识、过硬的学科素质、精通学科教学法，还指向情感与道德层面，指引着乡村青年教师基于教育教学实践，结合教育学、心理学等理论指导，在理论与实践的融合中发现问题、尝试解决问题，努力从"学科知识的专家""学科教学的专家"逐渐发展为"教育学的专家"。

四、形象魅力

教师的仪容仪表、言谈举止、精神面貌中彰显着不同程度的仪表美、教态美、语言美、行为美,美好的形象对学生的心灵产生"润物细无声"的影响①,也是其他教师的自我对照。乡村优秀青年教师的形象魅力在其专业生活中发挥着积极作用,对学生以及同行教师都产生吸引力,影响着所教学生与相处同事同行的印象评价,从而影响其态度与行为倾向。

温柔大方、美丽可爱是学生们对 Z 老师的形象描述;WL 中学同学们眼中的 L 老师是幽默风趣、活力帅气的。学生们被老师们的形象魅力潜移默化地熏陶着。

学生们见到 Z 老师总是活力满满地打招呼。"当她出现,学生们就会喊:'Hello! Miss Z!'因为她特别有亲和力,所以学生们见到她很开心。她属于那种严而有爱的老师。我们可能就是偶尔有爱,但不多。"(ZY/XF-FT20230517)"Hello! Miss Z!""Good morning! Miss Z!"总是回荡在校园里。每每此时 Z 老师总是热情地回应每一句问候。学生们被这种温柔、和蔼、热情感染,在 Z 老师的课堂上更加活跃,在生活中也学会更加尊重老师。

良好的仪容仪表、亲切风趣的言谈举止、活泼热情的姿态表情更能够吸引学生。在这方面,青年教师具有更大的形象优势。"学生喜欢跟年轻的老师在一起,就像他们喜欢'哥哥'这个级别的,而不喜欢'大叔'或者'爷爷'这个级别的。"(L-FT20230619)与 LRF 老师的交谈也印证了学生对 L 老师的喜欢:"因为他人长得帅,又年轻,所以学生也喜欢他。"(LRF-FT20230612)

教师的形象影响着师生关系,而师生关系影响着教育教学,先有"亲其师",才能"信其道"。在 LFJ 老师印象中,L 老师与同学们关系融洽,并且认为师生关系的融洽程度影响学生对教师所教学科的接受程度。"我觉得实际上老师和学生关系融洽也有利于自己的教学。如果关系融洽,学生对这个学科也会更感兴趣,没有这么大的抵触情绪。"(LFJ-FT20230613)

乐观积极、充满热情是 LB 小学教师们对 Z 老师的印象;在 WL 中学其他老师眼中,L 老师处事总是积极迎难而上,有条不紊。对自身有高要求、努力上进是 Z 老师与 L 老师展现的共同的精神面貌。

在 XF 老师看来,Z 老师是一个"较真"的人:"她对工作比较较真,对自

---

① 王卫东.教师专业发展探新:若干理论的阐释与辨析[M].广州:暨南大学出版社,2007:156.

己也比较较真。其实我是一个有惰性的老师,除非后面有人推我一把,必须要我干的我就干到最好的状态。但她是对自我要求很高的人。你见过五点钟起来备课的老师吗?你见过深夜一两点钟还在备课的老师吗?所以我觉得她对自己要求很高,对自己挺'狠'的。"(ZY/XF-FT20230517)

在 WQ 老师看来,L 老师积极进取、自觉主动追求个人的专业成长:"他肯定是我们学习的榜样,积极上进、有追求。其实这方面可能我还要向他学习。有很多时候可能工作方面他比我更上进,对自己要求更高。"(WQ-FT20230612)

Z 老师与 L 老师对自己持续的高要求展现了积极求发展、求进步的恒心与毅力,一方面为其专业生活提供深厚持久的精神动力,充分彰显其形象魅力;另一方面对其他教师产生一定触动,成为其他教师的学习榜样。

五、才能魅力

Z 老师的才能魅力突出体现为"多才多艺"。基于社会期望对小学英语教师的全面要求,以及同行教师的追求与提升将要求愈加拔高,形成所谓的"卷"。"英语老师是全能的,既会唱又会跳,还要会画画、会板书,还有设计、课件制作等方面也要会,英语比其他专业更'卷',各个方面都很'卷'。还有表演这一块,在我们的英语课课前导入中都能看到。上次我们一起去听课,他们的课前导入都是说唱。"(Z-FT20230508)

在越来越高的要求下,Z 老师除了要掌握唱歌、跳舞、表演等才艺外,还要设计游戏与学生互动,以及掌握一些教育技术运用的能力,包括自己动手做音频、视频,设计美观的板书、新颖的教学设计,课件制作要求美观的同时还要凸显信息化。幸而在"虚拟关注"阶段 Z 老师便对课件制作等技能颇具兴趣。"那个时候参加教学技能大赛,我拿了一个'最佳课件奖'。其实那个时候我对课件制作就很感兴趣。后来我参加赛课之类的,很多课件都是我自己做。其实做着做着就会很有成就感,然后很喜欢研究。"(Z-FT20230420)在此过程中,Z 老师逐渐娴熟并产生获得感,建立了专业才能方面的自信。

在被迫要求以及主动学习的复杂交融之下,Z 老师或被动或主动地成了一名"全能"的乡村小学英语青年教师。才能魅力为 Z 老师专业生活拓宽了广度、增加了深度,为今后的成长奠定了才能基础,做好了技术准备。

L老师的才能魅力则主要体现在辅助教学技能的掌握,将信息技术与物理学科融合。"我觉得在辅助教学技能这块我可能可以得满分。因为我有一个特点就是,如果我教学需要用到一个东西,那我一定会想方设法了解清楚它的原理,怎么用以及怎么样才能够用得最好。这也是为什么我能在信息化这条路上走得更快的一个主要原因。"(L-FT20230607)

表3-4 L老师论文研究汇总表

论文名称	时间	活动	奖次
《浅谈班班通设备在农村初中物理实验探究中的作用》	2017年12月	2017年赣州市中学教育技术论文评选	市三等奖
《基于教育云平台的农村初中物理实验教学研究与实践》	2018年11月	第二十四届江西省中小学、幼儿园教师优秀教学资源展示活动常规作品	市二等奖
	2018年11月	第九届"中国移动'和教育'杯"全国教育技术论文活动	省三等奖
《如何有效利用班班通设备提高初中学生物理学习兴趣》	2018年12月	2018年赣州市中学教育技术论文评选	市三等奖
《如何有效利用教育云平台提高初中学生物理学习兴趣》	2019年9月	第十届"中国移动'和教育'杯"全国教育技术论文活动	省二等奖
	2019年10月	2019年赣州市中小学、幼儿园教师优秀教学资源展示活动	市三等奖
《利用教育云平台优化初中物理概念教学》	2020年10月	第二十六届江西省中小学、幼儿园教师优秀教学资源展示活动	省三等奖
	2020年10月	2020年赣州市中小学、幼儿园教师优秀教学资源展示活动	市二等奖
《多媒体技术在初中物理实验教学中的应用探究》	2020年12月	2020年全市中小学教育技术论文评选	市二等奖
《借助赣教云平台,巧用智慧作业实现减负增效》	2021年10月	第二十七届江西省中小学、幼儿园教师优秀教学资源展示活动	省二等奖

续表 3-4

论文名称	时间	活动	奖次
《基于智慧作业平台的初中物理作业减负增效的实践研究》	2022 年 1 月	2021 年赣州市"双减"工作主题征文	市二等奖
《数字化软件如何改进初中物理实验教学探究》	2022 年 12 月	2022 年赣州市中小学、幼儿园教师优秀教学资源展示活动	市三等奖

L 老师基于自身教育教学实践,对信息化设备在物理学科教学当中的运用等进行反思与总结,形成了一系列研究成果。这在一定程度上正是得益于对信息技术、教学辅助技能的掌握与研究。

此外,在智慧作业、微课制作方面,L 老师已然成长为专家级别的人物,被邀请去做讲座培训,指导其他教师。"像那个智慧作业、电教方面的,他也非常擅长。他现在在这方面已经成为我们县里面比较有权威代表性的人物。现在县教体局很多有关电教的培训都是叫他去。"(LFJ-FT20230613)

才能魅力要求教师不但有广博的知识,还要有多样化的能力发展,而不能将自己囿于所谓的"教育专业"范围之内①。基于 Z 老师与 L 老师的成长故事,我们发现才能魅力有利于教师在专业生活中充分发挥自身的主观能动性保有优势,更有利于适应社会发展与进步对其提出的愈加高标准与深钻研的要求,帮助其在承担多元角色、完成特色任务时更具自信,如此,教师的专业生活得以更加丰富多彩。

---

① 王卫东.教师专业发展探新:若干理论的阐释与辨析[M].广州:暨南大学出版社,2007:156.

第四章　乡村优秀青年教师专业生活的支持策略

专业支持、情感支持与经济支持等策略可以缓解和降低教师在乡村学校任教时面对的专业资本不足、文化不适应等问题导致的压力与焦虑①。乡村青年教师同样在一定程度上面临着经济资本、文化资本、专业资本等不足的问题,需要各方面的支持。Z老师和L老师从"平凡"走向"卓越",过上并期望持续过有意义专业生活,有赖于物质生活条件的保障、精神生活质量的提升;需要缓解来自职业生活压力,重新拾取被挤占的专业生活时间;同时也离不开家庭成员的理解与支持,以便从家庭生活中汲取有意义专业生活的经验与启示;此外,还要充分发挥个人主观能动性,进行科学的自我管理,从而创造并延续自身有意义专业生活。

第一节　保证经费投入,改善物质生活条件

一、保障乡村青年教师经济待遇支持

乡村青年教师需要获得维持本人正常生活所需要的生活资料;需要获得维系赡养父母、养育子女等所需要的生活资料;需要获得用来培养和提高自身劳动力再生产所需的费用。这些生活资料的供给来源于自身劳动所获得的工资报酬,只有保证乡村青年教师经济待遇,改善其物质生活条件,才能提高其劳动效率,进而创造有意义专业生活。提高津补贴水平以补偿乡村教师不利的生活与工作环境是国际社会的普遍做法②。乡村青年教师的

---

① 于海英,田春艳,远新蕾.增强乡村教师留任意愿的社会支持研究[J].当代教育科学,2023(9):71-80.
② 赵明仁,谢爱磊.国际视野中乡村教师队伍高质量发展的策略与启示[J].中国教育学刊,2021(10):8-14.

发展离不开国家的重视与政策的支持,政府部门应制定恰当合理的经济支持政策,从财政制度上保障乡村青年教师的待遇,尽量缩小城乡、地区、校际教师的工资福利差别。此外,政策应适当向乡村学校倾斜,以充足经费的投入和适当倾斜保障乡村青年教师工资福利待遇发放,借助良好的经济待遇支持来弥补因城乡差异而导致的乡村青年教师利益损失,实现以待遇换时空。

二、增加乡村地区基础设施建设投入

乡村地区基础设施建设关系着乡村青年教师的衣、食、住、行等物质生活体验,是吸引乡村青年教师"下得去""留得住"的物质保障。在新农村建设与乡村振兴战略支持下,乡村地区经济、文化、生态等发生重大改变,乡村环境更加干净、整洁,道路更加宽敞,公共交通日益完善。一系列积极的变化使得乡村青年教师对于乡村地区的满意度得到一定程度的提高。但乡村地区在基础设施建设方面与城镇地区仍存在一些差距。改善乡村青年教师居住环境,为其提供舒适的生活环境是重要的民生工程。国家、政府、社会还应当持续关注乡村青年教师的生活,加大乡村地区基础设施建设投入,完善乡村青年教师的周转宿舍配备,使乡村学校附近有完备的卫生所、超市、快递驿站、路灯等基础设施,为乡村青年教师提供充足的物质生活保障。

三、完善乡村学校教学办公设备配备

乡村学校是乡村青年教师进行专业生活的场域之一,完善乡村学校的物质条件有利于其专业生活的顺利进行。国家、政府和社会应加大对教育事业和教育基本建设的投入,保障充足的物质条件提供。这种物质条件囊括教室教学一体机、办公室桌椅、办公电脑、学校网络等学校硬件与环境的配备。教室、办公室是Z老师和L老师出现频率最高的场所。学校教室、办公室的设备完善程度与环境影响着其教学体验与办公效率。教室多媒体的配备丰富了两位老师的教学评价方式与教学内容呈现方式。Z老师使用"班级优化大师"对学生的表现进行个人评价或小组评价,详细的记录既体现了过程性评价,也能够呈现结果性评价,学生表现出浓厚的兴趣与积极性。L老师认为"班班通"、投影等的配备使许多物理实验及物理现象得以生动呈现,这些都是可喜的变化。但同时还存在着一些不足,如教师人手一台办公电脑的要求还未达到,乡村学校网络速度有限。在当前社会,信息技术发展迅速,对乡村青年教师的数字素养也提出了更高要求。因此,国家应加大政策支持力度,引导社会力量积极赞助,继续完善乡村学校教学设备、办公设备等配备,改善乡村青年教师教学体验与办公体验。

第二节 引领关怀认同,提高精神生活质量

一、树立典型,发挥榜样引领作用

教师劳动具有长效性,孩提少年时遇到的榜样教师给Z老师、L老师带来教育理念、教学风格的影响,并对他们如今及未来的专业生活起着重要作用。当前专业交往中遇到的孜孜不倦、终身学习以追求卓越的前辈教师也给Z老师、L老师树立了榜样,他们的专业态度分别引起两位老师的反思,并激励着他们朝着榜样引领的方向前进。为进一步提升乡村青年教师的精神生活质量,需要健全传帮带机制,充分发挥名师、名校长、骨干教师的示范引领作用,学习其专业态度与教育魅力。此外,通过青蓝结对、组建学科小组、纳入工作室等方式,请榜样教师给乡村青年教师当导师,能够帮助乡村青年教师增强自我专业发展意识与能力。

二、注重关怀,提供健康娱乐休闲

学校应成为教师专业发展的文化栖息地,乡村学校也应成为乡村青年教师的文化栖息地。乡村优秀青年教师持续向好成长离不开乡村学校教师的文化建设,关键在于乡村学校注重人文关怀,积极引导乡村青年教师进行健康娱乐与休闲,丰富乡村青年教师精神文化生活。可以配备并完善相应的文娱设施建设,例如教职工活动教室、运动场,添置一些活动器具,开展体育运动等;还可以设立教师图书室,购买面向教师的书籍,鼓励乡村青年教师根据自身需要和兴趣进行专业阅读、专业写作。一系列的健康娱乐休闲活动,能使乡村青年教师适当进行身心放松,有利于提高乡村青年教师精神

生活质量。

我们乡村就这点好——空气清新,大家都会在周围散散步,也有些老师偶尔去跑步,还有参与学校的篮球运动等等。我们有时候也会在操场上散散步,偶尔去外面运动锻炼一下。(L-FT20230613)

乡村学校应依托地域文化特色,与当地政府联合,利用当地自然资源优势,在保障教育教学的情况下,组织青年教师进行健康娱乐活动,鼓励青年教师参加乡村各种文化活动,为乡村建设建言献策。同时学校间也可以根据学校实际情况定期举办教师文化活动以加强教师同行之间的情感交流,通过多种形式的活动充实教师精神文化生活,为专业生活积蓄能量。

三、强化认同,重视教师价值尊严

身份认同包括自我认同与社会认同。提高乡村优秀青年教师的社会认同,需要明确凸显其重要地位与重要价值。各级党委和政府要切实负起保障责任,切实提升乡村教师的社会地位,吸引和稳定优秀人才在乡村从教及留任。《教育部等六部门关于加强新时代乡村教师队伍建设的意见》提出:"做好在乡村优秀青年教师中发展党员工作。鼓励乡村学校党组织与乡镇党委、村党支部开展联学联建活动。建强乡村学校思政教师队伍。创新思想政治教育方式,强化社会实践参与,引导乡村教师真正深入当地百姓生活,通晓乡情民意,增强教育实效。"应当通过开展多种形式的活动,重点关注和致力解决乡村青年教师群体的困难和问题,切实听取乡村青年教师的真实需求,吸收更多优秀青年乡村教师参与乡村治理、推动乡村振兴,实现其作为乡村知识分子的价值,从而拉近与乡民距离,提高其社会地位,获得社会认同。

此外,帮助建立乡村优秀青年教师的自我认同。"我觉得作为乡村教师要有一种自豪感……不要觉得身为一个乡村教师还挺不好意思的,不要觉得不如城里面的教师优秀。我觉得这个理念应该挺重要的。"(Z-FT20230424)这种自豪与自信有利于其自我专业发展意识的成熟。国家、政府、社会应当注重乡村优秀青年教师的尊严与价值,对长期在乡村学校任教的优秀青年教师给予荣誉表彰,大力宣传乡村优秀青年教师的育人先进事迹和教学典型经验。通过完善荣誉激励,帮助乡村优秀青年教师进一步提高对自身职业与自身能力的认同与认可,使其在乡村教育场域找到自身存在的意义,实现个人价值与社会价值的统一。此外,教育行政部门应当与学校通力协作,建立合理的教师流动机制,对于"城市型"新生代乡村教师而言,应当尊重其追求城市化的生活方式,运用城镇化思维应对其现实困境,一味要求其坚守乡村不利于乡村教师的高质量发展[①]。

第三节 致力减负增能,缓解职业生活压力

一、减轻工作负担,重拾专业教学时间

Z老师的工作负担来源之一是"多学科教学任务"。由于师资力量有限,在乡村学校"教非所学,学非所教"是普遍现象,有些乡村学校甚至有"包班教学"制度,即乡村教师负责班级所有学科的教学任务[②]。"虚拟关注"阶段的分科培养模式与进入"生存关注"阶段后的多科教学任务形成矛盾冲突,带来了乡村青年教师的知识困境。乡村青年教师在"虚拟关注"阶段满怀希望与抱负准备投入于乡村教育事业从事自身喜爱并擅长的学科教学,但进入"生存关注"阶段,多科教学任务使其教学热情与专业自信受到折损,并且可能模糊教师的学科角色,使其难以把握自身专业发展方向,由此给其专业生活带来一系列困扰。

Z老师离开SD中心小学的原因之一在于兼任英语学科与语文学科教学,并非语文专业的Z老师认为自己不会教语文,无法专职教英语令Z老师感到苦恼和郁闷。如今LB小学缺乏专业的音乐教师,"一专多能"要求下Z老师要进行音乐教学,这令自认为五音不全的Z老师感到力不从心。因此,为支持乡村青年教师的专业生活顺利发展,支持乡村优秀青年教师专业生活持续向好发展,需要教育行政部门对相关政策进行调整,适当增加教师编

---

① 吴凯欣,毛菊,张斯雷.学校·乡村·日常生活:"城市型"新生代乡村教师身份认同危机与纾解[J].当代教育科学,2021(9):42-50.

② 李琼,林怡文,王清,等."迎难而上"还是"消极逃避":乡村教师的工作负担及其重塑机制研究[J].华东师范大学学报(教育科学版),2023,41(9):38-55.

制,招聘相应的专业教师进行专职教学,使其他教师从非本专业教学任务中得到解放。如果确实因实际需要无法避免,则应在保证乡村优秀青年教师充实的专业教学时间前提下,在其最近发展区及兴趣范围内安排任务,以使其更乐意接受并更加高效率地完成力所能及的任务,以免过分占用和延长其工作时间。

繁杂琐碎的事务性工作与行政性工作是 L 老师工作负担的主要来源。"身兼数职"是 L 老师对自己当前角色状态的描述,也是许多乡村优秀青年教师的职业生活常态。班主任、科任教师、德育教师、教研组长、年级组长、教务主任等角色可能集于一身,各种繁杂琐碎的事务性工作、行政性工作使得教育教学主要职责边缘化,逐渐演变为"副业"。因此,要回归专业生活,应着眼于教师教书育人的主要职责,立足于其作为教育主体的地位与价值,关注其实际困难与实际需求,为乡村青年教师群体制定并完善相应的减负政策,避免无限扩大乡村优秀青年教师的工作范围,减少高强度的事务性工作与烦琐的行政性工作[①]。要将被挤占的专业教学时间还给乡村优秀青年教师,使其时间和精力能够延续其自我专业发展意识,继续在充满激情的教学中进行有意义的专业生活。

二、完善培训渠道,拓展专业发展空间

乡村优秀青年教师应具备的专业素质需要通过接受专门的培训和教育来获得。然而在乡村学校境遇中,专业培训的机会和平台十分有限,由此乡村优秀青年教师极有可能为追求更广阔的专业发展空间而选择离开,去往能够提供更多支持的城市学校。为拓展乡村青年教师专业发展空间,乡村学校可以争取引进名校名师进行专业指导;派出青年教师外出培训以增长见识;形成教师互助团队深入钻研以提升实效——通过"请进来""走出去""钻下去"相结合,探索形成有效的培训机制,助力乡村优秀青年教师专业成长。

首先,通过"请进来",满足乡村青年教师的培训需要。国际教师教育学

---

① 蒋帆,虞梓钰.教师减负政策执行效果研究[J].教师教育研究,2023,35(5):43-50.

倡导教师学习的三大定律之一——"越是扎根教师的内在需求越是有效"①,因此要基于乡村青年教师的内在需求提供培训,激发其爱好培训学习、乐于培训学习的积极性,提高其培训参与度。Z老师专业成长中的"伯乐"与"贵人"是校长和教研员,得益于校长请进教研员对Z老师进行指导,才让教研员发现了Z老师,并为Z老师后续叩响成长的大门准备好了"敲门砖"。教研员的指导让Z老师得到了不一样的成长。因此乡村学校需充分借助社会各界力量请进名师专家为乡村优秀青年教师提供持续发展的动力。利用周围文化资源,请进附近高校专家进行学术讲座、讲评课、研磨课、学员研修结果审议等指导,通过在场交互、对文本资源的深度诠释,激励、砥砺、推动乡村青年教师转识为智,积智成慧②。

其次,通过"走出去"继续拓宽乡村优秀青年教师的眼界,从而增长智慧与才干。这需要政府相关部门提供政策引导,鼓励相关社会力量关注乡村优秀青年教师群体的继续成长,以免其专业生活意义停滞甚至消失。"他们个人业务上的成长也需要各级部门进行关心。首先是加强一些业务上的培训,比如理论上的培训。然后提供一些平台,提供更多展现他们自身的平台。"(ZYK-FT20230419)乡村学校可争取发展较快的优势学校提供的对接帮助,为乡村优秀青年教师提供学习的资源平台,或与其他兄弟学校建立合作关系,使乡村优秀青年教师获取锻炼展示的平台,在互学互鉴中得到提升。此外学校还应当为有外出意愿的教师解决"走出去"的后顾之忧,包括课务课时的合理调整,外出培训的费用报销等,以尽可能消除乡村青年教师外出参与培训的顾虑,使其能够全身心投入外出学习活动中,从而增强外出培训的实效。

最后,"钻下去",通过主动提升自身钻研意识与能力,借助团队力量形成良性竞争以及实现共赢,从而深耕不辍,愈加行远。乡村优秀青年教师专业生活的意义不仅在于应对专业场域中的具体教育问题,或是提高实践性知识和技能,更深远的意义还在于将专业生活实践与理论意识结合起来。

---

① 钟启泉.教师研修的挑战[J].基础教育论坛,2014(2):25-26.
② 张恩德,王小兰,曾辉.基于名师工作室的乡村教师专业成长:影响要素与成效分析[J].黄冈师范学院学报,2022,42(3):7-12.

但在教育教学实践与理论结合的研究方面,Z老师与L老师都提到自己成长较慢,还有很大提升空间。"但是整体来讲,我觉得在教研这一方面还是成长慢了一点,尤其是课题这一块。"(L-FT20230607)"其实我觉得我对研究这一块还是偏弱的,一直以来我都觉得我是偏弱的。我觉得我是实操型选手,但不属于研究型选手,其实我也会想要去研究,但是让我以文字的形式梳理出来,可能我真的写不了像论文中那么专业的一些术语和表达。"(Z-FT20230515)这要求乡村优秀青年教师自觉追寻研究意识与能力的提高,经常性地进行反思与追问,主动参与相关培训。被动参与培训的乡村青年教师可能仅停留在"游玩""体验"层面,难以获得理想的培训效果,在一定意义上是对教师教育资源的浪费。这种"囚徒式"的培训既是对自己身体的"绑架",也是对自我专业发展意识的"禁锢"。因此,可成立"乡村青年教师专业成长小组""乡村青年教师教研小组"等,形成积极的钻研氛围,在互帮互助、互相激励中释放专业生活潜能①。

为促进乡村优秀青年教师持续的专业成长,应当继续优化乡村优秀青年教师发展环境,实施多种形式以提升乡村青年教师专业生活质量的项目。此外,继续优化实施"乡村优秀青年教师培养奖励计划",为其拓宽发展空间,将培养落到实处。

三、营造支持氛围,建立积极情感联结

乡村学校领导应带领教师们共建稳定的支持性学校文化,从而增强乡村青年教师的归属感、凝聚力以及获得发展的成就感。一方面,学校要注意规避"乡村俱乐部式"的管理方式,尽管高度重视人,但是过于放松导致懈怠,使得任务与目标难以达成,内生发展动力不足,乡村青年教师难以获得专业成长;另一方面,也要警惕"任务服从式"的管理方式,专制冰冷的管理忽视乡村青年教师的内在需要,教师难以与学校、同事建立起情感联结。此外,"中庸式"的管理方式对业绩与人都不偏重,能够起到一定鼓舞士气的作用,并获得一定的成绩,但并不卓越。对于乡村优秀青年教师持续的专业成

---

① 蔺海沣,王孟霞.乡村青年教师获得感如何影响其留岗意愿:生活满意度的中介效应[J].湖南师范大学教育科学学报,2022,21(2):59-75.

长而言,需要乡村学校领导采用"战斗集体型管理方式",即"团队式管理",在管理过程中将学校业绩与乡村优秀青年教师的个人需要紧密结合,既关注目标任务,提出严格要求,又关心教师的感受与利益,创造足够的支持条件与支持环境。由此,既能带来学校目标的达成,又能使乡村优秀青年教师体验成就与满足。

学校还应加大对乡村青年教师参与培训等活动的支持力度,为乡村青年教师解决参与活动的后顾之忧。一方面,学校应当合理安排乡村青年教师的工作量,预留出其参与活动的时间以使得乡村青年教师有足够的时间寻求自我专业发展,而不是强制占用其闲暇休息时间;另一方面,应完善教师参与活动涉及的课时调整与课务安排等管理,学校教师轮流分担任务,遵循自愿协商原则,教师在需要参与活动时可与其他教师进行课时的替换调整,以使得既能参与活动又不影响教学进度与任务安排。如此,乡村青年教师可以在支持性的氛围中体验有意义专业生活。

"教师面对教学环境中的不确定性与挑战,需要得到同事的鼓励与支持"①,由此,良好的人际关系有利于乡村青年教师获得情感支持与吸引。人际交往过程实质上是一种社会交换过程,人们往往希望在此交换过程中"得"大于"失",但教师之间的交往超越了这种功利性,属于内在情感价值的"增值交换原则"②。乡村青年教师可以从同事鼓励、帮助等情谊中体验到幸福感,从而与同事、学校建立起情感联结,这也是使其留任的"拉力"。学校应当形成乡村青年教师合作小组,在生活及工作中互帮互助,既合作共赢,又进行良性竞争,在互动中促进教师间的情感交流,并逐渐培养默契,产生情谊。

---

① 钟启泉."教师专业化"的误区及其批判[J].教育发展研究,2003(Z1):119-123.
② 程妍涛,徐鸿.幼儿教师专业生活论[M].济南:山东人民出版社,2010:111.

第四节 增进理解沟通,获取家庭支持保障

一、积极协商家庭任务分工

达成共识的家庭任务分工有利于为乡村青年教师专业生活提供积极的外部支持体系。Z老师与L老师专业生活得到家庭层面的保障。爱人及父母分担了家务、养育照顾孩子等职责,这使得Z老师与L老师的专业生活得以有意义生成及持续进行。在工作日,爱人与父母承担了更多的家庭任务;在周末,Z老师、L老师则将重心回归家庭,更多地分担各自的家庭任务,尤其是在教育孩子方面,这也是亲子时光的一种补偿。

在家庭生活中,应当通过积极有效的协商沟通,对家庭任务分工予以一定程度的明确。家庭成员各自承担家庭职责,彼此减轻负担,并互相理解尊重,找到家庭成员作用与价值发挥的最优组合,使得家庭成为专业生活的后备支援力量。

Z老师认为教育是夫妻双方共同的责任,一个星期有两天由爸爸带孩子可以培养爸爸的责任感,否则爸爸一直认为带小孩是妈妈的责任。"我平时多带一点就可以了。而且平时不上晚自习时,回到家也是我承担大部分带小孩的职责,我认为自己并没有亏欠什么!"(Z-GC20230508)谈及晚上回到家的生活,Z老师认为辅导孩子的作业,照顾孩子吃饭、休息等十分烦琐,很多时候很气人,而孩子爸爸可能过于依赖孩子妈妈而不作为。所以Z老师认为有两个晚上让孩子爸爸带娃是很有必要的。并且Z老师表示,通过每个星期两个晚上的"锻炼",现在孩子爸爸表现得比以前更好了,他也有自己的教育方法了,更会去考虑孩子的心理特点了。ZYK校长也赞同家庭需要分工合作。

L老师主要承担了孩子的启蒙教育任务,以及在周末回家时陪伴孩子,让爱人有自己的美容美发、朋友聚会等时间。平时孩子的功课一般是爱人负责,并且得益于父母都曾是教师,他们也可以分担一部分孩子的教育任务。这些任务分配在L老师的家庭中达成了共识,给予L老师专业生活以

极大的支持。

二、争取家庭成员的鼓励支持

家庭成员除去常规任务的分担,还应当提供情绪价值与情感支持,为乡村青年教师专业生活提供来自家庭层面的价值观引领与情感激励。家庭成员可以通过言语鼓励、态度监督以及行为示范,激励乡村青年教师以更加积极乐观的专业情感态度投入于专业生活之中。

尽管 Z 老师妈妈对 Z 老师的工作地点有些许不满,但是对于其的工作任务还是十分支持的,并且希望 Z 老师与 ZY 老师姐妹俩能够以积极的态度对待工作。"妈妈很支持我们的工作。如果我们要加班,她会主动跟我们说:'小孩没人带我来给你们带。'有的时候我们可能会抱怨工作上不如意的事情,甚至会想'躺平',有那种想法的时候妈妈会批评我们'一点都不上进'。她会觉得,年纪轻轻的,怎么就想要'躺平'?她会说我们。"(ZY-FT20230413)

L 老师能够感受到来自父亲对于自身职业与专业成就的认可。在大家眼中,原来的 L 老师带着的标签是"L 老师(父亲)的小孩",如今是父亲被称作"L 老师的父亲"。"应该说以前他在 WL 的名气是比我更高的,所有人介绍我的时候都说这个是××(父亲的名字)的小孩。然后现在应该说在全县范围内,别人介绍他的时候可能就说这是 L 老师的父亲。所以原来说'我是他的小孩',现在说'他是我的父亲',其实就是一种'青出于蓝'。"(L-FT20230605)L 老师从父亲手中接过了乡村教育事业的"接力棒",并且让其火焰越燃越旺。父亲的满意与认可令 L 老师更加坚定自身的选择,更令其乐意主动全身心投入到作为乡村优秀青年教师的专业生活中。

三、挖掘家庭生活教育启示

家庭教育方面学习的理念,我觉得可能也影响了我日常对孩子们的教育方式,或者我对学生的教育方式其实也会影响到我对自己小孩的教育。其实我觉得这个应该是有影响的。包括我生完孩子以后,我很会夸各种"彩虹屁",会很夸张地夸我女儿,然后这个可能会迁移到自己班上。(Z-FT20230508)

各种表扬与夸赞经常性地出现在 Z 老师的专业生活中,有在课堂上对学生的表扬,有在教师会议上对老师们的表扬。这可以联系到 Z 老师在家庭教育中对女儿们的各种"花式夸奖"。家庭教育中的理念运用也可以迁移到学校教育中,对教师的专业生活产生一定启示。

  我觉得我们在教育学生时,学生出现的一些问题,尤其是学生家庭教育中出现的一些问题,可以启示我们在自己的家庭中尽量避免。至少我不要犯其他家长犯的错误……然后我在应用的过程中也可以总结方法,让我在以后跟家长交流时可以谈出我的感受。(L-FT20230605)

  L 老师从教育学生的过程中,以及了解到的学生家庭教育中,发现了一些问题,并得到了对自己孩子进行教育的一些启示。同时,在对自己孩子进行教育的过程中,他也能够总结方法,运用到与学生家长的沟通交流中。

  乡村青年教师应当在家庭生活中善于观察、发现及总结反思,并且尝试迁移。在家庭教育中的一些理念与做法可以迁移到学校班级对学生进行教育;在教育学生时的一些启示也能够用到自己孩子的教育中,从而形成良性循环,对于学校教育及家庭教育都具有积极意义。

第五节　坚持自我管理,创造有意义专业生活

  乡村优秀青年教师的有意义专业生活需要来自外部的社会、学校、家庭等支持,但其本人在专业生活中承担主要责任,因此,创造有意义专业生活离不开乡村优秀青年教师的自我管理与调节。要过上幸福而有意义的专业生活,需要充分发挥个人主观能动性,调整自己的心理活动和行为,有选择地过滤各种影响因素,转化并生成对自身有利的支持条件,努力成为有意义专业生活的创造者。

一、设定适宜目标,统筹规划安排

  在目标调节或目标管理范式下的自我管理研究者们认为,为自己建立合适的目标(长期目标或短期的目标)是有效的自我管理重要的第一步[1]。

---

[1] 王益明,金瑜.自我管理研究述评[J].心理科学,2002(4):453-456.

乡村青年教师需要做好规划、设立合理目标,并树立信心。"我经常鼓励我们的年轻老师,我们一定要走好教学生涯的第一步。在这里把教育教学做好了,有一定的成绩,不管在哪个学校都能很快适应。所以对我们乡村教师来说,首先要做好规划、树立信心,不能因为是乡村教师就自暴自弃或者得过且过。"(ZYK-FT20230419)

乡村青年教师应根据自身现阶段能力水平,对自己下一阶段水平进行合理的预估,在此基础上设定自身最近发展区内的目标。具体的、有一定挑战性的目标能够起到激励作用并使人产生成就感与胜任感体验。根据耶克斯-多德森定律,学习动机强度将伴随着学习任务的难易程度而有所变化,同理乡村青年教师的专业成长目标达成难易程度也影响着其自我专业发展意识水平——太过简单的目标实现难以使教师体验到真正的成就感;高难度的目标难以达成容易使教师产生挫败感。因此,应当设定自身通过努力"跳一跳"能够达成的目标。

为使目标顺利达成,还需要有统筹规划、合理安排的能力。Z老师在专业成长过程中养成了列计划、做记录等良好习惯,这些助力其在专业生活中统筹安排,包括时间的安排、人事的分配、任务的轻重缓急等。"当然也会存在顾不过来的时候,顾不过来的时候可能要权衡一下现在哪边事情更重要。"(Z-FT20230426)在L老师的专业生活中基本没有问题累积,往往能够做到有条不紊,这得益于L老师的合理规划,提前安排好工作,从而提高工作效率。此外,从其电脑桌面文件摆放及归类等也足以"以小见大"。"因为管理岗很多材料,有时候我们收集文件资料,他几秒钟就直接可以搜索到,我们就不知道放在哪儿。"(WXJ-FT20230612)

乡村青年教师应当合理把握自身节奏,"聪明"地完成任务——对于不同性质的任务分配以不同"量"与不同"质"的时间与精力,在自己的节奏中劳逸结合、游刃有余地享受生活。

二、强化责任担当,保持专业情怀

教师是人类灵魂的工程师。既然站在了教师岗位上,选择这份职业,那么作为一名合格甚至优秀的教师就要将教师职责深深铭记于心。"我觉得第一个肯定是要热爱教育事业。因为只有热爱这个事业才能够全身心地投入其中,并且不断地追求进步。第二个要具有责任感。因为我们老师肩负着培养下一代的责任,所以我们一定要有强烈的责任心来保证学生学习的效果。"(L-FT20230613)尤其对于乡村青年教师而言,处于乡村教育场域,所面临的职责具有一定特殊性。乡村青年教师的教育对象多数是乡村留守儿童,他们具有不同于城市孩子的复杂性。并且,乡村青年教师踏入乡村教育领域时长不如乡村中老年教师。但与此同时,乡村青年教师接受时代新思想、新观念的洗礼,其思想观念具有一定创新性;乡村青年教师富有朝气和活力,精气神十足,对新事物接受度高,勇于挑战难题。因此对于乡村青年教师而言,承担起岗位职责具有一定挑战难度,同时也有其优势,应当充分发挥优势的作用。

乡村青年教师可以通过发达的网络查阅研读最新文件要求,了解自身职责;此外,通过"青蓝对接",乡村青年教师可以向经验丰富的教师请教自身应尽职责;再者,乡村青年教师要从细小之处做起,获得胜任感,延续对职业与专业的热爱。知责于心,充分了解自身职责的重要性,即对自身肩负的责任有正确认知体会和积极的情感体验,才能持续担当责任,怀着满腔热忱做好这一份良心工程。履责于行,在教育教学实践中真正做到关心学生、爱护学生,促进学生全面发展,满怀信念肩负起培养下一代的责任。

三、注重专业交往,创建和谐关系

新教育认为,在专业阅读、专业写作的基础上,借助专业交往,形成专业发展共同体,提升教师的专业化水平,是教师成长的必由之路[①]。专业交往中和谐的人际关系为乡村青年教师专业成长提供支持性环境,乡村青年教师在专业交往中既能够习得外显的行为,也能够改变内在的思想。教师专业共同体能够为乡村青年教师提供指引与启迪。

在专业交往中应当注意悦纳自我,做到自信而不自负。"我们作为一个老师,肯定要保持谦虚和进取的心态,这个是很重要的。"(L-FT20230612)谦虚是人际交往的重要原则之一,也是乡村青年教师专业交往中的美德,有利于拉近同行之间的距离,形成友好和谐的交往关系。谦虚且好学进取,促使

---

① 朱永新.新教育实验:为中国探路[M].北京:中国人民大学出版社,2007:32.

教师一直保持不满足的状态，并激励自身继续前行。"对自己现有的状态不满足，才会想要继续变好。这样才能继续往前冲，继续往前靠，才能达到优秀。"(Z-FT20230515)因此乡村青年教师要抓住机会向优秀的同行学习，持续向卓越迈进。优秀并不是终点，作为优秀的乡村青年教师，Z老师与L老师都善于学习，善于抓住学习的机会，与同行交流学习，在学习他人闪光点的过程中步履不停地提高自己。教师的成长也如逆水行舟，不进则退。

此外，在专业交往的过程中应当尊重他人，乐于帮助分享。专业交往是双向互动的过程，也是传递能量的过程。教师之间互相交流、互相学习，在向更优秀的教师学习之后，还应当尽力帮助暂时还处于上升状态的教师。教师在帮助他人的过程中也能够提升自我，并且可能迎来赏识与机遇。形成彼此支持的关系，一群人相互扶持才能够走得更远。"我觉得我的很多荣誉和奖励其实是从团队合作里得来的。所以我觉得应该注重团队合作和经验的分享。"(L-FT20230612)乡村青年教师们在互学互鉴中通过良性竞争与合作分享实现共同成长进步。

四、学会自我关怀，合理舒缓压力

作为乡村青年教师可能面临来自外界褒贬不一的各种声音，也难免遇到各种困难与挑战。由此，乡村青年教师首先应当树立正确的职业认知，形成对乡村青年教师身份的积极认同，甚至逐渐形成热爱与深爱。正如Z老师所说："作为乡村教师，要有一种自豪感，或者是那种自信——我觉得还挺好的，我觉得做这一份工作还挺喜欢、挺满意的。"善于发现所处乡村时空境域之美，用欣赏的眼光看待周遭的交往对象，这也能够舒缓压力，为自身带来积极的情感体验。心理学家埃利斯的情绪ABC理论是理性兴趣行为疗法的理论基础，认为情绪是受认知直接影响的，"人不是被事情困扰着，而是被对这件事的看法困扰着"。因此，乡村青年教师应当适当提高自我效能感，树立自信，对于压力与困难适当"低估"，对于自身解决问题的能力适度"高看"，给自己积极的心理暗示，为自己的积极认知赋能。

其次，可以通过转移注意的方式来调节情绪。但转移注意是暂时性的回避，要真正缓解压力还需要寻求替代补偿作为突破口。乡村青年教师应结合自身实际发展多种兴趣爱好，形成才能魅力，在无形中可能为专业生活添砖加瓦,助力专业成长。L老师在与领导管理理念有冲突时郁郁不得志,彼时的他发展了自己摄影摄像、图片处理、视频剪辑等兴趣爱好,作为不良情绪的宣泄口,从特长习得中增强自信心,为之后走上信息化之路做了热爱的情感铺垫以及技术层面的积累。

最后,应当静心沉淀,保持健康的身心以持续登高行远。我们从访谈与观察中发现,Z老师与L老师有时对于工作过于投入,他们有时带病上课、熬夜备课、不按时吃饭、经常坐在办公室不动,不少教师对于Z老师与L老师的专业态度与专业精神感到钦佩,但这些缺乏对自我身心关怀的现象也被教师们所关注,于长远发展而言并非良策。乡村优秀青年教师需要加强对自己身心的养护,保持身心健康以持续过有意义的专业生活。参与各种体育性、文化性、艺术性、服务性、知识性等活动,是有益于身心健康、陶冶情操、奉献社会的"会玩",是真正的闲暇生活方式①。乡村优秀青年教师有意义的专业生活也需要走"可持续发展"之路,为更多乡村青年教师提供一定的启示意义,不至于使其因"优秀的代价"而对走向"优秀"望而却步,敬而远之。

五、坚持积累反思,持续学习研究

(一)从生活经验中学习,积累相关素材

国际教师教育学倡导教师学习的三大定律,其中之一是"越是扎根教师的鲜活经验越是有效"②,因此乡村优秀青年教师专业生活中的学习内容并不拘泥于学科或课程,而应拓展到鲜活的生活经验中,进行积累与沉淀。

ZT老师所制作的课件是公认的"美"的,深受大家喜爱与好评。ZT老师表示自己喜欢摄影,在网络中看到喜欢的图也会积累保存进自己的"素材库",思考能否将其用来丰富自己的教学。"其实是很多生活经验影响了我的工作。如果说我只是停留在教师这个职业,那我肯定不会有这些想法。你怎么会想到把游戏放进来?你怎么会想到把综艺放进来?"(ZT-

---

① 肖李,国建文.乡村教师闲暇生活的遮蔽与创生[J].当代教育科学,2021(10):75-80.

② 钟启泉.教师研修的挑战[J].基础教育论坛,2014(2):25-26.

FT20230428）获得一等奖比赛的课件制作灵感来自综艺节目，ZT 老师希望将其做出综艺效果。这些生活经验成为 ZT 老师专业教学工作中的"巧思"来源。

乡村青年教师可以尝试挖掘日常生活和专业生活的融合之处，找寻并及时抓住灵感，这既能在与孩子日常生活相处中带来更多无形的教育意义，又能在学校开展学生教学工作时带来更多日常生活气息以及增添趣味性，从而丰富自己的专业生活。

（二）在发展变化中领悟，更新教育理念

社会发展、科技进步对乡村青年教师提出了更高要求，需要乡村青年教师更新教育理念，跟上时代的步伐。

我觉得想法也是要更新的，所以还是要尽量跟上这个时代，不要让自己落后……有些理念是需要更新的，不能一直停滞不前。这是我之前吃过的亏，我不会再吃了。（Z-FT202305015）

我们一定要尽可能与时代接轨，与时俱进。只有不断更新自己的理念和知识，才能不被时代淘汰。（L-FT20230619）

乡村青年教师应加强对时事政策的关注，身处乡村学校场域，但眼界不能囿于小小一方天地，而应借助发达的网络与外界更广阔的天地相关联、与时代接轨。政策学习也是乡村青年教师获得知识、拓宽眼界的源泉之一，并且引领着乡村青年教师及时更新教育理念。乡村青年教师应提高政策学习的敏锐性，定期浏览教育网站，利用学习强国 App 等及时并深入学习教育政策，从中领悟方向引领与教育理念指导。在学习过程中还应加强与自身原有教育理念的对比，及时更新完善。

（三）从点滴积累中反思，提升研究能力

"越是扎根教师的实践反思越是有效"也是国际教师教育学倡导教师学习的三大定律之一①。这要求乡村优秀青年教师从自身经验积累中持续反思自省。如果只有积累，那只是一个"量"的堆叠，却并没有达到"质"的提升，只有反思改进才有可能生成个人发展的质变。

反思由于学习渠道和个人偏好的不同而呈现出多种多样的形式。Z 老

---

① 钟启泉.教师研修的挑战[J].基础教育论坛,2014(2):25-26.

师在外出培训后整理并形成反思美篇,能够在一定程度上提升自身发现问题的能力。LFP老师和WQ老师都赞同反思是成长提升的有效方式。"如果你自己想要成长的话,还是要去多思考,然后反思、阅读这些都是可以很好提升自己的方式。"(LFP-FT20230419)"教学方面肯定要不断反思,要反思哪些方面做得比较好,哪些方面不足,该怎么改进。其实反思是很有效的。"(WQ-FT20230614)L老师认为授课后写的教学反思可以汇总成研究,录制视频后从第三方评委的角度反思授课过程,这种做法适合年轻教师找出不足。

积累整理、反思改进是教师提升自身专业生活意义水平和丰富程度的重要举措,乡村青年教师从点滴积累与反思之中能够逐渐形成具有个人特征和体现教学智慧的"个人实践知识",提升自身研究能力,既"教"又"研",在这个积累和创造的过程中能够逐渐提升自我。

(四)在日常工作中准备,抓住成长机会

有意义专业生活是一种沉浸式、成长态的专业生活。Z老师与L老师如今充实而丰富的专业生活是一步一个脚印扎实走出来的,他们的成就与收获并不是一蹴而就的,其秘诀就在于"做好准备"。

机会都是给有准备的人的。所以自己要先准备好,有足够的素质和素养,那这些机会自然而然会让你抓住。所以我觉得要提升自我素养,时刻做一个准备好了的人……我觉得现在就是先积累沉淀好自己,一直做有准备的人就好了。(Z-FT202305015)

我们平时可以先做好准备,机会是留给有准备的人。如果你平时"躺平",那肯定是没有机会的。平时做好准备,但是又不强求,一旦有这方面的这个机会,比如说评选,那平时积累了就去。(L-FT20230605)

"机会总是留给有准备的人",时刻准备着,但不过分强求,在扎实的积累与沉淀中准备迎来并抓住属于自己的成长机会。这并不意味着鼓励乡村青年教师唯"机会"是图,而是享受着准备迎来机会的过程。"前期有准备,后面有机会。比如像L老师对信息技术方面是比较有钻研的,那不断地钻研、不断地学习,不就是在准备吗?然后现在他评得了江西省的骨干教师,这不就是机会吗?这就是'有准备,才有机会'。"(WQ-FT20230614)乡村青年教师应尽己所能,根据自身兴趣与时间,积极参与培训与竞赛等活动,在活动中锻炼自身能力,在持续学习的过程中提升自身素质。

第五章 研究启示与反思

本书选择叙事研究法深入乡村学校实地寻找并走进两位乡村优秀青年教师的专业生活,通过两位老师多年来鲜活、丰富的成长故事,试图尽可能真实地呈现两位老师的专业生活。研究不是为了一味歌颂或揭短,而是基于以 Z 老师和 L 老师为主的不同维度的专业生活故事,希望对乡村青年教师的生活、教育和本身有更进一步的认识与理解。每位教师都有对生活、教育和自身的认识与理解。从本书的故事中,读者得以读出乡村优秀青年教师专业生活的丰富与复杂,包含着与教育、生活相关的方方面面,并且,对于鲜活丰富的专业生活解读几乎有无限的可能性。研究者的理解与诠释可能仅仅是乡村优秀青年教师专业生活的一隅,也仅是一孔之见,对于每位读者而言,可能真正产生触动的并非研究者的概括与建构,而是来源于故事中的细节。本章主要分享研究者对以 Z 老师与 L 老师为主的专业生活启示,并对研究进行自我反思。

第一节 研究启示

一、乡村优秀青年教师专业生活是整全的生活

(一)教师专业生活与普通日常生活的互动

把专业生活视为日常生活中的一部分,或将专业生活置于与日常生活相对应的位置,都有些多余和生硬,广泛意义而言的专业生活是可以渗透到日常生活和非日常生活两方面中去的[①]。乡村优秀青年教师的专业生活并

[①] 张妮妮.在耕耘中守望:乡村幼儿教师专业生活的叙事研究[D].长春:东北师范大学,2013:130.

非割裂的,不是与日常生活相分离、相对立的,而是整全的生活。在不同的研究中,基于不同的角度,生活被划分为不同的结构,但是"人的生活即是一个总体,一个有机的、不可分割的整体。其中的每一种形式、每一个环节、每一个方面都无法脱开其他形式、环节或方面而独自发展。单独抽出任何一种形式都会使生活世界落入抽象,都会使其走向片面"①。教师专业生活既应当体现其独特的"专业"价值,同时也不应忽视其普通日常生活的意义关联。日常生活中的一些经验往往给其专业生活带来一些启示。

LB小学为教师们开设了美术、书法、瑜伽等属于教师们的兴趣班,一周有一次课,老师们可以根据自身兴趣选择。美术绘画是Z老师喜欢的活动,并且在Z老师看来自己画画也能够给孩子们带来一些品质上的影响。"其实我学画画还有一个目的,就是有时候我也想让孩子们看到老师也会去用心学一些东西。'其实你们也是可以的!'——有时候我也想引导这一方面。"(Z-FT20230508)由此观之,画画作为Z老师的日常闲暇活动与其专业生活中的师生交往形成互动,产生一定积极影响。

在研究者收集的L老师的荣誉获得当中,有相当一部分是指导学生的摄影类作品所获得的。L老师表示那是与其他老师还有学生一起拍摄的视频。"暑假的时候还开车带着学生去外面拍摄作品,拍摄回来然后剪辑,让学生配音……省一等奖、二等奖、三等奖获得过很多。其实我制作的这些都是平时积累、拍摄录制的。"(L-FT20230612)L老师将自己的摄影爱好融入学生的全面发展中,从日常生活中积累素材,与其他老师、学生一起合作创作作品,丰富了自身专业生活,在创作中既锻炼了技术,也加强了师生互动,为学生带来不一样的体验,获得多方面的发展。

因而,乡村优秀青年教师的专业生活是与其他生活密切相连的,是包含其自身各方面生活的整全生活,即专业生活与日常生活,物质生活与精神生活,职业生活与家庭生活,过去、当下及未来生活是贯通统一的。因此,乡村优秀青年教师专业生活不能等同或取代其整全生活。乡村优秀青年教师整

---

① 李文阁.回归现实生活世界:哲学视野的根本置换[M].北京:中国社会科学出版社,2002:232.

全生活是其专业生活的源泉与根基。在整全的生活中,乡村优秀青年教师有其作为"完整的人"的价值,才能作为"自由的人"获得自由成长。

(二)专业生活目标与专业生活过程的统一

乡村优秀青年教师的专业生活目标与专业生活过程在专业生活实践中达成辩证统一。教师专业生活终极目标以追求专业生活意义、实现自我更新式专业发展为主,具体目标则体现在教师职业生涯规划当中;教师专业生活过程多变,影响因素众多,教师要善于根据自身需要、现有条件,选择和把握自身的发展路径①。将具有共同规定性的宏观专业生活目标,以及具有自身个性的具体专业生活目标,与自身专业生活的具体过程相结合,这有赖于乡村青年教师在专业生活过程中对各个阶段的自身能力做合理预测,设定自身最近发展区内的阶段目标,并且善于把握各个阶段中有利于促进自身发展的关键机会。

Z老师表示自己没有宏伟远大的目标,也没有很大的规划,并没有要求自己一定要达到何种高度,但是肯定自己不会成为"躺平"的老师。Z老师坚信尽力而为,坚持积累沉淀,一直做有准备的人。尽管自身并无远大目标,但Z老师肯定目标的重要性,在专业生活中也会给自己定一些小目标。"我的目标可能没有那么长远,我不要求我以后一定要到达怎样的高度,比如达到特级教师之类的。但是对评职称我可能会有要求,因为我觉得它是我自己能力的体现。它其实有评价维度,可以综合衡量。所以我觉得这是我的一个目标,然后每天该完成的任务其实就是一个个小目标。像我今天要完成二稿,我已经完成了。"(Z-FT20230515)近十年里,Z老师一直保持着对教育的热情,在她看来,设定目标与方向十分重要,可能无须多么长远或伟大,而是根据自身实际情况脚踏实地、自觉自主完成专业生活中的一个个小目标,孜孜不倦。

2023年6月4日下午,L老师与研究者分享了其进入江西省第五批中小学骨干教师培养对象名单的好消息。此前问及L老师对于未来的规划时,L

---

① 李红清.中学语文特级教师专业生活的叙事研究[D].漳州:闽南师范大学,2021:70.

老师便提及,如果自己评上了骨干教师后面还会继续向学科带头人努力。L老师认为自身取得一定成就的原因之一便在于"有规划"。"其实我之所以取得现在的成就,跟我有规划有很大的关系。好比评选,我至少提前一年的时间在准备……我觉得还是要有规划。"(L-FT20230613)追求意义专业生活,目标与过程密不可分,L老师将专业生活目标合理规划在每一阶段的专业生活过程中,在专业生活过程中善于抓住每一个可能的机会。"人生最重要的不是你所处的位置,而是你朝的方向"是L老师的座右铭,在L老师的理念中,朝向远比目前所处的位置更加重要。因此,专业生活要更上一层楼需要有明确的、正确的目标指引,方能体验精彩纷呈的专业生活过程,而专业生活过程中的关键事件为专业目标的调整与更新提供思路。

(三)专业生活实践经验与理论意识的融汇

教育实践与教育理论的密切联系不言而喻。科学的教育理论能够为教师提供教学实践的方案与建议,此外,还能陶冶教师情操、增强价值体验以及改造观念意识。教育理论通过启发作为实践者的乡村青年教师,从而使其与教育实践发生联系,并且在理论指引和开拓之下使其实践活动更加富有活力。基于教育理论启发,乡村青年教师能够更深刻理解潜藏于其实践经验表面之下的东西。因此,乡村青年教师应当尽力达成实践经验与理论意识的融会贯通,由此追求更具深远意义的专业生活。

处于"虚拟关注"阶段与"生存关注"阶段的Z老师及L老师更加关注具体教育问题,致力于提高实践性知识和技能以解决专业场域中发生的具体问题。此阶段的两位老师更加注重教育教学实践经验的积累,借助实践经验解决实际问题,对于自身理论意识尚未加以关注和努力提升。但两位老师也逐渐发现,缺乏先进、科学的教育理论指导,专业教学无法进一步深入,带给学生的是停留于表面的知识积累与经验分享,对于学生的可持续发展与个性全面发展而言远远不够;缺乏理论理念的钻研与更新,专业成长也无法更上一层楼,留给自己的是浅尝辄止的老生常谈话语,对于个人自主专业发展意识的进一步提升无甚裨益。

乡村优秀青年教师的专业生活顺利进行有赖于教育教学理论。作为教师知识结构体系中重要组成之一的教育教学理论是一种"他者文本",其现实化与实践化成为指导、改造教育教学实践的现实力量,需要通过转化为乡村青年教师的内在品格,成为其生命中的一部分①。培育以及提升乡村青年教师专业生活中的理论意识,促进其专业生活实践经验与理论意识的融合,要求乡村青年教师不仅关注以及处理当下已然存在的现象或问题,还应有"预设性""生成性"的视角,结合已有的实践经验进行反思及预测,逐步形成作为教师主体的研究意识。乡村青年教师通过对已有教育教学理论进行学习及反思,对于经常或偶然发生的专业生活实践事件进行再追问与再反思,生成带有个人特征的理性认识,形成并提升自身的理论意识,在专业生活实践经验与理论意识的结合中追求专业生活的满足感与获得感。

二、乡村优秀青年教师专业生活是发展的生活

(一)"向下扎根"与"向上发展"的契合

乡村优秀青年教师在有意义的专业生活中寻求发展,其专业生活是"发展"的生活。乡村优秀青年教师专业生活中的成长与发展更多指向乡村优秀青年教师个体的自主性专业发展的实现。成尚荣认为,"安静与不安分"是名师成长的心理特征之一②。同理,作为乡村优秀青年教师的Z老师与L老师,其成长与发展过程亦能体现"安静与不安分"的特质。一方面,他们能够沉得住、静得下,扎根于所处的乡村学校,有一颗为乡村教育事业服务的心;另一方面,他们有主动自觉的提升意识,积极寻求自身发展进步。在他们的专业生活故事中,"向下扎根"与"向上发展"达成和谐契合。

Z老师与L老师一路走来有太多离开的机会,但他们还是选择了留下,扎根乡村学校多年。在他们眼中,乡村教师与城市教师存在所处地域的差别,但是他们并未因为所处乡村地域环境而看轻自己或是松懈目标,反而正因为处于乡村,淳朴简单的氛围使其相对远离浮躁的社会,能够抵御功利的诱惑,坚持以一颗平常心教书育人、思考、研究,坚守在乡村教师岗位。同时他们所展现出的"安静",不是封闭、停滞或是"躺平"的状态,而是一种"丰

---

① 张妮妮.在耕耘中守望:乡村幼儿教师专业生活的叙事研究[D].长春:东北师范大学,2013:127.
② 成尚荣.名师基质[M].上海:华东师范大学出版社,2017:18.

富的安静",其内心有着对现状的不满足,始终力求不断突破、超越自身。这种"向下扎根"的"安静"与"向上发展"的"不安分"在其专业生活中达成契合,于是有了如今的两位乡村优秀青年教师,并且他们正朝着更高、更远的方向继续前行。

约翰·穆勒有言:"做一个不满足的人胜于做一只满足的猪;做不满足的苏格拉底胜于做一个满足的傻瓜。"[1]每个人的天性里都有一个"不满足的苏格拉底",乡村优秀青年教师内心深处应当住着"安静的自己"和"不满足的苏格拉底",无论身处何种环境都不应湮没理想与激情的火光,无论达到何种成就都不能因沾沾自喜而丧失继续前行的动力。学海无涯,人的一生都在不断地接受教育。向上与向下是两个截然相反的方向,但乡村优秀青年教师的"向下扎根"与"向上发展"能够契合于其有意义的专业生活中。愈是"向下扎根",乡村优秀青年教师越能强化对乡村教育、乡村学校、乡村孩子的热爱,潜心教书、静心育人;愈是"向上发展",乡村优秀青年教师愈能从中获得专业自信与专业成就。

(二)连续性发展与非连续性发展的平衡

博尔诺夫提出"教育的工艺学观点"与"教育的器官学观点",前者是"连续性教育活动",后者被称为"非连续性教育形式"。连续性教育活动揭示教育过程的本质,但其忽视了对教育的阻碍和干扰因素,并且认为这些障碍与干扰是偶然的、来自外部的、可以避免的,无关教育大局。但博尔诺夫认为阻碍与干扰因素不是偶然的,不仅仅来自外部,"而是深深地埋藏于人类存在的本质中","在人类生命过程中非连续性成分具有根本性的意义,同时由此必然产生与此相应的教育之非连续性形式"[2]。对此观点进行理解与思考,我们发现连续性教育与非连续性教育也可以迁移至教师成长与发展。乡村优秀青年教师的连续性发展与非连续性发展平衡问题值得关注。

关注乡村优秀青年教师非连续性发展,即意味着适当修正其连续性发展中的刻意、被动、功利等色彩,乡村优秀青年教师不是被"打造"出来的,而

---

[1] 约翰·穆勒.功利主义[M].徐大建,译.北京:商务印书馆,2019:12.
[2] 博尔诺夫.教育人类学[M].李其龙,等译.上海:华东师范大学出版社,1999:50-51.

是在一定支持条件下主动生成的。出于对人的本质与价值的尊重,乡村青年教师应当更主动地向着更加优秀的方向发展。当然,在发展过程中不可避免会产生各种障碍或干扰,由此形成停滞、徘徊甚至后退等连续性中断。因此,乡村优秀青年教师并不总是持续处于高水平发展状态,也会受到不可控、无法预见的因素影响从而产生发展的断裂。尽管如此,乡村优秀青年教师之所以优秀,就在于他们能够在发展中断时产生试图扭转的伟大力量继而推动自身的发展。Z老师因结婚生子等因素未能及时更新自身教育理念而遭遇发展瓶颈期,但其面临比赛落选的失败能够迅速调整心态,更新教育理念,主动在请教其他教师以及上网查找资料后研磨新课例,由此重新找回发展信心。L老师由于第二任校长不作为的管理理念而陷入发展相对停滞阶段,甚至对自己的奋斗目标产生怀疑,但其在父亲开导和自我调节的过程中解开心结,为之后的发展打基础、做准备。由此可见,乡村优秀青年教师的非连续性发展是客观存在的,极有可能如此的非连续性发展促使其走向优秀与卓越。

注重教师的非连续性发展并非意味着忽视或否定其连续性发展。乡村优秀青年教师的成长与发展是不可预测但可规划的,不可控但可调节的,其阶段存在是客观的。无论是连续性发展理论还是非连续性发展理论都需要不断更新修正,应当从整体上认识,从深度上把握。乡村优秀青年教师的非连续性发展与连续性发展应当达到相互统一、相互配合、相互融合的平衡状态。

(三)从"优秀"走向"卓越"

乡村青年教师优秀的衡量标准多种多样,我们的身边可能并不缺乏优秀的乡村青年教师,每位老师都有擅长之处与不足之处,有优秀的乡村青年教师,也有暂时还未达到优秀的乡村青年教师。对于乡村青年教师而言,需要结合自身实际尽可能向优秀靠近;对于乡村优秀青年教师而言,期待其能够持续保持甚至发展其"优秀"。在许多乡村青年教师看来,"优秀"是用许多"代价"置换而来的。对于Z老师与L老师而言,牺牲个人休息时间补充教学、研究、思考时间;辗转于各个学校参与教研以及外出培训;往返城乡家校疏于家人陪伴等都是其在时间、空间以及人际关系等方面付出的"代价"。因此生成了如今教学技能娴熟、教育理念先进、满怀热情与爱意的Z老师与

L老师。

乡村优秀青年教师角色并不是Z老师与L老师的终点,其未来还有多种可能。可能维持原状,可能由于动力不足而产生后退,还有持续向好的可能便是从"优秀"走向"卓越"。从Z老师与L老师的专业生活故事看来,两位老师都并不驻足于现有的"优秀",仍然尽可能保持热情,步履不停。Z老师逐渐从台前走向幕后,扮演起指导其他青年教师的角色,同时更加注重专家评课、讲座的艺术,为自己未来更加丰富的专业生活做好准备。L老师依旧积极参与各项培训与各种比赛,热衷于组建团队、结识有志同行,在交流分享中获得新体验、新成长与新发展。两位老师都保持着对自己的"不满足",不断重新认识自己,继续认识更多优秀的人,以"优秀"为新的起点,继续向着"卓越"前行。

人的未完成性蕴含着人发展的未成熟与不确定性,同时也具有可选择性、开放性与自我超越性,潜藏着无限发展可能。尽管人的生物性进化活动已经基本完成,但人的实践与文化活动使人的生命活动处于生生不息的创造活动中,人一直不断寻求生存或生命的发展与超越。作为人的乡村青年教师蕴藏着巨大的发展可能性,在教育、学习、思考与研究的过程中将发展的可能性转化为发展的现实性。现有的状态不应成为教师发展的束缚,不论优秀与否,都是暂时的未完成状态。打破现有状态更进一步发展,既需要外部力量推动,更需要来自自身的内生动力从内部发力。因此,一方面,社会各界对于乡村青年教师的评价不能用固化的标准与模式,而应注重其发展的未完成性,提供发展的外部支持;另一方面,乡村青年教师自身应当树立信心,相信自身未挖掘的潜能以及更进一步发挥已挖掘的优势。

三、乡村优秀青年教师专业生活是个性的生活

(一)选择自己最好的发展

乡村优秀青年教师过何种专业生活是选择如何存在的问题,提倡"选择自己最好的发展","最好,实质上是最适合;最好的发展,实质上是最适合自己的发展。最好的发展,具有本体性、自主性以及鲜明的个性"[①]。乡村优秀

---

① 成尚荣.名师基质[M].上海:华东师范大学出版社,2017:30.

青年教师过怎样的专业生活有赖于外部支持,同时也离不开个人的选择。因此,乡村优秀青年教师专业生活是基于个人选择的个性专业生活,最适合乡村青年教师自己实际的便是"最好的发展",寻求有意义的专业生活意味着选择最适合乡村青年教师自身发展的个性专业生活。

Z老师与L老师的专业生活历程均是基于个人实际出发,同时受到地域文化、家庭环境以及学校环境不同影响而具有个体差异性。但其成长发展亦存在共同的规定性,例如专业生活中教学、思考、研究等共同话题。共同的规定性让乡村青年教师追寻有意义、高品质专业生活有方向可依,有规律可循;不同的差异性使乡村青年教师在个人专业生活中充分彰显主体性与鲜明个性,在个性专业生活中自主、自由发展。Z老师与L老师的专业生活意义追寻的历程不可完全复制,但其成长故事可能为乡村青年教师带来些许启示或提供镜像参考。基于此,更多教师可结合个人实际摸索选择适合自己的个性专业生活。

选择自己最好的发展,要求乡村优秀青年教师在"轻""重""缓""急"中找寻最佳平衡点。过分强调专业发展,眼中只有发展,则显得过于功利急躁,这时作为选择主体的乡村青年教师,其内心的天平向"重"与"急"倾斜。过于注重发展而忽视身边的其他美好,容易陷入急功近利的漩涡,纵然取得暂时性的快速发展,但对于教师长足发展而言,其内生动力难以维持。另一极端是所谓的"躺平",不在意自身发展,陷入他主性和被动性的"异化"发展状态,有外力推动则缓慢前行一步,否则便不作为,久而久之,缺乏发展目标容易陷入"虚空"状态,"被发展"问题不仅增加其工作负担,而且制约其主动积极的内生发展[1]。因而,乡村优秀青年教师应当找到自身的最佳发展状态,逐步达成最优发展。

(二)基于重复生存的个性生长

透过Z老师与L老师的专业生活故事可以读到"重复生存"的重要特征。一届一届的学生,一本一本的教材,一个学期一个学期的课程安排,一次一次的教研与培训,每天或每周往返于城乡家校,一系列都印证着两位老

---

[1] 崔友兴,李森.乡村教师获得感的意蕴、结构与提升路径[J].现代教育管理,2023(8):89-98.

师工作与生活具有重复性。多年的经验积累令Z老师与L老师对于教育教学驾轻就熟,对于谋得生存而言绰绰有余。然而事实也证明,经验固然可贵,但如若不与时俱进反而会限制进一步成长。在经验中徜徉仿佛顺风顺水不易出错,但这种"顺利"极易消磨乡村优秀青年教师继续前行的斗志。他们是优秀,但可能也仅仅止步于优秀,甚至在时代发展的浪潮中不进反退。

Z老师与L老师的专业生活亦有基于"重复生存"的创新探索。Z老师基于课堂观察和学生反馈逐渐改进对于学生的评价形式;在一次一次赛课中不断更新自己的教育理念;采用思维导图、故事表演等新颖的教育教学方法开阔学生视野以及激发学生学习兴趣……L老师借用小组积分制优化班级管理,尝试以奖励借阅书籍、拍摄照片与视频等精神奖励方式取代文具等物质奖励;在日常生活中积累素材,与学生一起合作拍摄视频参赛并获奖;基于日常教学实践形成一篇篇反思性论文……两位老师在重复性的经验基础上进行反思探索,由此形成了独具个性的专业生活故事篇章。

佐藤学研究发现"反思性实践家"模式的教师,其反思与认识的活动是创造性教师所固有的,"反思性实践家的实践不是现成的原理与技术的运用领域,而是通过这种经验与反思形成实践性知识与学识并发挥作用的领域"[1]。乡村优秀青年教师也应当具有积极反思的品质,如果离开反思,纵然实践经验丰富也无法站位于更高处从而形成"经验的概括化"或"实践的理论化",更无法进行创新性的尝试与探索。长期形成的重复性生存经验可能使得乡村青年教师被"黏住"或"冻僵",因此需要充分发挥主体个性进行创新尝试。创新性尝试并非完全拒绝已有的重复生存的经验,而是基于已有经验,但又挣脱已有经验的束缚,迈出新的一步以寻求个性成长。乡村优秀青年教师可充分基于重复性经验进行反思,挖掘新的教育启示,过充满创造的个性化专业生活。

---

[1] 佐藤学.课程与教师[M].钟启泉,译.北京:教育科学出版社,2003:241-244.

第二节 研究反思

一、个人的成长与收获

开展叙事研究,通过一段时间的接触,研究者进入他们所在的故事场域去了解两位老师的专业生活故事,并试图理解他们的专业生活状态,和他们一起畅想未来可能的专业生活。这样一段体验于研究者而言既有极大的吸引力,也有很强的畏惧心理。

研究对象选择与确立的艰难波折使得研究者历经心绪的波澜起伏,也十分珍惜来之不易的调研机会,在之后的调研过程中十分投入。在研究过程中两位研究对象都高度配合,牺牲了自己的休息时间,并为研究者提供历史性材料,给予研究者进入课堂现场、听课评课现场的机会。研究者在调研中一次次的交流中拉近了与研究对象的距离,收获了研究对象专业生活的一些线索与启示。同时研究者与两位研究对象建立了良好关系,他们既是研究者的研究对象,更是研究者这段宝贵经历中的启迪者,也是研究者的朋友。一方面,研究者在研究过程中担忧难以将他们的专业生活故事生动、完整地呈现出来,难以将他们对乡村教育的热爱与赤诚展现出来,因此压力重大;另一方面,他们的成长历程又给研究者带来欣喜与感动,激励着我们继续完成研究任务。

在这个过程中,研究者克服了自己的畏难心理,磨炼了心性,提高了应对挫折的能力。同时在多次访谈以及日常与老师和同学们的交流中使自己的提问艺术与表达能力得到一定增强,在人际交往方面也得到锻炼,在观察的过程中更能够感知对方的意图,学会理解与共情。另外,研究者也见证了师生们许多喜怒哀乐等瞬间,是一段十分宝贵的经历。

二、研究的信度与效度

在质性研究中,检验研究真实性常常采用三角验证。"三角验证是指运用多种数据收集方法、多种数据来源、多个分析人员或多种理论来验证个案研究结果的过程。"①本研究通过三角验证的方法来保证研究的真实性,主要体现在运用访谈、观察和实物收集等多种方法收集研究资料。各位老师都十分配合研究者的访谈,同意研究者在访谈时录音,允许研究者进入其上课、听课、教研、评课等现场。两位主要研究对象还提供了自己平时存档的教学设计、课件以及所写的听课评课记录、反思等材料。同时,与两位老师同事的访谈以及与学生的交流也从侧面了解印证其专业生活的真实样态。研究者通过来自多方主体的声音,收集丰富翔实的材料,增强了研究的信度。

"质的研究中的'效度'这一概念是用来评价研究结果与实际研究的相符程度,而不是像量的研究那样对研究方法本身的评估。"②换而言之,质性研究中的效度问题就是指研究的真实与否的问题。研究者在研究过程中与Z老师和L老师建立了良好的信任关系,他们对于研究者的问题总是据实以告。质的研究目的并不追求将研究结果推广,而是更关心其中所揭示的社会现象是否能够为那些关心类似问题以及处于类似情形之下的人们提供一定的解释和经验共享③。本研究只邀请了两位乡村优秀青年教师参与研究,因此研究结果并不能推广到所有乡村优秀青年教师身上,研究结果仅具有一定意义的借鉴性,不具有普适性。

三、研究中的伦理道德

对两位乡村优秀青年教师专业生活的叙事研究,一方面是两位老师参与到此研究中来,另一方面从一定意义上而言也是研究者参与到他们的生活中去,因此论文无法避免地涉及一些伦理道德问题。对于研究中的伦理道德问题,研究者做出如下的努力:

首先,遵循保密性原则,尊重各位老师的隐私。研究中所涉及的老师名字和学校名称等均采用大写字母代替。收集的访谈录音、图片等资料在整

---

① 高尔 J P,高尔 M D,博格 W R.教育研究方法实用指南[M].屈书杰,郭书彩,胡秀国,译.北京:北京大学出版社,2007:305.
② 陈向明.质的研究方法与社会科学研究[M].北京:教育科学出版社,2009:391.
③ 陈向明.旅居者和"外国人":留美中国学生跨文化人际交往研究[M].北京:教育科学出版社,2004:78.

理和分析的时候仅研究者本人使用。在研究进行过程中,访谈、观察的时间、地点均征求研究对象意见,选择研究对象方便的时间和地点进行访谈,进入观察场所时尽可能不给研究对象带来干扰。

其次,对于可以深入两位老师的专业生活进行研究,研究者感到幸运并十分珍惜此次来之不易的机会,怀揣着感恩之心。此外,我们坚持以研究者和学习者的身份,尽可能在研究过程中保持中立的立场去接触研究对象,深入研究对象的专业生活。在研究过程中,研究者以最大努力维护研究对象的权益,尽可能减少对研究对象带来的不必要打扰,在两位老师繁忙时,尽己所能做些能力范围内的协助。

最后,尽管研究对象工作繁忙,但对于研究者的疑问与研究需求均尽可能满足,研究者对于各位参与研究的对象表示诚挚的谢意。在研究初步结束后,研究者通过零食分享、签字笔留念等物质方式表达感谢的微薄心意。离开乡村学校后,研究者还与两位老师保持着网络联系,两位老师不时地仍会热心给予研究材料的补充与完善,偶尔会相互问候,了解近况。

四、研究中的不足之处

叙事研究是一个与情感息息相关、充满人文气息的研究方法,在研究过程中需要研究者与研究对象带着各自的情感与理解参与到研究中,具有一定的挑战性。研究者对质的研究方法还不是很娴熟,因此研究中存在着一些不足。

首先,对乡村优秀青年教师专业生活的呈现不够完美和深入。由于"生活"的概念极其复杂,基于不同场域有不同的内容与结构,使得研究者难以把握。此外,研究者本人的时间、精力有限,进入乡村学校实地调研时间较短,并且两位老师分别带领了六年级与九年级,毕业班以讲练为主,对于课堂等领域的观察与资料收集有限。因此,研究者对两位老师专业生活的了解与呈现还需更进一步深入。

其次,叙事研究过程中,研究者的访谈艺术、追问敏感度、观察与分析的能力都有待进一步提升。叙事研究并不仅仅是讲故事,其对研究者的能力有更高要求。但研究者在把握叙事研究精髓、捕捉变化信息的敏感度,以及把握适宜契机等方面存在不足。并且由于时间安排等主客观因素,研究者有时未能及时记录现场文本,未能及时形成观察记录,由于访谈录音时长影响,偶有未能及时将录音转录成文本的情况。此外,研究者本人的研究文本撰写能力还有待提升,描述性语言尚且缺乏深度与文采。

最后,研究者本人的主观因素也可能影响着研究分析的客观性。来自农村的研究者就读小学时也曾遇到负责有爱的青年教师,对于乡村青年教师有着莫名的亲切感。在初步了解两位乡村优秀青年教师的事迹后,我们对其更是产生了钦佩与敬仰之情。在更进一步接触后,两位老师在专业生活中表现出的优秀和教育魅力,往往令我们膜拜,对于他们的一些不足之处可能存在忽略。因此我们在研究中可能并未完全摒除个人情感偏向,一定程度上可能影响研究的客观性。

结　语

教师专业生活作为教师专业发展研究的新课题，更是教师生活世界的永恒话题。本研究以教师专业生活为主题，以乡村优秀青年教师 Z 老师与 L 老师为主要研究对象，试图通过两位老师个人专业生活窥见乡村青年教师专业生活一隅。尽管两位老师来自不同地域、不同学校，担任着不同学科、不同学段的教学，其专业生活的具体内容并不相同，但仍存在一些共性。在其专业生活的历时发展、空间体验以及关系联结等维度下，两位教师经历着相似主题的专业生活故事，得到一致的专业生活影响因素，对于未来的专业生活有着共同的积极准备与期待。本研究并不致力于研究不同教师专业生活的异同，对于各个学科、各个学段的广大一线教师专业生活的不同影响因素并未加以着重分析，研究的代表性也有所欠缺，若能对同一地区不同学段、不同学科的更多乡村优秀青年教师的专业生活进行比较分析，可能使得研究有更广的发现与启示。

在生活世界现象学、生命历程理论以及"自我更新"取向的专业发展理论的启示与指导下，本研究试图描绘两位乡村优秀青年教师的专业生活样貌，尝试追问其专业生活的影响因素，期望为乡村青年教师作为专业生活主体激发其自我专业发展动力提供一定的镜像参考，对于提升专业生活品质具有重要的理论与现实意义。但研究者个人对于立论基础的理解与掌握有限，以及可能受限于个人时间、精力、价值取向偏差等，很有可能并未充分透彻地对两位老师的专业生活进行了解与分析。在未来期望提高个人的理论解读能力，对本研究的立论基础进行更加深入的理解与运用，使得理论基础能够真正指导研究实践深入扎根。

本研究基于时间维度、空间维度以及关系维度梳理两位老师的专业生活阶段性发展故事以及情境性交往故事等，为展现庞杂丰富的教师专业生活提供了一定依据与框架，但简单地将乡村优秀青年教师专业生活故事纳入各个维度，在一定程度上局限甚至割裂了其专业生活。每一个故事都应该是鲜活地发生在一定时间阶段、一定空间内的,并与一定主体形成了关系联结。今后研究可以选择更加整全生动的视角对教师专业生活进行探索,实现专业生活的完整性,启发乡村青年教师追求有意义、高质量的专业生活。期望自己今后有机会能够与更多的乡村优秀青年教师交流与学习,继续探索其专业生活,在此研究基础上,获取更加全面深刻的认识。

此外,在本著作研究过程中,得到了很多朋友的帮助,这里一并表示诚挚的感谢。感谢赣州市信丰县陈毅希望学校黄名伟校长、赣州市章贡区龙埠小学钟玉坤校长和钟艳芳老师,信丰县万隆中学王河星校长和李文琼老师等提供的帮助和支持。

附录

附录一 访谈提纲(节选)

一、Z老师专业生活访谈提纲(部分)

1. 您如何看待"教而优则逃""被迫无奈的坚守"？您认为乡村青年教师应当坚守乡村吗？如何建立乡村教师的坚守信念？

2. 您经常关注时事政策吗？有了解过哪些关于乡村教师或乡村青年教师的政策文件？一般从哪些渠道了解？政策学习对您专业有何影响？

3. 请您描述下您一天的生活(时间、地点、事件、感受等)？

4. 您如何看待乡村青年教师的时间和空间？是否会觉得时间不够用？如何高效利用时间？各个空间的设施、氛围如何？给您什么样的感受？(时间可以从时、日、月、年来看；空间包括学校教室、办公室、会议室、家中、乡村社会等)

5. 您下班之后一般会做些什么呢？是否有属于个人的闲暇时间与个人空间？如何度过周末和节假日？有何个人爱好呢？对您的专业生活是否有影响？

6. 您家庭中的大小事务，例如孩子教育、父母照料、与爱人各自的工作安排职业发展等是如何分工的呢？家庭成员对您的工作持什么态度呢？

7. 您认为该如何保持教学热情、教育定力与初心呢？多年来有无退缩、犹疑的时候？受什么影响呢？

8. 当有不良情绪、消极懈怠的时候如何调节呢？

9. 您理想中的幸福生活是怎样的呢？

10. 乡村教师会有一些福利待遇补偿吗，例如身体方面的关照(体检等)、心理健康方面的关注等？结合您自身，您觉得自身身体状况、心理状况如何？

二、L老师专业生活访谈提纲(部分)

1. 有学者认为"学习、思考、教育是教师专业生活的核心内容,所以应该永无止境地学,坚持不懈地思,以及充满激情地教",您是否赞同?有无补充?您如何看待乡村青年教师的专业生活?和其他教师(城市教师、非青年教师)相比,结合您的自身经历,您觉得乡村青年教师的专业生活有何不同吗?

2. 您自工作以来养成了哪些关于学习、思考、教育的习惯?

3. 工作以来您有什么变化?您觉得自己在哪些方面成长较快?在哪些方面成长较慢?带来什么影响?您的感受如何?

4. 您认为自己的专业知识、能力、理念是否能够充足且完善?对于当前教育教学以及您自身发展而言够用吗?您是如何提升自己的专业水平,充实自身专业生活的?

5. 您认为哪些因素对您的专业生活产生影响?

6. 您是否阅读一些书籍?通常选择哪些书籍?对您的教育教学及个人专业成长有影响吗?

7. 您是否有写教学反思的习惯?通常什么时候写?以何种方式写?

8. 您在专业生活中遇到哪些困难(包括个人学习、思考研究、教育教学等方面)?是否解决?如何应对解决的?目前尚且存在的困难有哪些?

9. 在工作中,当您身兼数职时,会感觉手忙脚乱吗?如何应对并进行角色的转换与调适呢?

10. 您对自己的专业成长与发展(譬如在某个阶段取得何种提高)有规划吗?是如何规划的?

三、学生访谈提纲(部分)

(一)个人特征

1. 喜欢 Z 老师吗?为什么?最喜欢 Z 老师的哪些方面?

(二)课堂风格

1. 喜欢 Z 老师上的课吗?为什么?

2. Z 老师通常运用什么授课方式？会不会用到小游戏、小组合作、生生互评的方式？

3. Z 教师上课时会和你们有眼神的交流吗？你注意到 Z 老师上课时有哪些习惯？

4. Z 老师的课和其他老师的课有什么不同？最喜欢 Z 老师的哪一堂课？

(三)班级管理风格

1. Z 教师下课时和你们交流多吗？通常交流哪些方面？

2. Z 老师在班上立了哪些规矩？你们愿意遵守吗？为什么(是因为怕受罚还是什么原因)？

3. Z 老师说过的让你印象最深刻的话是什么？

4. Z 老师做过哪些让你难忘的事？

(四)启示与思考

1. 对 Z 老师有什么建议？

2. 对 Z 老师有什么想说的话？

四、同事同行访谈提纲(部分)

1. 您和 L 老师是什么时候相识的？和 L 老师认识相处多久了？是什么机缘使您和 L 老师相识呢？请您简单聊聊你们的相处情况，包括但不限于日常工作、学习、生活等方面。

2. 您会经常和 L 老师等老师一起参加交流学习与培训吗？大家会一起分享心得吗？这些对您的专业生活有何影响？请简要回忆下当时分享的内容和感受。

3. 您认为 L 老师是如何与他人(学生、同事、领导、家长、家人、朋友等)相处的？有哪些具体事例？

4. 您认为 L 老师对自己职业(工作)和生活的态度如何？他通常表现出怎样的精神状态以及情感体验？他是如何要求自身的？有哪些具体事例？

5. 客观上看，L 老师的业绩和能力早已达到流动到城市学校的条件，也有机会流动，那么 L 老师这些年有没有跟您聊起过想要离开乡村学校？您认为他为什么没有离开？

6. 作为同事(同行)，L老师说过什么话、做过什么事让您印象深刻？您的感受是什么？请描述下故事和细节，可以是你们之间发生的，也可以是您看见他与其他人之间发生的。

7. 您认为L老师是一名怎样的乡村青年教师？可结合教育教学、管理、人际交往、专业学习成长、个人态度和信念追求等方面来谈。

8. 您认为优秀的乡村青年教师应该是什么样的？您认为L老师符合这些标准吗？

9. 您认为L老师对学校物理学科发展或其他教师的专业及生活有什么影响？

附录二 观察日志(节选)

时间:2023 年 4 月 12 日下午

地点:SS 中心小学

主题:调研磨课(关于《Enjoy the seasons, record your life》的比赛课程试讲观摩及提出建议)

每周三下午是 Z 老师的调研时间,在询问 Z 老师我能否跟随旁听后,Z 老师带着我前往 SS 中心小学。本次调研主要是听 ZT 老师的比赛课程试讲,并且进行研讨磨课。

Z 老师带上听课记录本、笔以及保温杯就带着我出发前往 SS 中心小学了。到达听课教室后,已经有部分老师到达,许多老师和 Z 老师相视一笑,互相打招呼。Z 老师带着我走到中间靠前的位置坐下,拿出听课记录本准备听课和记录。

试讲开始后,Z 老师时不时在本子上记一记、画一画,有红色黑色两种不同颜色的标记。我也在自己的笔记本上做些许记录,但发现有时速度跟不上试讲老师的速度,而我旁边的 Z 老师却飞快但丝毫不见慌乱地记录着,时不时思索后在旁边用另一种颜色的笔做好批注。

ZT 老师试讲结束后,老师们前往楼上会议室进行研讨磨课。老师们围着圆桌坐,对于 ZT 老师的试讲提出建议并进行讨论以完善改进。

Z 老师根据自己的听课感受和记录提出了一些建议供大家讨论和思考:

1. 导入部分长了些,要尽快进入文本。

2. 先用某一个季节引出,不必每个季节面面俱到。

3. 能否设计表格?学生提炼信息时设计成表格形式,一步到位。

4. "The weather is hot, hot, hot! Leaves fall and fall and fall."听者跟读,可指导朗读。听音跟读"fall"部分,语音提示可标注。要挖掘指导朗读的点,注重感叹句的读法,注意重读、连读。

5. "Go swimming"部分要联系安全教育。

6. 不夸 clever 等品质性的,而要夸行为上做得好。品质性的特点是天生的,很难改变,其激励性不如夸奖具体行为。

7. 设计问题时多一些追问。

8. Lots of 和 a lot of 语法解释。教师讲解,有些"尬",可"先'扶'后'放'",用"链"串起来。

9. 写作标准先呈现,再写作,最后评价。

10. 教学评一体化,他人评价与自我评价相结合,分评与总评相结合。建议学生现场完成。

11. 4人一组选择一个季节,按思维导图合作完成(一人一部分)。但写作应是个人任务。

12. 落到本地——赣州,着重谈本地文化、本地四季的天气、本地特色活动,如摘脐橙、做艾米果等。

13. Homework 能否画赣州四季?

14. 要注重输入和输出,大部分时间是教师在讲,还没有深挖到学生说的点,要以学生为中心。

Z老师一人掌控全场,提了很多意见和建议,观察得很仔细,也借用了很多她听过的名师的课,如万涛老师的课。谈及请在场其他老师继续反馈意见,其他老师纷纷表示,Z老师是"大咖",已经说得很全面很翔实了。

问及ZT老师上的课是第几版,反馈是plus+版本,心里也已经上了好几版。Z老师感叹道:"很多内容要改,要加班哦,辛苦了。"Z老师还建议可以借助团队力量,有的人帮忙制作课件,有的负责板书设计,主讲人负责理顺流程上好课,时间紧,要充分借助团队的力量。

在回学校的路上,聊到Z老师自己的赛课经历,Z老师表示,赛课准备的确很辛苦,要一遍遍地磨课,修改再修改,自己也是这样过来的。但经历了这些后,教师的确能有所成长。

参 考 文 献

[1]艾沃·古德森.教师生活与工作的质性研究[M].蔡碧莲,葛丽莎,等译.北京:教育科学出版社,2013.

[2]埃尔德.大萧条的孩子们[M].田禾,马春华,译.南京:译林出版社,2002.

[3]博尔诺夫.教育人类学[M].李其龙,等译.上海:华东师范大学出版社,1999.

[4]丹尼·卡瓦拉罗.文化理论关键词[M].张卫东,张生,赵顺宏,译.南京:江苏人民出版社,2006.

[5]费斯勒,克里斯坦森.教师职业生涯周期:教师专业发展指导[M].董丽敏,高耀明,译.北京:中国轻工业出版社,2005.

[6]胡塞尔.欧洲科学危机和超验现象学[M].张庆熊,译.上海:上海译文出版社,1988.

[7]胡塞尔.欧洲科学的危机与超越论的现象学[M].王炳文,译.北京:商务印书馆,2001.

[8]海德格尔.存在与时间[M].陈嘉映,王庆节,译.北京:商务印书馆,2019.

[9]赫勒.日常生活[M].衣俊卿,译.哈尔滨:黑龙江大学出版社,2010.

[10]卡西勒.启蒙哲学[M].顾伟铭,杨光仲,郑楚宣,译.济南:山东人民出版社,1988.

[11]洪谦.维也纳学派哲学[M].北京:商务印书馆,1989.

[12]马克斯·范梅南.生活体验研究:人文科学视野中的教育学[M].宋广文,等译.北京:教育科学出版社,2003.

[13]马克思,恩格斯.马克思恩格斯选集:第1卷[M].北京:人民出版社,1995.

[14]高尔ＪＰ,高尔ＭＤ,博格ＷＲ.教育研究方法实用指南[M].屈书

杰,郭书彩,胡秀国,译.北京:北京大学出版社,2007.

[15]苏霍姆林斯基.给教师的建议[M].杜殿坤,译.北京:教育科学出版社,1984.

[16]施皮格伯格.现象学运动[M].王炳文,张金言,译.上海:商务印书馆,2011.

[17]杜威.我们怎样思维·经验与教育[M].姜文闵,译.北京:人民教育出版社,1991.

[18]约翰·穆勒.功利主义[M].徐大建,译.北京:商务印书馆,2019.

[19]佐藤学.课程与教师[M].钟启泉,译.北京:教育科学出版社,2003.

[20]成尚荣.名师基质[M].上海:华东师范大学出版社,2017.

[21]陈向明.教师如何作质的研究[M].北京:教育科学出版社,2001.

[22]陈向明.质的研究方法与社会科学研究[M].北京:教育科学出版社,2009.

[23]陈向明.旅居者和"外国人":留美中国学生跨文化人际交往研究[M].北京:教育科学出版社,2004.

[24]程妍涛,徐鸿.幼儿教师专业生活论[M].济南:山东人民出版社,2010.

[25]郭元祥.生活教育:回归生活世界的基础教育论纲[M].上海:华东师范大学出版社,2002.

[26]李文阁.回归现实生活世界:哲学视野的根本置换[M].北京:中国社会科学出版社,2002.

[27]王卫东.教师专业发展探新:若干理论的阐释与辨析[M].广州:暨南大学出版社,2007.

[28]叶澜,白益民,王枬,等.教师角色与教师发展新探[M].北京:教育科学出版社,2001.

[29]朱永新.新教育实验:为中国探路[M].北京:中国人民大学出版社,2007.

[30]周勇.中国教师的专业生活传统[M]//上海社会科学界联合会.人文教育文明·价值·传统:上海市社会科学界第五届学术年会文集(2007年

度):哲学·历史·人文学科卷.上海:上海人民出版社,2007.

[31]陈玉硕.奔波与坚守:"候鸟型"乡村教师的生活史研究:基于J市C小学教师的考察[D].安庆:安庆师范大学,2022.

[32]高怡楠.民族村落幼儿园教师生活世界研究[D].重庆:西南大学,2022.

[33]蒋福超.泥土与皇粮:王庄乡村教师生活史研究[D].济南:山东师范大学,2017.

[34]李红清.中学语文特级教师专业生活的叙事研究[D].漳州:闽南师范大学,2021.

[35]李聪.乡村中小学教师生活体验研究:以河南省M乡教师为例[D].开封:河南大学,2021.

[36]廖绣渺.乡村教师生命轨迹与留任逻辑:一个生命历程视角的分析[D].北京:北京工业大学,2023.

[37]武敏玉.乡村优秀教师专业成长的内源性动力研究[D].济南:山东师范大学,2021.

[38]魏景.现象学给教师带来了什么:现象学教育学视阈视域中的教师教育[D].北京:首都师范大学,2006.

[39]张祥.学前男教师专业生活叙事研究[D].扬州:扬州大学,2022.

[40]张妮妮.在耕耘中守望:乡村幼儿教师专业生活的叙事研究[D].长春:东北师范大学,2013.

[41]毕蛟.布莱克和穆顿的管理方格理论[J].管理现代化,1990(6):43-44.

[42]包蕾萍.生命历程理论的时间观探析[J].社会学研究,2005(2):120-133.

[43]陈玉义,万明钢.公共视域下乡村教师荣誉制度的实践困境与对策:基于甘肃、山东等6省区的调查分析[J].中国教育学刊,2019(4):28-33.

[44]崔友兴,李森.乡村教师获得感的意蕴、结构与提升路径[J].现代教育管理,2023(8):89-98.

[45]范宁雪.囚徒困境:乡村青年教师在"国培"中[J].当代青年研究,

2019(5):32-37.

[46]耿飞飞.乡村振兴背景下优秀乡村教师的角色特质与生成机理[J].当代教育科学,2022(8):80-87.

[47]耿涓涓.师范生心目中的乡村好老师形象:一项案例研究[J].全球教育展望,2020,49(1):89-102.

[48]顾建红.回归生活世界:论马克思的现代性批判与拯救之路[J].学习与探索,2022(7):27-33.

[49]高怡楠,李静.从"职业境遇"到"生活场域":乡村教师研究的转向与重构[J].云南师范大学学报(哲学社会科学版),2021,53(6):123-130.

[50]高文华.本真的教育:品读曾纪洲《教书,不简单——一位乡村教师的教育生活》[J].中小学管理,2011(5):57.

[51]郭祥超.论教师专业生活的勇气[J].教育学报,2012(2):3-7.

[52]何虹,张宝歌.乡村教师生活补助政策实施十年回顾及困境突破[J].教育发展研究,2022,42(24):54-61.

[53]吉标.三度生活空间视阈下的教师专业生活及其优化[J].中国教育学刊,2016(11):75-79.

[54]蒋帆,虞梓钰.教师减负政策执行效果研究[J].教师教育研究,2023,35(5):43-50.

[55]康永久.回归生活世界的教育学[J].教育研究,2008(6):24-30.

[56]罗明煜.美、英、新加坡国家教师荣誉制度的共性研究[J].教师教育研究,2014,26(5):107-112.

[57]蔺海沣,王孟霞.乡村青年教师获得感如何影响其留岗意愿:生活满意度的中介效应[J].湖南师范大学教育科学学报,2022,21(2):59-75.

[58]李继宏,李玮,冯睿.优秀乡村教师特质研究:基于全国300位优秀乡村教师的典型案例分析[J].中国教育学刊,2021(10):15-18.

[59]李宁,李中国.乡村教师生活待遇政策效应研究:基于政策工具的视角[J].教育学术月刊,2023(1):98-105.

[60]李艳莉.论基于教师生活的教师专业发展[J].当代教育科学,2014(10):38-41.

[61]李琼,林怡文,王清等."迎难而上"还是"消极逃避":乡村教师的

工作负担及其重塑机制研究[J].华东师范大学学报(教育科学版),2023,41(9):38-55.

[62]李强,邓建伟,晓筝.社会变迁与个人发展:生命历程研究的范式与方法[J].社会学研究,1999(6):1-18.

[63]李钧鹏.生命历程研究中的若干问题[J].济南大学学报,2011(3):63-66.

[64]梁岩岩,崔友兴.乡村教师专业生活、困境及走出思考[J].教育与教学研究,2018,32(10):66-71.

[65]刘胡权.我国农村青年教师问题研究综述[J].中国青年研究,2014(2):83-86.

[66]刘晶.乡村教师日常生活中的尊严及其结构性困局[J].清华大学教育研究,2020,41(2):83-91.

[67]刘佳.乡村振兴时代的卓越乡村教师:角色与素质能力[J].教师教育研究,2022,34(3):68-76.

[68]兰德格雷贝,李云飞.作为现象学问题的世界[J].世界哲学,2005(2):68-82.

[69]帅巍.源于生活世界的判断:胡塞尔的判断发生论探微[J].社会科学研究,2024(3):169-171.

[70]唐挈,宋雪梅.北京八中:构建青年教师成长态专业生活[J].中小学管理,2022(9):26-29.

[71]汪晶晶.乡村小规模学校青年教师队伍发展的困境与策略探究:以乐平市J镇为例[J].现代中小学教育,2021,37(1):68-72.

[72]韦光兵.守望乡村教育助力成长梦想:记江苏省淮安市洪泽区乡村初中道德与法治骨干教师培育站[J].教学月刊·中学版(政治教学),2018(10):65.

[73]王梅,杨鑫.角色理论视域下卓越教师形象研究:基于100位教书育人楷模事迹的内容分析[J].当代教育科学,2020(5):30-36.

[74]王红.政策精准性视角下乡村青年教师激励的双重约束及改进[J].教师教育研究,2019,31(4):47-52.

[75]王卫东.学·思·教:教师专业生活的核心内容[J].教育理论与实

践,2013,33(1):37-40.

[76]王伟,唐文静.乡村教师何以坚守且卓越:基于四位乡村卓越教师的叙事分析[J].教师教育研究,2023,35(2):69-76.

[77]王益明,金瑜.自我管理研究述评[J].心理科学,2002(4):453-456.

[78]王俊.重建世界形而上学:作为胡塞尔现象学之根本动机的"生活世界"[J].浙江社会科学,2015(6):87-93.

[79]王艳霞.教师日常教学生活的现象学反思与重构[J].当代教育科学,2014(2):12-15.

[80]吴凯欣,毛菊,张斯雷.学校·乡村·日常生活:"城市型"新生代乡村教师身份认同危机与纾解[J].当代教育科学,2021(9):42-50.

[81]肖李,国建文.乡村教师闲暇生活的遮蔽与创生[J].当代教育科学,2021(10):75-80.

[82]许爱红,许晓莲.乡村青年教师职业吸引力影响因子分析[J].当代教育科学,2020(3):41-45.

[83]徐广华,孙宽宁.青年教师留守乡村学校的内源性因素分析:基于《乡村青年教师口述史》的质性研究[J].教育发展研究,2019,39(20):47-52.

[84]夏宏.胡塞尔视域中的"生活世界殖民化"[J].广州大学学报(社会科学版),2015(7):30-35.

[85]颜奕,谈佳.高校法语教师专业生活中的情感体验个案研究[J].外语与外语教学,2018(4):14-25.

[86]袁丹,周昆,李子华.新时代乡村教师"生命在场"教育生活的构建与实现[J].中国教育学刊,2022(10):92-97.

[87]袁媛,谢计.乡村教师阅读生活的实然考察与改善建议[J].教学与管理,2022(33):30-34.

[88]游旭群.重塑教师教育培养体系　着力打造优秀乡村教师[J].教育研究,2021,42(6):23-28.

[89]杨文茜,陈建华.农村优秀教师专业发展的叙事研究[J].职教论坛,2020,36(11):94-97.

[90]于发友,任胜洪,林智慧,等.新时代推进我国乡村教育现代化的几个面向(笔谈)[J].吉首大学学报(社会科学版),2020,41(6):25-37.

[91]于海英,田春艳,远新蕾.增强乡村教师留任意愿的社会支持研究[J].当代教育科学,2023(9):71-80.

[92]张恩德,王小兰,曾辉.基于名师工作室的乡村教师专业成长:影响要素与成效分析[J].黄冈师范学院学报,2022,42(3):7-12.

[93]张妮妮,张宪冰.论教师专业生活的三重意蕴[J].东北师大学报(哲学社会科学版),2014(3):201-205.

[94]张建雷.回归生活世界的教师专业成长[J].教育评论,2018(6):119-122.

[95]张晓文,吴晓蓉.乡村教师生活世界遮蔽与回归:基于教育人类学生命价值的视角[J].教师教育研究,2019,31(4):40-46.

[96]折延东,龙宝新.论教师的专业教育生活重建[J].教育研究,2010,31(7):95-98.

[97]周勇.教师为什么要有专业生活:民国白马湖教师群启示录[J].人民教育,2014(17):19-22.

[98]周晔.农村小学青年教师离职意向的"流"与"留"[J].湖南师范大学教育科学学报,2020,19(2):92-97.

[99]周新原.从马克思的生活观到新时代美好生活:理论逻辑与现实路径[J].东南学术,2021(4):36-45.

[100]朱秀红,刘善槐.乡村青年教师的流动意愿与稳定政策研究:基于个人—环境匹配理论的分析视角[J].教育发展研究,2019,39(20):37-46.

[101]赵明仁,谢爱磊.国际视野中乡村教师队伍高质量发展的策略与启示[J].中国教育学刊,2021(10):8-14.

[102]钟启泉.教师研修的挑战[J].基础教育论坛,2014(2):25-26.

[103]钟启泉."教师专业化"的误区及其批判[J].教育发展研究,2003(Z1):119-123.

[104]教育部等八部门关于印发《新时代基础教育强师计划》的通知[EB/OL].(2022-04-11)[2024-05-15].http://www.moe.gov.cn/srcsite/A10/s7034/202204/t20220413_616644.html.

[105]中共中央办公厅　国务院办公厅印发《关于构建优质均衡的基本公共教育服务体系的意见》[EB/OL].(2023-06-13)[2024-05-20].http://www.moe.gov.cn/jyb_xxgk/moe_1777/moe_1778/202306/t20230613_1064175.html.

[106]中共中央办公厅　国务院办公厅印发《关于加快推进乡村人才振兴的意见》[EB/OL].(2021-02-23)[2024-06-10].https://www.gov.cn/gongbao/content/2021/content_5591402.htm.

[107]教育部办公厅关于进一步做好"优师计划"师范生培养工作的通知[EB/OL].(2022-09-26)[2024-06-10].http://www.moe.gov.cn/srcsite/A10/s7011/202209/t20220930_666329.html.

[108]教育部等六部门关于加强新时代乡村教师队伍建设的意见[EB/OL].(2020-08-28)[2024-06-10].http://www.moe.gov.cn/srcsite/A10/s3735/202009/t20200903_484941.html.

[109]中共中央　国务院关于全面深化新时代教师队伍建设改革的意见[EB/OL].(2018-01-20)[2024-06-10].http://www.moe.gov.cn/jyb_xxgk/moe_1777/moe_1778/201801/t20180131_326144.html.

[110]全力保障义务教育教师工资待遇　不断提高教师职业吸引力[EB/OL].(2018-11-15)[2024-06-10].http://www.moe.gov.cn/jyb_xwfb/gzdt_gzdt/s5987/201811/t20181115_354859.html.

[111]各地全面落实乡村教师生活补助政策[EB/OL].(2017-10-10)[2024-06-10].http://www.moe.gov.cn/jyb_sjzl/s3165/201710/t20171010_315993.html.

[112]BALL S J,GOODSON I F. Teachers' lives and careers[M]. Lewes:Falmer Press,1985.

[113]ABEL M H,SEWELL J. Stress and burnout in rural and urban secondary school teachers[J]. The journal of education research,1999,92(5):287-293.

[114]ASHIEDU J A,SCOTT-LADD B D. Understanding teacher attraction and retention drivers:addressing teacher shortages[J]. Australian Journal of Teacher Education,2012,37(11):17-34.

[115]BURNS R A,MACHIN M A. Employee and Workplace Well-being: A Multi-level Analysis of Teacher Personality and Organizational Climate in Norwegian Teachers from Rural,Urban and City Schools[J]. Scandinavian Journal of Educational Research,2013,57(3):309 – 324.

[116]LOUGHRANA J, KELCHTERMANSB G. Teachers' work lives[J]. Teachers and Teaching,2006,12(2):107 – 109.

[117]AHN J,HINSON D,TEETS S. Teachers' Views on Integrating Faith into Their Professional Lives:A Cross-Cultural Glimpse [J]. Ailacte Journal, 2016,13:41 – 57.

[118]ERICKSON K. The Professional Life of Professional Tas[J]. Teaching Artist Journal,2003,1(3):172 – 177.

[119]MASLOWSKI R. A review of inventories for diagnosing school culture [J]. Journal of Educational Administration,2006,44(1):6 – 35.